城市社区配建体育场地设施的法律规制

谢洪伟 赵克 著

中国社会科学出版社

图书在版编目（CIP）数据

城市社区配建体育场地设施的法律规制 / 谢洪伟，赵克著. -- 北京：中国社会科学出版社，2025.3.
ISBN 978-7-5227-4837-5

Ⅰ. D922.164

中国国家版本馆 CIP 数据核字第 2025P7R526 号

出 版 人	赵剑英	
责任编辑	孔继萍	
责任校对	罗婉珑	
责任印制	郝美娜	

出　　版	中国社会科学出版社
社　　址	北京鼓楼西大街甲 158 号
邮　　编	100720
网　　址	http：//www.csspw.cn
发 行 部	010-84083685
门 市 部	010-84029450
经　　销	新华书店及其他书店
印　　刷	北京君升印刷有限公司
装　　订	廊坊市广阳区广增装订厂
版　　次	2025 年 3 月第 1 版
印　　次	2025 年 3 月第 1 次印刷
开　　本	710×1000　1/16
印　　张	15
字　　数	239 千字
定　　价	88.00 元

凡购买中国社会科学出版社图书，如有质量问题请与本社营销中心联系调换
电话：010-84083683
版权所有　侵权必究

前　言

1　研究目的与意义——由体育场地供给失衡引发的思考

大众健身场地不足是一个不争的事实。这是社会资源分配不公的另一种表现形式，不仅有悖于《宪法》精神和政府承诺，同时制约着公民体育权利的实现。在我国城市化发展进程中，围绕着土地支配和使用展开了多方利益的角逐和博弈；力争城市居住社区体育场地配套建设的核心与实质就是力图实现土地合理分配与有效供给。

对此，本书阐明观点并以此贯穿研究全过程：

①大众健身场地建设是政府应予以保障的公共服务、公共产品，故应以"划拨"为主要方式保证用地有效供给，加快覆盖面和普惠度更广的"第五级"——居民小区体育场地建设；

②用权力维护社会公平正义，实现土地资源的二次分配，坚持"高端有市场、中端寻支持、低端靠保障"的方针，落实经适房、廉租房、保障性住房公建配套中的体育场地设施建设；

③制定出符合城市实际情况、又有一定超前性的体育用地划拨标准，并在执行体制和监督机制上予以完善。

住宅是一个使用周期长、满足人们多种需求的特殊产品；其规划建设应以满足人的多样化需求为旨归。如果由于我们今天的短视行为而造成明天将付出更大的社会成本和经济成本是得不偿失的；其中的社会成本构成相对复杂，实质是政治问题。

2　权利与权力的博弈——居住社区体育用地"划拨"的法律规制

保护弱者、维护公民体育权利是体育法制精神的初衷。"划拨"用地是缓解城市居住社区体育场地不足的关键，其本质是公民正当的利益诉求，是权利与权力的博弈。在这个涉及土地分配的复杂利益关系中，政府是法律责任主体，应该利用权力对"市场失灵""规制失灵"实施有效干预；通过立法对有损或无视公民体育权利的无序状态进行规制，约束政府本身和开发商"忽略"居住社区体育场地配套建设。

基于这一立意基础和逻辑起点，围绕着土地资源合理分配与有效利用展开的利益博弈，其法律规制涵盖了城市居住社区体育用地"该不该给""怎么给""给多少"这几个相对独立又密切联系的问题，大致系由法理阐释、建立规制以及供给"量"的测算三部分内容构成。

3 "该不该给"——体育用地"划拨"正当性的法理辨析

说明居住社区体育用地"划拨"的正当性是法理问题，涉及对法治思想的理解、政治伦理的阐释并明确政府的法律责任。

依法治体：我国公民体育权利实现的法学基础阐释　社会主义性质决定了公民参与体育运动关乎人的健康权、发展权，是我国公民的基本人权，特别在《宪法》中得以确认之后即上升为国家意志，国家权力必须予以保障。开展群众性体育活动所必需的体育用地供给与场地设施建设，就是政府贯彻宪法精神、落实公民体育权利所提供的公共产品和服务，是政府的法律责任。对这一问题的梳理和阐述是本书展开研究首先必须解决的法源和法理问题；其中涉及人权、宪法、法治等基础理论和基本概念的讨论。

底线公平：城市居住社区体育场地设施供给政治伦理刍议　社会经济发展的不平衡导致了社会分层和断裂，其实质是资源的分配失衡；大众体育场地、设施的供给不足是其中的表现形式之一，使处于城市内部弱势群体的体育权利保障问题变得更加突出。社会公平主要问题不在于资源短缺，而在于分配的价值取向陷入了伦理困境。这反映在两个方面，一是居住社区公建配套中，对文化体育设施规定和建设的整体不确定性；二是作为国家对体育设施总体投入中，关于大众健身设施的忽略。

公共服务：城市居住社区体育场地建设中政府责任及职能　引用"公共服务"的理论和"公共服务均等化"的概念，明确政府在城市居住社区体育用地划拨问题上的法律责任和主体地位，提供公共产品是其不可让渡的责任，是其得以产生、存在和发展的政治合法性基础之一。但是，由于"土地财政"，涉及包括地方政府在内多方利益的博弈，需要政府在体育用地划拨方面作出利益平衡的正确取舍。

城市居住社区体育场地配套建设应该从特定时间、特定背景下的"民心工程""德政工程"转变成为社会制度层面固定化的东西。为此，国家先后出台多项制度措施，目的就是要形成一种制度安排，以避免差距扩大进而转化为人们基本权利的不平等和机会的不平等。

4 "怎么给"——体育用地供给现行法律法规及执行程序规制

"怎么给"是建立并规范有关规制的讨论，包括相关法律法规的完善以及立法、监督和验收各个环节的程序正义。

程序正义：城市居住社区体育用地供给过程的理性思考　诚然，法律设定还只是静态警戒，"程序失范"仅是表面现象，侵权行为被追究率才是影响居住社区体育用地"流失"行为总体成本的一个重要的变量。对此，应密切关注《行政程序法（草案）》的讨论，扶持"第三方"监督力量健康发展并贯穿城市地方立法、制定规则和标准，以及规划设计、监督施工、验收评估的全过程。

规制失灵：城市居住社区体育用地法规正当性缺失与补救　可以认为，规划环节的制度性缺失是导致城市居住社区体育场地配套建设不足的开始；为此，坚持《立法法》法制精神及基本原则，通过对建筑规划领域和体育部门20余部相关法律法规梳理与比较分析，认为城市居住社区体育用地法规的正当性缺失主要缘于三部法规的三个节点，是导致体育用地供给失衡、居住社区体育设施不足的主要原因。在对居住社区体育用地"公益性"的法理辨析基础上，主张"划拨用地"，提出公共服务"下沉"到居民小区，建设"五级"大众体育健身设施网络整体构思，以及城市居住社区体育用地法规正当性补救的四条建设性意见。

因此，顺应我国法制化建设的要求，协调各方面利益，"第三方"人员组成既要有专业特点性又要有代表性，特别要重点保障市民、业主的利益表达、申述和法律救济，从而规避"程序失范"，从体制上保障公民基本体育权利的实现。

5 "给多少"——划拨体育用地技术层面的方法学探索

"给多少"是技术层面的问题。我国城市间社会、经济、文化发展差别较大,各地居民的"幸福指数"以及对体育的认知和需求也有所不同,其难点在于提出适用于不同城市居住社区体育用地"量"的技术标准并纳入城市公共设施规划之中。技术层面的方法学研究有利于从理性角度,分区域、差别化地使用土地,有利于提高城市居住社区体育用地供给决策的科学性和合理性。

市场失灵:城市居住社区体育场地设施供给及其实践路径 可以认定:居住社区体育场地是一种既有公益属性又有私人物品属性的特殊公共物品;前者明确的是物品所有性质,后者则指具体使用和管理范围的局域性。在此基础上,通过对城市居住社区体育场地供给的必然与合理性进行探讨,提出社会分层和"底线公平"的理念,诠释"低端靠保障、中端寻支持、高端找市场"的实践路径。并从经济学的理论探讨中,明确供给主体、确定生产模式、制度安排;论证需求和生产的可能性,构建了判别城市居住社区体育场地供给底线的规模模型。

利益均衡:城市居住社区体育用地划拨"量"的测算系统 土地资源的稀缺性要求分配和有效利用土地时要兼顾效益最大化及可持续发展。土地经济学表明:城市居住社区体育用地增加,可以提高土地的经济利益及社会效益,土地产出水平能带动相关产业发展。按不同区域差别化、动态地使用土地,讨论居住社区体育用地涉及投入产出模型、多元线性回归模型、模糊数学分支灰色预测系统的理论和方法,从大量的相关因素筛选并初步建立了指标体系,对城市居住社区体育用地供给量的测算方法做了有益的尝试。

6 结语——践行城市居住社区体育用地有效供给的途径

虽然城市居民小区体育用地划拨仅仅是一个具体的、局部的、低层级的"小问题",但是,关系到老百姓居住环境改善、身体健康、人心向背,故事情"大";同时,小区虽"小",但数量多、用地总量大。从这个意义上说,居住社区体育用地划拨不仅仅是技术问题,更是对政府施政理念和执政能力的检验。所以,我们要"小题大做、小题精琢"。

通过阶段性研究和思索，我们充分估计到立法工作程序的复杂性和制定体育用地划拨标准的技术难度。因此，准备尝试践行本书的研究成果，即在"怎么给""给多少"的问题上，以厦门为例，利用厦门城市规模适中、自然条件和体育基础好，特别是有地方授权立法的优势，争取市人大的认可和相关技术支持，调查城市居民体育个性化、多样化的需求，制定厦门市居住社区体育用地划拨标准和地方性法规，起到立法"试验田"的作用。

目 录

第一章 研究缘起：由我国体育场地设施供给失衡引起的思考 …… （1）
  一 研究缘起 ……………………………………………………（1）
  二 体育场地设施供给现状分析 ………………………………（3）
  三 研究的目的意义及构思逻辑 ………………………………（8）
  四 本书研究重点 ……………………………………………（10）
  五 结语 ………………………………………………………（12）

第二章 依法治体：我国公民体育权利实现的法学基础阐释 ……（14）
  一 引言 ………………………………………………………（14）
  二 公民体育权利的应然权利解析 …………………………（15）
  三 公民体育权利的法定权利阐释 …………………………（19）
  四 公民体育权利的实然权利实现 …………………………（22）
  五 城市居住社区体育设施建设的制度选择与程序正义 …（26）
  六 结语 ………………………………………………………（29）

第三章 底线公平：城市居住社区体育场地设施供给政治伦理
    刍议 …………………………………………………………（30）
  一 引言 ………………………………………………………（30）
  二 现状：城市居住社区大众健身场地设施亟须关怀 ……（32）
  三 困境：城市居住社区体育场地设施政策取向的冲突 …（40）
  四 出路：公共服务均等化下居住社区体育场地供给路径 …（46）
  五 结语 ………………………………………………………（51）

第四章　公共服务：城市居住社区体育场地建设中政府责任及职能…………………………………………………………（53）
　一　引言……………………………………………………（53）
　二　城市居住社区体育设施的含义与特征………………（54）
　三　城市居住社区体育设施配套建设中的政府角色地位问题……（55）
　四　城市居住社区体育设施配套建设中的政府责任作用问题……（62）
　五　城市居住社区体育设施配套建设与政府职能改革问题………（65）
　六　结语……………………………………………………（79）

第五章　程序正义：城市居住社区体育用地供给过程的理性思考…………………………………………………………（80）
　一　引言……………………………………………………（80）
　二　"程序正义"论域及其基础理论阐述…………………（80）
　三　居住社区体育用地供给程序中存在的问题…………（83）
　四　居住社区体育用地供给程序正当性建设……………（88）
　五　结语……………………………………………………（97）

第六章　规制失灵：城市居住社区体育用地法规正当性缺失与补救……………………………………………………（98）
　一　问题提出：体育用地供给失衡………………………（98）
　二　体育用地性质及其分类………………………………（99）
　三　城市居住社区体育用地法规梳理……………………（103）
　四　城市居住社区体育用地"划拨"正当性缺失分析……（132）
　五　时不我待：城市居住社区体育用地法规正当性补救……（150）
　六　结语……………………………………………………（154）

第七章　市场失灵：城市居住社区体育场地设施供给及其实践路径……………………………………………………（155）
　一　探究的缘起与意义……………………………………（155）
　二　城市居住社区体育场地设施性质判别………………（156）
　三　城市居住社区体育场地设施供给必要性的讨论……（162）

四　城市居住社区体育场地设施的供给主体、生产模式与
　　　制度安排 ……………………………………………………（166）
　五　城市居住社区体育场地设施供给的路径选择 ……………（173）
　六　城市居住社区体育场地设施投入的底线分析 ……………（178）
　七　结语 …………………………………………………………（181）

第八章　利益均衡：城市居住社区体育用地划拨"量"的测算
　　　系统 ………………………………………………………（183）
　一　前言 …………………………………………………………（183）
　二　利益博弈下的体育用地供给失衡 …………………………（185）
　三　土地经济学的理论基础及适用性 …………………………（187）
　四　土地经济学论域下城市社区体育用地划拨的综合效益 …（189）
　五　城市社区体育用地供给量预测系统构建 …………………（192）
　六　结语 …………………………………………………………（206）

参考文献 ……………………………………………………………（207）

附录　相关的政策法规文本 ………………………………………（219）

后　记 ………………………………………………………………（221）

第一章

研究缘起：由我国体育场地设施供给失衡引起的思考

一 研究缘起

习近平总书记指出："人民对美好生活的向往，就是我们的奋斗目标。"[①] 以人民为中心，促进人的全面发展是新时代中国特色社会主义社会发展的核心和归宿，也是人民生活得更加美好、更有尊严的最高体现。谋民之利，解民之难，排民之忧，扶民之危，保障人民群众的幸福与尊严，这是让人民满意的服务型政府的本分和责任。

党的十八大以来，以习近平同志为核心的党中央坚持以人民为中心，把人民健康放在优先发展的战略地位，高度重视全民健身事业，把全民健身上升为国家战略，从国家强盛、民族复兴的战略全局，从满足人民群众对美好生活向往的高度，引领全民健身事业健康稳步发展，推动全民健身和全民健康深度融合。习近平总书记的重要论述，具有很强的现实指导性，从满足人民群众对美好生活的向往、实现中华民族伟大复兴的战略高度认识体育的价值和功能，为体育的发展作出了战略定位、战略设计和方向指引。

2020年9月22日，习近平总书记在教育文化卫生体育领域专家代表座谈会上的讲话中强调，"体育是提高人民健康水平的重要途径，是满足

[①] 中共中央文献研究室编：《习近平关于社会主义社会建设论述摘编》，中央文献出版社2017年版。

人民群众对美好生活向往、促进人的全面发展的重要手段"[1]。体育场地设施是体育发展的重要载体和诱致性条件，对此，习近平总书记指出，坚持问题导向，聚焦重点领域和关键环节，"要紧紧围绕满足人民群众需求，统筹建设全民健身场地设施，构建更高水平的全民健身公共服务体系"[2]。并将这一问题纳入国家决策予以统筹解决。

2020年9月23日国务院常务会议上，时任国务院总理李克强指出，"新冠疫情的发生更让我们认识到，健身不仅可以满足个人身体健康的需求，也是应对公共卫生挑战的重要保障之一……要顺应群众需求，加强全民健身场地设施建设"[3]。同年10月，国务院办公厅发文明确要求，完善健身场地设施顶层设计，增加健身设施供给，补齐健身设施短板；[4] 2022年3月23日，中共中央办公厅、国务院办公厅联合印发了《关于构建更高水平的全民健身公共服务体系的意见》以增强人民体质、提高全民健康水平为根本目的，聚焦习近平总书记提出的"更高水平"的要求，提出了八方面29条政策措施。传递按照常住人口配置公共服务资源的理念，针对不同规模的城市，提出差异化的全民健身发展路径，引导优质资源向基层延伸，聚焦老城区和人口密集地方健身设施缺乏的痛点，让全民健身公共服务城乡区域协调发展，推动土地资金等资源向"举步可及"的健身设施倾斜，加快构建多层级健身设施网络和城镇社区15分钟健身圈。[5]《中华人民共和国体育法》（以下简称《体育法》）（2022年修订案，2023年1月1日起施行）第八十一条新增"新建、改建、扩建居住社区，应当按照国家有关规定，同步规划、设计、建设用于居民日常健身的配套体育场地设施"，将这一问题上升到法治层面予以保障。

---

[1] 习近平：《在教育文化卫生体育领域专家代表座谈会上的讲话》，2020年9月22日，中国政府网（https：//www.gov.cn/xinwen/2020-09/22/content_5546157.htm）。

[2] 习近平：《在教育文化卫生体育领域专家代表座谈会上的讲话》，2020年9月22日，中国政府网（https：//www.gov.cn/xinwen/2020-09/22/content_5546157.htm）。

[3] 李克强：《重点建设好群众身边的健身场地》，2020年9月25日，中国政府网（http：//www.gov.cn/premier/2020-09/25/content_5546989.htm）。

[4] 国务院办公厅：《国务院办公厅关于加强全民健身场地设施建设发展群众体育的意见》，2020年9月30日，中国政府网发布。

[5] 林剑：《推动构建更高水平的全民健身公共服务体系——两大关键问题有了答案》，《中国体育报》2022年4月13日第A1版。

党的二十大擘画了全面建设社会主义现代化国家、全面推进中华民族伟大复兴的宏伟蓝图。党的二十大报告提出，要"广泛开展全民健身活动，加强青少年体育工作，促进群众体育和竞技体育全面发展，加快建设体育强国"。为落实党的二十大精神和政府的庄严承诺，全民健身要以推动政府履行公共体育服务职能为重点，加大推动各级政府履行公共体育服务职能的力度，切实发挥地方政府发展全民健身事业责任主体的作用，抓好"六边工程"工作，构建更高水平的全民健身公共服务体系，不断增强全民健身公共服务供给均衡性和可及性，在推进中国式现代化进程中努力探索一条中国特色群众体育发展之路。[①] 今天，"将全民健身上升为国家战略"，解决群众"健身去哪儿"难题不仅是社会舆论关注的焦点，而且也引起了国家高度重视。

二 体育场地设施供给现状分析

"建老百姓身边场地"是推动全民健身全面开展的首要条件。根据国家体育总局公布的2023年全国体育场地设施普查数据，全国体育场地达459.27万个，体育场地面积达40.71亿平方米，全国人均体育场地面积2.89平方米。人均体育场地面积增长迅速，群众"健身去哪儿"的难题得到一定程度缓解。不过，在全国体育场地建设取得长足进步的同时，我国仍存在各地区和城乡体育场地资源不均衡、体育场地设施供给不足、利用率不高、部分体育设施对外开放不充分等短板。[②] 在2023年我国体育场地中，事业单位、机关、企业的体育场地面积约占总量的60%以上，相较而言，居委会5.28亿平方米，仅占12.97%，呈现出"教育系统和政府事业单位多，居民区少"的分布特点。从纵向来看，根据20年前的第五次全国体育场地普查数据显示，分布在居住小区、公园、广场、老年活动场所四部分的体育场地合计仅占全国体育场地总数的7.81%。[③] 如

---

① 国家体育总局办公厅：《2023年群众体育工作要点》，2023年3月20日，中国政府网（https://www.gov.cn/zhengce/zhengceku/2023-03/20/content_5747513.htm）。
② 刘兵：《2023年全国体育场地统计调查数据出炉》，《工人日报》2024年3月20日第8版。
③ 佚名：《第五次全国体育场地普查数据公报各项指标大幅增长》，《中国体育报》2005年2月3日第5版。

果仅从占比来看，20年来，社区层级的体育场地面积增长缓慢，而正是这些分布在广场公园、街头巷尾、楼宇空地等的体育场所容纳了我国体育锻炼人口总数的71.2%。[①]

其实，这些表面数据反映的仅仅是"个数""人均体育场地面积"的差异、数量的概念，实际的差距更大。譬如，居住小区的一个老年人的门球场，无论如何不能与"鸟巢"相提并论，较之一个高尔夫球场更是天壤之别，所以，以"个数"和"人均体育场地面积"讨论体育场地设施供给现状的意义并不大。

长期以来，我们的体育统计工作往往习惯于做报表、统计数字，如：有××片场地、××座体育馆、人均××平方米，这是"摸家底"，所反映的仅仅是量的概念；如果从大众健身实用和适用的角度认识体育场地设施的作用，应该说，体育场地的布局和深入社区的程度，并由此影响到受益群体的社会"覆盖面""使用率""满意度"则更具有研究意义和参考价值。就这个问题的理解，我们可以做一通俗的解释，就是大超市、高档商场、豪华商店建得过多了，而真正惠及城市居民生活的小市场和小卖店太少了。而商业场所与居住社区体育设施建设不同的是，前者可以通过市场机制使之自然趋于布局合理，但是后者则是公共事业，是需要政府提供支持予以保障的公共产品、公共服务，这就是"民生体育"的概念，也是本书研究的理论价值和实际意义之所在。

从这个意义上说，更值得我们进一步深入思考的是"体育用地"基层供给情况和以"实际投入"为衡量标准的"占地面积""建筑面积"等参照指标。

众所周知，居民群众日常健身场所多在居住社区周边。由此可以得出结论，即这些直接惠及大众的健身场地，特别是深入居住社区的体育场地设施利用率最高，可是用地面积最小、资金投入最少、条件设备最简陋，这是另一种社会资源分配的不公平！

城市社区体育设施是全民健身的基本载体之一，它以社区成员为主要服务对象，以满足其体育需求、巩固和发展社区情感为目的，因其便

[①] 国家国民体质监测中心：《2020年全民健身活动状况调查公报》，2022年6月7日，国家体育总局网站（https://www.sport.gov.cn/n315/n329/c24335053/content.htm）。

利性、可达性、灵活性成为人们生活中的首选。充足的体育设施是市民体育活动经常化的需要。然而，由于历史、文化、经济等一系列原因，社区体育设施的建设还没有引起人们足够的重视。[1]

改革开放初期，居民小区体育设施配置的种类少，规模小。大部分建于20世纪七八十年代，分布相对集中，住宅建筑容积率较高，居住人口密度大。[2] 在小区规划与建设之时，室外体育设施基本上没有给予考虑。不可能开发更多用地作为体育场地。这一状况在20世纪80年代末至90年代初开发建设的居住小区中得到延续。[3] 尽管当时体育设施及体育公共服务的供给并不充裕，但供需矛盾也不突出。

20世纪90年代中期之后，城市房地产业得到快速发展，居住区的配套设施建设问题日益引起人们的广泛关注。人们对体育运动的认识逐步提高，导致人们对体育健身活动需求的日益增大。许多聪明的房地产商正是看准了这一点，于是在房地产开发时，不惜重金投资建设小区内的体育场地设施，并把它作为一个房产销售亮点来推销。而多数业主在购房时也都喜欢把居住小区的体育运动设施作为参考依据。这些体育设施的建设，一方面促进了社区居民参与体育活动和社交活动的机会，另一方面也提升了社区人居环境，形成较好的销售优势。在同等条件下，这些楼盘比其他楼盘的销售价格高5%—10%。这些房地产商基于商业利益基础上的对小区体育设施的投资，在一定程度上促进了体育场地建设的发展。[4]

但也正是这一阶段，政府的主观因素限制了公共服务的提供水平，导致政府在社会福利领域中的责任经历了一个逐步缩小和退出的过程。政府从社会福利责任中退出的原因很多，其中一个重要的原因是，城市改革是从一个社会主义"大锅饭"的全民福利的基础出发，在市场化的

---

[1] 国家体育总局办公厅：《关于政协第十四届全国委员会第一次会议第04178号提案〈关于丰富运动场地，推动全民健身快速发展的提案〉答复的函》，https://www.sport.gov.cn/n315/n10702/c27068523/content.htm，2023年12月1日。

[2] 曾琳、吴承照：《上海城市社区体育设施现状调查与思考》，《规划师》2007年第1期，第69—73页。

[3] 饶传坤：《城市社区体育设施现状及发展对策研究——以杭州市城西居住区为例》，《中国体育科技》2007年第1期，第16—20、48页。

[4] 刘伟、赵克：《城市社区体育场地设施供给的底线公平》，《体育文化导刊》2015年第3期，第116—118页。

过程中对"大锅饭"、平均主义厌恶与社会福利会对经济发展产生负面效应的认识，从而对社会福利产生否定态度。①

20世纪90年代末住房市场化，政府从保障性住房领域退出。市场化的浪潮也逐步席卷公共服务领域，特别是政府对公共服务的投入偏好明显不足。在政府与市场的边界判断上，将公共服务更多地划给了市场机制作用的领域。政府职能在公共服务提供方面出现了缺位。这也是导致政府公共服务提供责任的实现程度呈下降趋势并逐渐累积的根本原因。

目前，住宅小区开发模式主要有房地产开发商主导、政府主导、政府与村委会主导、企事业单位主导等，其中，房地产开发商主导占多数。政府主导的小区主要为近年来开发的经济适用房和保障性住房。开发商主导的小区由于受到市场的作用和购房者对小区环境要求的提高，体育设施的配置正在逐步从无到有，从少到多。但是，另外三种模式的居住小区总体来说各种公共服务配套设施较为缺乏，尤其是体育设施较为不足。企事业单位主导的集资房小区一般规模小，体育设施最为缺乏，基本上没有室内和室外体育设施。政府与村委会主导的城中村改造小区的体育设施大多数仅有室外器械健身设施和部分室内活动场地，设施规模小，与这些小区的人口规模极不适应。在政府主导的经济适用房安置小区，各种小区配套设施也相对落后，除室外器械健身设施、公共活动广场和部分室内活动场所之外，基本上没有其他体育设施。②

据调查，北京市8个近郊区63.15%的街道办事处没有体育场地设施，其余36.85%的街道办事处也只有乒乓球室、棋牌室、门球场等小型场地。③ 根据上海市体育局公布的数据显示，2023年底，上海市可利用体育场地面积498.25万平方米，人均可利用只有0.20平方米的体育场地；④ 基于GIS空间分析技术，上海虹口区各街道体育设施基本上能满足

---

① 徐滇庆、尹尊声、郑玉歆主编：《中国社会保障体制改革》，经济科学出版社1999年版，第63页。

② 饶传坤：《城市社区体育设施现状及发展对策研究——以杭州市城西居住区为例》，《中国体育科技》2007年第1期，第16—20、48页。

③ 张文静：《北京市海淀区北太平庄街道社区体育场地设施状况及对策研究》，硕士学位论文，首都体育学院，2019年，第26—37页。

④ 上海市体育局：《2023年上海体育场地数据出炉》，上海市体育局官方发布平台"上海体育SHTY"，2024年4月30日。

10分钟生活圈步行需求，但是不能满足老年人、儿童最适宜的200—300米（5分钟）步行需求，且体育设施分布公平性较差。[1] 潍坊市14个居民小区均无体育场地设施；广州市体育场地面积仅为4387.4万平方米，共计36902个，平均每万人拥有的公共体育场地不足20个，将人均数据下沉至各行政区，越秀、海珠、荔湾、天河、白云等区低于全国平均水平。[2] 此外，天津、杭州、宁波、苏州、无锡、南京、厦门等城市在调查时都反映出社区体育场地设施严重匮乏。

其原因，一方面是政府对社区体育场地设施建设不够重视，对公共体育场地设施投入不足，对小区建设未按国家有关文件法规执行体育设施和用地的额定标准；另一方面是不少开发商只是将社区体育设施当作小区楼盘销售的招牌，将运动设施和场地设在社区或小区的会所内，作为楼盘销售时吸引业主的卖点，销售以后的运营和经营目标不进行长期规划，由物业公司自主经营自负盈亏，甚至在楼盘完全销售后直接撤掉这些设施。

也有许多居住区在最初的设计规划中，都有体育活动中心等规划内容，却没有同步建设。一旦居民入住后，不是体育规划用地被挪用，就是体育场地建设规划不落实，最终受损失的是居民的体育利益。

也有一部分房地产商追求利益最大化，采取分期建设楼盘的方式，把楼盘分隔成几个规模相对较小的住宅小区。通过这种方法，开发商还可以降低配套设施的投入，回避小区体育设施建设。通过各种途径进行变更，压缩体育设施用地面积，这样，即使是同一个开发商建设的较大规模的居住区，其内部的居住小区也缺乏体育设施，更不用说更高级别的体育设施了。因而，即使该社区总的人口规模较大，也会因为被人为分割成几个小区，降低社区规格，而相应地削减体育设施用地标准。[3]

城市社区体育作为落实全民健身国家战略和健康中国国家战略的基层场域，是推进国家体育治理的基础环节，关乎顶层设计的有效落实。

---

[1] 郭成乐、张欣宇：《基于GIS的社区体育设施空间布局评价研究——以上海市虹口区为例》，《城市建筑》2024年第21卷第4期，第61—65页。

[2] 梁怿韬：《广州"见缝插针"增辟体育用地》，《羊城晚报》2020年10月27日第8版。

[3] 饶传坤：《城市社区体育设施现状及发展对策研究——以杭州市城西居住区为例》，《中国体育科技》2007年第1期，第16—20、48页。

十九届四中全会指出，要加强社区治理体系建设，推动社会治理和服务重心向基层下移。2019年的政府工作报告及中央经济工作会议均突出强调"做好城镇老旧小区改造"。根据住建部、发改委、财政部联合印发的《关于做好2019年老旧小区改造工作的通知》的要求，全国待改造老旧小区逾17万个，惠及上亿人。由于历史原因，许多城市社区体育空间不足、居民多样化体育需求难以满足、公共体育服务落实不到位、多元主体参与积极性受到限制，影响着人们的获得感、幸福感和满意度。为响应党和政府对城市老旧小区改造提升提出的要求，本书不仅关注新建社区体育场地设施配套建设，而且关注城市老旧社区体育场地设施建设，即根据新时代出现的新问题，对不适应人们体育健身新需求的体育空间做必要的、有计划的增建、改建与保护活动。

三 研究的目的意义及构思逻辑

大众健身场地设施不足是一个不争的事实。国家体育总局发布的《2023年全国体育场地统计调查数据》显示，人民群众日益增长的体育需求与体育资源相对不足的矛盾依然突出，群众"健身去哪儿"难题仍然存在，一定程度上偏离了政府公共服务均等化的宗旨和承诺，并制约着公民体育权利的实现。[①] 对此，我国政府有清醒的认识，至今仍然要"继续控制楼堂馆所建设规模和标准，压缩大型运动会场馆建设投入"[②]，并"建好用好群众身边的体育设施，促进全民健身活动广泛开展"[③]。这既是《体育强国建设纲要》《全民健身计划（2021—2025）》的目标、任务和服务型政府的主要责任，也是实现社会公平正义和公民体育权利的内容之一。

新修订的《体育法》明确坚持全面贯彻习近平法治思想，践行"以人民为中心"的法治理念，在"总则的基本精神、原则"、新增相关条款

[①] 马宏俊：《试论我国体育法律体系的建立与完善——以〈中华人民共和国体育法〉修改为视角》，《体育科学》2021年第41卷第1期，第7—20页。

[②] 2012年3月5日，《政府工作报告》。

[③] 2024年3月5日，《政府工作报告》。

中，明确范围——"居住社区"，明确用途——"用于居民日常健身"，明确内容——"体育场地设施"。在上位法为《宪法》的《体育法》中提出如此明确的法律条款，既是原则性规定又为具体操作执行及细化内容和要求设定范围。

解决大众体育场地设施不足问题，不是建什么的问题，而是"建在哪儿"的问题，是土地利用的问题，即本书核心议题"体育用地有效供给"。

本书聚焦于城市居住社区体育场地设施配套建设，其中的核心问题是土地的有效供给。对此，我们首先明确自己的观点和主张：应以"划拨"① 的方式提供城市居住社区体育用地。

这是公民正当的利益诉求，涉及城市稀缺土地资源的合理分配与使用。但是，在"土地财政"利益的驱使下，地方政府成为土地使用获利的一方，致使这一问题演变成"零和"关系，构成了实质上的"权利与权力"的博弈。同时，因为政府依法掌控着土地使用权"划拨"抑或是"出让"的裁量权，与权力结构（权力与资本）相对的另一方——国家意义上的公民、政治概念的老百姓、物权范畴的业主，即成为住房购买和土地使用弱势的一方为维护自身正当合法权益，只能依据宪法和法律途径寻求保障。

这是本书的基础立意和逻辑起点。为此，根据城市居住社区体育场地设施供给失衡的客观事实，展开以下几个问题的讨论。

研究缘起：由我国体育场地设施供给失衡引起的思考
依法治体：我国公民体育权利实现的法学基础阐释
底线公平：城市居住社区体育场地设施供给政治伦理刍议
公共服务：城市居住社区体育场地建设中政府责任及职能
程序正义：城市居住社区体育用地供给过程的理性思考
规制失灵：城市居住社区体育用地法规正当性缺失与补救
市场失灵：城市居住社区体育场地设施供给及其实践路径
利益均衡：城市居住社区体育用地划拨"量"的测算系统

即在"居住社区"范围设定的基础上提出"居住小区"的概念。至

---

① 简单地说，就是政府提供体育用地。与"划拨"相对应的就是"出让"，即购买。

此，我们提出了"体育用地有效供给"和"居住小区"两个概念，并以此作为理论假设贯穿研究全过程。

①居民小区体育场地设施建设是实现全民健身国家战略的物质条件基础，是贯彻落实公民体育权利的基本保障，是政府应该提供的公共产品，故主张公共服务"下沉"，构建居民小区体育场地设施，实现空间覆盖范围和普惠面更广的网络结构，体现政府体育公共服务均等化目标及其基本职责。

②为实现体育公共服务均等化，坚持用权力保障社会资源和土地资源的二次分配；关注"老旧社区改造"存在的大众体育场地设施不足的"欠债"问题。提出"高端找市场、中端寻支持、低端靠保障"的基本方针；"出让"与"划拨"并举，继续扩大体育用地"增量"；盘活"存量"，将老旧小区闲置空地实现功能性改造以提高"增量"，多渠道保证城市居住小区体育用地有效供给。

③居民小区体育用地纳入城市发展规划，配套具有可操作的法律法规，健全执行体制并完善监督验收机制；在已有法规和国家标准（GB）基础上，提倡并允许城市根据具体情况制定有一定超前性和可执行的体育用地标准，规范程序，强化监督，实现同步设计、同步施工、同步投入使用。

新冠疫情不仅影响了世界政治、经济、文化大格局的改变，同时迫使人们认真思考体育健身和居住小区体育设施建设的重要性和必要性。因此，本书为"居住小区"的应用价值和理论探索提出了新的研究视角。

这几个问题看似相对独立，其实是密切联系在一起的有机整体，就是为了说清楚居住社区体育用地"划拨"的正当性，争取城市居民的合法权益，改善居住环境，实现公共服务均等化和可及化。

四　本书研究重点

规制（regulation）是以法律规范对人的行为构成社会关系的调整和引导，是法的功能和作用的基本体现，表明法律是作为一种社会规范实现社会关系的有序状态——秩序（order），也可以说是法律对于社会关系的调整。

法律规制具有整体性、结构性、功能性三个基本特征。整体性是指法律作为统一的规范体系对其调整对象所产生的多方面、多维度的规制作用；结构性是指在某一方面的法律规制整体性的前提之下，不同角度的法律规制所产生的客观作用的区别与相互协调；功能性是指法律规制对人的行为和社会生活所产生的实际作用和客观影响。

联系到城市居住社区体育场地设施配套建设的法律规制，其主要问题，或者说关键的制约因素是对土地资源的合理分配与有效利用的规制。"建老百姓身边场地"实际上包括"场地"与"设施"两个问题。

第一步，需要解决的是"在哪儿建""有没有地方建"的体育用地供给问题。这需要从法理上阐释城市居民住宅小区的体育场地设施建设的"公益性质"，明确政府提供公共服务的主体地位及法律责任，保障公民体育权利实现落实过程的"程序正义"，了解居民对体育场地"量"的"刚性需求"，致力于提高惠及面更大、更方便居民的住宅小区内的体育场地设施——第五级全民健身网络建设。这个问题的核心是依"法"规制居住社区体育用地供给，需要解决的实质问题是"给不给""怎么给""给多少"。这是本书讨论的重点和难点。

第二步，才是"建什么"和"怎么建"的选择和方法问题。相比较于"在哪儿建和有没有地方建"，这只是一个技术层面的问题。对此，需要做深入细致的调查研究，即根据不同城市的人文、民俗、地理、气候、体育传统等区域特点，了解居民对运动项目的喜好和倾向性意见，甚至可以细化到同一城市的不同社区居民的不同需求，满足城市居民个性化、多样化的需求。这个问题不属于本书研究范围，可以考虑做下一步的滚动研究。

第三步，要思考"怎么建"的保障措施和监督机制。土地使用权的"出让"或"划拨"是个十分敏感的问题，势必牵扯到多部门职责、权力以及多方利益的调整，其法律规制也必须是一个整体的、系统的规范体系。其中涉及法律规制的法学基础与经济学基础、法律规制与法律规避之间的关系，并从法律规制与法律环境的构成，讨论当前相关体育设施规制体系存在法律完善程度差异性、规制重点差异性、规制体系的松散性、法律适用不确定性四个方面的问题。

条块分割决定了城市居住社区体育场地设施配套建设法律规制绝不

是哪一个具体的职能部门可以独立承担的。在完善城市相关立法、规划设计、施工监管、验收及使用管理过程的每一个环节，应明确规划制定、执行设计、监督管理规制的主体，被监督的责任主体，所有权归属，即谁来管、如何管、管理规则是什么、参与主体的自律、风险防范与规避等都是法律规制应予以考虑的问题。具体方式包括：完善立法，加大行政执法力度，强化社会的监督制度，政府职能部门的行政监督管理与宏观调控，广泛开展法律宣传，营造必要的法律环境。这个过程体现的是法律规制的结构与功能，反映出来的是法律的完整性、效力及其严肃性。

从完整的意义来讲，法律规制应当由假定处理和制裁构成，而对于无法律责任、无法律制裁措施的法律规制，是一个有严重缺陷的系统，无法发挥法律规制的强制作用。

可以认为，从规划环节的制度性缺失是导致城市居住社区体育设施配套建设不足的开始；为此，本书第六章在对法理法规研究的基础上，提出了原则性意见和建议，力图做相应的补救。诚然，法律设定还只是静态警戒，侵权行为被追究率才是影响造成居住社区体育用地"流失"行为总体成本的一个重要的变量。从各城市发展现状分析，涉及土地问题势必牵扯到各方面复杂的利益关系，所以，实施有效的监督必须通过地方立法、"第三方"监督，实现立项、施工及验收全过程的"程序正义"，将老百姓的应然权利，通过完善法律制度落实为实然权利。

五 结语

城市居住社区体育场地设施配套建设与法律规制是一种互动的辩证关系。相关法律规制的完善可以促进这项公共服务落在实处，既"能营造"大众健身发展的社会氛围和法治环境，又会推动"建老百姓身边场地"法律法规的细化和具体化。社会法律环境的形成、公民权利意识的觉醒，是推动体育事业持续发展的重要因素。

保护弱者、维护广大人民群众体育权利是体育法制精神的初衷；缓解大众健身场地设施不足的矛盾，争取体育用地划拨的本质是公民正当的利益诉求，是权利与权力的博弈。认定居住社区体育设施用地的公益性质，落实"划拨用地"是政府的责任。虽然城市居住社区体育设施用地划拨仅仅是一个具体的、局部的、低层级的"小问题",但是,关系到老百姓居住环境的改善、人口的健康、人心的向背,故可积"小"而成"大",即事情"大";同时,"小区"虽不大,但是数量多,用地总量也"大"。体现"建老百姓身边场地"保障公民体育权利的宗旨,"让人民生活得更加幸福、更有尊严。"从这个意义上说,居住社区体育用地划拨不仅仅是技术问题,更是对政府施政理念和执政能力的检验。

第 二 章

依法治体:我国公民体育权利实现的法学基础阐释

一 引言

"法者,治之端也。"人类社会发展的事实证明,依法治理是最可靠、最稳定的治理。

党的十八大以来,党和政府反复强调坚持以人民为中心。2020年11月17日,习近平总书记在中央全面依法治国工作会议上发表重要讲话时指出,"全面依法治国最广泛、最深厚的基础是人民,必须坚持为了人民、依靠人民。要把体现人民利益、反映人民愿望、维护人民权益、增进人民福祉落实到全面依法治国各领域全过程。推进全面依法治国,根本目的是依法保障人民权益。要积极回应人民群众新要求新期待,系统研究谋划和解决法治领域人民群众反映强烈的突出问题,不断增强人民群众获得感、幸福感、安全感,用法治保障人民安居乐业"[1]。谋民之利,解民之难,排民之忧,扶民之危,保障人民群众的幸福与尊严,是政府的本分和责任。

公民合法权利、包括体育权利为《宪法》所确认之后即上升为国家意志,需要从政府职能和责任方面探讨权利的保障与实现。这是本书首先必须解决的法源和法理问题,这个过程涉及权利、宪法等基础理论和基本概念的讨论。

---

[1] 《习近平在中央全面依法治国工作会议上强调 坚定不移走中国特色社会主义法治道路 为全面建设社会主义现代化国家提供有力法治保障》,2020年11月17日,新华社,www.xinhuanet.com/politics/leaders/2020-11/17/c_1126751678.htm。

二 公民体育权利的应然权利解析

1982年宪法作出了"中华人民共和国公民的人格尊严不受侵犯"的原则规定,从尊重"人格"的角度保护人的尊严;2004年十届全国人大二次会议以宪法修正案的形式把"国家尊重和保障人权"写入宪法,并明确了"尊重和保障人权"的义务及责任主体——"国家"。这一表述首先是对政府公权的限制,从国家根本法的角度约束了公权对私权的侵害;其次,明确国家作为责任主体地位有助于履行义务及承担法律责任,力图从宪法和立法层面有效地保障基本人权。这标志着我国依法治国思想的进步和升华。

(一) 公民体育权利的法理依据

整个社会的全面发展必须以每个人的发展为前提;每个公民在宪法和法律规定的范围内,都享有宪法和法律赋予的自由和权利,国家要保护每个人的自由和人权。无论是什么人在法律面前,都享有平等。尊重和保障人权的核心价值就在于关怀人性、保障人权、尊重人格,从而促进人的全面发展。

人权是人的个体及其集合体自由地主张自己的正当权益的资格,[1] 体现的是以人为本的基本主张。以人为本不是抽象的,具体落实在广大人民群众的根本利益以及与此相联系的人的生命、人权和人的尊严上。人权作为一种应然权利,是从人与人应该具有的平等关系中所引申出来的权利诉求,是在特定的物质生活和利益关系的条件下,对人们行为自由和行为方式作出"应该""正当"判断的价值确证。[2]

"尊重和保障人权"不仅是宪法的要求,而且也是一切法律的终极价值。从这个意义上说,人权是法治的一面旗帜,[3] 人权的立法状况和法律

---

[1] 李龙主编:《法理学》,人民法院出版社、中国社会科学出版社2003年版,第149页。
[2] 于善旭:《论我国〈体育法〉对人权的保护》,《天津体育学院学报》1996年第3期,第3—9页。
[3] 谢鹏昆:《论当代中国的法律权威——对新中国法治进程的反思和探索》,《中国法学》1995年第6期,第4—14页。

保障程度，已成为现代文明国家民主与法制水平的基本标志，体现在宪法以下的具体立法和法律行为之中。

公民体育权利被纳入国际人权立法和某些国家人权体系中作为人的全面发展的一项基本内容。"体育运动应谋求促进人们之间密切交流，公平竞赛、团结友爱、相互尊重与了解、对人的正直与尊严的充分尊重"；"每个人都有参加体育运动的基本权利，这是全面发展其人格所必须的"。①

我国《宪法》对公民基本权利，包括体育权利作出了明确的规定，"国家发展体育事业，开展群众性的体育活动，增强人民体质"。依据《宪法》，1995年我国第一部体育法律《体育法》出台，其中总则即开宗明义："为了发展体育事业，增强人民体质，提高体育运动水平，促进社会主义物质文明和精神文明建设，根据宪法，制定本法。"2022年新修订的《体育法》总则第一条再次明示："为了促进体育事业，弘扬中华体育精神，培育中华体育文化，发展体育运动，增强人民体质，根据宪法，制定本法。"第五条规定，"国家依法保障公民平等参与体育活动的权利，对未成年人、妇女、老年人、残疾人等参加体育活动的权利给予特别保障"。这就进一步明确了《宪法》中我国公民体育权利和政府法律责任；公民有主张和参加体育运动的权利，而国家、社会也有义务和责任为公民提供相应的条件和保障。对此，将在本书第四章公共服务中做详细阐释。由此，标志着我国公民的体育权利以法定权利的形式予以确认。除体育法外，其他法律如老年人、妇女儿童权益保障、残疾人保障以及工会、共青团等社团组织的法律也有针对体育权利保障的相关规定。

公民体育权利是指由宪法和法律所保障的，人们能够通过接受体育教育、进行体育锻炼和参与体育竞赛的方式，获取身体健康和精神满足之利益的意志和行动自由；② 属于宪法和体育法确认的公民的社会、经济、教育、文化方面的权利，体现对人的生命健康和自由利益的维护，

---

① 联合国教科文组织1978年《体育运动国际宪章》序言及第一条，United Nations Educational, Scientific and Cultural Organization. International Charter of Physical Education and Sport, 1978.

② 兰薇：《新〈体育法〉公民体育权利的立法价值、表达逻辑与实现路径》，《北京体育大学学报》2023年第46卷第5期，第138—146页。

是民法上生命健康权和自由权实现的重要途径；① 同时，也是发展权的主要内容之一。发展权贯穿于人权之中，体育权利作为人权、发展权下一位阶的权利逐步为人们所认识、理解和主张。

（二）公民体育权利与发展权的关系

公民体育权利在法律所保护的人权体系中，虽然作为一项权利内容独立存在，但是，由于体育作为社会文化、社会活动与其他社会文化现象密切交织在一起，所以体育权利又与公民的其他权利存在着千丝万缕的联系。公民体育权利既从总体上归类为社会文化权利，又作为一个综合子权利系统而分别包含和作用于生存权、健康权、发展权、人身权、政治权、受教育权、劳动权、经济和财产权等其他权利，多方面、多角度地丰富和完善着我国公民权利体系的内容。②

体育作为社会文化的一部分对精神文明建设有着重要的作用。人的生命，除了维持自身生存和繁衍的物质需求，还需要有进行文化活动的精神力量，这是人与其他低级生命的本质区别。人们只有在物质和文化（包括精神与情感）得到尽可能充分实现的时候，才能获得真正意义上的幸福。国家发展的最终目的是满足人民群众对美好生活的追求向往，除此之外，没有其他。

为保障公民的社会文化权利，特别是从事体育锻炼的权利，国务院及其职能部门国家体育总局陆续制定并颁布了一系列法规、规章用以规范和指导文化体育工作。如，国务院 2003 年施行的《公共文化体育设施条例》明确了其宗旨：为了……充分发挥公共文化体育设施的功能，繁荣文化体育事业，满足人民群众开展文化体育活动的基本需求（第 1 条）；基本原则是：公共文化体育设施管理单位必须坚持为人民服务、为社会主义服务的方向，充分利用公共文化体育设施，传播有益于提高民族素质、有益于经济发展和社会进步的科学技术和文化知识，开展文明、健康的文化体育活动（第 3 条）。

---

① 张奥、宋凡：《论公民体育权实现的国家义务——基于"权利思维"研究的反思》，《武汉体育学院学报》2022 年第 56 卷第 10 期，第 52—59 页。

② 于善旭：《再论公民的体育权利》，《体育文史》1998 年第 1 期，第 32 页。

发展权是个人、民族与国家积极、自由和有意义地参与政治、经济、社会及文化的发展并公平享有发展所带来的利益的权利。体育权利作为文化权利的一部分，同样是人权中文化权利发展的分支，发展权贯穿人权中的各项子权利，因此，公民有公平享受经济、社会发展成果的权利，也有权利公平享受体育发展所带来的利益。长期以来，国家为了政治和外交目的，把大量的人力、物力和财力投入竞技体育，而造成大众体育发展的不均衡。国家在保障人权不受侵害的同时，也应保障人权发展带来的社会效益，否则国家就失去其功用和职能。时任总理温家宝在十一届全国人大一次会议中外记者会上曾说，对于一个社会，如果说发展经济、改善民生是政府的天职，那么推进社会公平正义就是政府的良心。①

回归本书而言，唯有尊重民权、体察民意、改善民生、疏导民情，摆正政府和百姓的关系，在法律保障下规范土地使用行为，才可能求得政府和民众的双赢，减少城市建设的社会成本，在公平和谐的环境中推进中国的城市化进程。

（三）"享受最高标准的健康，是每个人的基本权利"②

体育是促进人的生命健康的，而健康又是人权的重要组成部分。从人权视角出发，人人都可以为生命健康而与国家产生体育法律关系，成为体育法律关系主体一方，并在以保持和发展人权为内涵的体育法律规定中体现。故任何一部法律法规都不得作出禁止或限制人们从事体育的权利，也不得作出禁止或限制人们参加体育法律关系。这里的体育和体育法律关系是以维持和保护人权为其内涵的，所以具有普遍意义，只要主体条件许可，法律法规便不可以设定障碍。

《中华人民共和国宪法》第二十一条明确规定："国家发展医疗卫生事业，……开展群众性的卫生活动，保护人民健康。国家发展体育事业，开展群众性的体育活动，增强人民体质。"医疗卫生和体育活动均关系到人的健康和体质增强，这种归类的核心是对"人民"健康权的确认，责

---

① 《十一届全国人大一次会议举行记者会　温家宝总理答问》，2008年3月18日，中国政府网（https://www.gov.cn/2008lh/content_923654.htm）。

② 1948年4月7日生效，《世界卫生组织章程》。

任主体是"国家"。《中华人民共和国体育法》第1章总则中明确了国家对人民群众体育法律关系主体资格的界定和义务，体现的是国家与公民个人之间的权利义务关系，规定了国家基本义务与公民基本权利结合的内容，表明基本体育法律关系中的体育权利在普遍意义上是存在的：人人都有为促进生命健康要求国家创造条件，提供物质帮助，从而促使自身发展、自身优越性得以充分发挥的权利，且不论公民个人乃至群体是否意识到或有所主张权利。[1]

三 公民体育权利的法定权利阐释

人，生来是平等的，没有高低贵贱之分，应当拥有各种权利和自由。谋民之利，解民之难，排民之忧，扶民之危，保障人民群众的幸福与尊严，是政府的本分和责任。为此，必须通过宪法和其他法律制度保障人民的政治、经济、文化、社会权利，将人的尊严内化为宪法精神或上升为宪法内容。[2] 在2004年第四个宪法修正案中，确立了"国家尊重和保护人权"的原则，正式地把人权由一个政治、社会概念上升为宪法、法律概念，这实际上为实现人民的尊严提供了法律保障。

"宪法是人民精神的表达"。[3] 现代法治精神和本质功能就是控制国家权力，法治的治权功能首先是由宪法来确立并由宪法所保障的。这是宪法区别于其他法的根本特点，其内容核心就是规制和限制国家权力、保障公民的基本权利，体现在以下两个方面。

首先，宪法对国家权力的行使是有限定的，即"法无规定即无权"。在国家权力与公民权利的关系上，宪法的价值取向就是限制国家权力，国家权力的取得与行使必须由宪法和法律明确授予，表现在宪法对国家权力的规定上采用列举方式予以限定。"依宪治国、依法治国，'将权力关进制度

---

[1] 王小平、马宏俊：《论体育法律关系主体资格特征及其确立》，《北京体育大学学报》2005年第28卷第9期，第1169—1171页。

[2] 何殿英：《〈体育法〉修改的宪法学思考》，《河南省政法管理干部学院学报》2006年第4期，第193—196页。

[3] ［葡］若泽·若阿金·高美士·卡诺迪略：《宪法与宪法理论》，孙同鹏、李寒霖、蒋依娃译，社会科学文献出版社2022年版，第150—153页。

的笼子里'的含义是有限政府……这意味着应当对宪法作出阐释以避免出现超越法律的政府,以使政府的任何活动在原则上和实际上都受到宪法和法律的限制……在任何重大的领域,政府都不能行使无限的权力……"[1]

其次,宪法对公民权利的规定是开放的,即"法无禁止即自由"。国家权力存在的目的就是维护公共利益的需要和保障公民权利的实现。假定公民权利的实现遇到障碍或公民权利受到侵害时,国家权力有责任、有义务予以保障和救济;甚至当国家行为与公民权利相悖以致有损于公民权利,或以各种理由搪塞、推诿,置公众利益于不顾,不仅其正当性受到质疑且可以以公权力不作为承担违宪或违法责任予以追究之。正当性(legitimitat)是指对某一事物合理性的判断。伦理学解释,正当性是指符合道德原则和规范的行为,并得到社会认知及舆论肯定的评价。同理,法律如没有正当性就难以在实践中实现其法律价值;无论什么作为如缺乏正当性就得不到社会的认可和公众的支持。

2016年,《"健康中国2030"规划纲要》印发后,学者们纷纷从不同视角提出以促进人的健康为内涵的体育人文回归的吁请,国家和政府清醒地认识到这一点,并不失时机地提出由体育大国向体育强国迈进的目标;[2] 何谓"大",又如何理解"强",其根本是什么?从终极意义和根本目的而言,可以肯定的回答是:"国家发展体育事业,开展群众性的体育活动,增强人民体质。"[3] 因为"我们所做的一切都是要让人民生活得更加幸福、更有尊严,让社会更加公正、更加和谐"[4]。"人民幸福安康是推动高质量发展的最终目的。"[5] "满足人民日益增长的美好生活需要",

---

[1] 于浩:《行政立法:把权力关进制度的笼子里》,《中国人大》2018年第23期,第49—51页。

[2] 《体育强国建设纲要》,2019年9月2日,中国政府网(https://www.gov.cn/zhengce/zhengceku/2019-09/02/content_5426485.htm)。

[3] 《中华人民共和国宪法》,2018年3月22日,中国人大网(http://www.npc.gov.cn/c2/c30834/201905/t20190521_281393.html)。

[4] 《政府工作报告》,2010年3月5日,中国政府网(https://www.gov.cn/2010lh/content_1555767.htm)。

[5] 《以高质量发展实际行动为新征程开好局起好步——习近平总书记在参加江苏代表团审议时的重要讲话引起热烈反响》,2023年3月6日,新华网(https://www.xinhuanet.com/politics/2023lh/2023-03/06/c_1129415615.htm)。

这主要体现为:人民的生活水平不断提高,人民的社会权利得到实现和维护,人民对党和政府的高度认同和拥护。其中,改善民生是基础,维护民权是关键,赢得民心是核心。① 也就是说,一切国家机关的设置和权力的行使,在根本意义上都是为了保障人民的基本权利。

"参加体育运动是所有人的一项基本权利","确信有效地行使人权的基本条件之一是每个人应能自由地发展和保持他的身体、心智与道德的力量,因而任何人参加体育运动的机会均应得到保证和保障"。② 体育权利作为公民基本权利的一部分在我国《宪法》中予以体现;依据《宪法》精神,应当将对公民体育权利的保障作为体育立法的根本目的与宗旨;坚持现代法治所要求的"权利本位"原则,将公民的体育权利作为公民的一项基本权利予以确认;并明确公民的体育权利概念,明确《体育法》所保护和促进的公民体育权利的内容,并在国家权力的保障之下得以实现。

坚持习近平法治思想,依法治国把国家和公民的关系纳入法治的轨道,是法治的重大进步和法治最本质的体现。宪法在"人权保障"的原则下规范公民和国家的关系,其实就是通过根本法规范和控制国家权力,使其不偏离保障公民基本权利的目标;③ 党和国家要尊重和保护每个人的自由和人权。④ "人权保障"作为宪法原则要求处理好公民体育权利与公权力、与其他社会利益之间的关系;只有处理好所有的权利关系,实现整个社会公平正义,才能保证每一个社会成员不受歧视,让人民生活得更有尊严。

体育法律关系依据其内容是否直接指向健康基本人权或受其他法律法规调整两个标准,一般划分为基本体育法律关系和衍生性体育法律关系;衍生性体育法律关系与基本体育法律关系的联系和法理上的主法律关系与从法律关系的联系也因划分标准不同而有所区别。

基本体育法律关系 法律关系的内容直接指向生命健康之类的基本人权,与其他一般基本法无涉的体育法律关系皆为基本体育法律关系。这仅限于法理层面的讨论,因此,法学和体育理论学者基本取得共识,

---

① 姜晓萍:《增进民生福祉是发展的根本目的》,《学习时报》2017 年 11 月 15 日第 6 版。
② 《体育运动国际宪章》第一章,联合国教科文组织。
③ 姜峰:《民事权利与宪法权利:规范层面的解析——兼议人格权立法的相关问题》,《浙江社会科学》2020 年第 2 期,第 14—21 页。
④ 《中国共产党尊重和保障人权的伟大实践》白皮书,2021 年 6 月 24 日,新华网。

鲜有异议。因为人权具有普遍意义的品格决定了以促进人权为内涵的基本体育法律关系具有普遍性，必然要求其主体的资格能为人们所普遍取得，即人人都有为自身健康从事体育的权利。2022年6月24日，第十三届全国人民代表大会常务委员会第三十五次会议修订的《体育法》第五条明确指出，"国家"依法保障公民平等参与体育活动的权利。从这个意义上说，国家对每个公民的体育活动都有消极不干涉和积极支持的义务，并负有为具有普遍性体育法律关系主体资格的公民参加体育活动创造必要的条件及提供服务的责任。

衍生体育法律关系　除宪法外，体育法律关系如果还受其他法律法规的调整，则为衍生性体育法律关系。在这个关系中一直存在着较大的歧义和争论，体育领域发生的纠纷及长期呼吁司法介入均缘于此。尽管衍生性体育法律关系的逻辑起点是基本体育法律关系，但是却表现出自己个性和独立性的一面。内容上衍生性体育法律关系可以表现为民事权利义务，也可以表现为行政法上的权利义务等。

居住社区体育设施建设用地划拨，是公民在规划建筑领域争取的体育权利，是由健康这一基本权利衍生的民事权利义务，其能否得以贯彻和落实则与行政行为的规范和约束的实际效果有直接关系，亦即应然权利到实然权利的基本保证和必要条件是给予法律权利明确无误的确认。这其中涉及多主体的不同利益的博弈；从课题研究过程中，我们越发感觉到争取体育权利所涉及法律关系的复杂性。

四　公民体育权利的实然权利实现

"人民主权"作为国家成立的基础，人民是国家的主人；国家的权力来源于人民自然权利的让渡，政府的正当权力系得自广大人民的同意，政权建置是一种人民与国家之间的契约安排。"人民主权"属于国家的政治组织原则，任何国家机关所获得的权力均由人民主权派生出来，应对人民负责，受人民监督。

自然，单个人无法作为一个整体而行使国家权力，人民必须将自己的权力交由合法组成的国家机关行使。然而，人民可能也必须拟定一个政治性文件，用来确定国家机关的活动形式及权力界限，以使这些机关能够最终受人民控制。这个政治性文件,也就是今日所称的宪法。百余年来,中国共产党坚持人民至上,坚持将人权的普遍性原则与中国实际相结合,坚持生存权、发展权是首要的基本人权,坚持人民幸福生活是最大的人权,坚持促进人的全面发展,不断增强人民群众的获得感、幸福感、安全感,成功走出一条中国特色社会主义人权发展的道路。①

因此,宪法由人民制定,是全体人民意志的最高体现。在人民的权力之下,或者说根据人民的委托,由不同的国家机关来行使管理权力,以维持社会的秩序和人民的幸福。② 2004年3月,第十届全国人民代表大会第二次会议通过《中华人民共和国宪法修正案》,正式将"国家尊重和保障人权"载入宪法,由此,"尊重和保障人权"就成为整个中国特色社会主义法治体系的基本原则,也成为所有国家机关、武装力量、政党、社会团体、企业事业组织必须遵守的行为准则和法律义务,一切法律法规和规范性文件都不得与之相抵触,任何与之相违背的行为都必须予以追究。

中国共产党带领人民全面认真实施宪法,带头履行尊重和保障人权的宪法责任。中国通过健全法律法规和制度体系,发展国家各项事业等,推动宪法实施,落实宪法规定的人权保障原则和精神。在中国特色社会主义政治体制下,"中华人民共和国的一切权力属于人民"③,这是我国宪法人民主权原则的集中体现。"一切权力"包括立法权、行政权、司法权的行使都应符合人民的利益。政府的建立须经人民的同意,政府权力由人民赋予,国家机关及其工作人员只是人民权力的受托者。因此,国家事务和政府决策,以及一切立法和适法行为都应经人民同意,受人民监督。

"立法应当体现人民的意志,发扬社会主义民主,坚持立法公开,保障人民通过多种途径参与立法活动。"④ 为此,要求立法机关和行政机关在制定法规和政策时必须严格遵循平等保护原则,明确体育活动中的各

---

① 《中国共产党尊重和保障人权的伟大实践》白皮书,2021年6月24日,新华网。
② 胡玉鸿:《试论法律位阶划分的标准——兼及行政法规与地方性法规之间的位阶问题》,《中国法学》2004年第3期,第22—31页。
③ 《中华人民共和国宪法》第2条。
④ 《中华人民共和国立法法》第5条。

种不同主体的地位,对于不同的主体从立法上规定平等保护的规范,对于公民权利给予平等的保护,即情况相同的人同等对待,而情况不同的人则应该区别对待,既反对特权和歧视,也不搞绝对平均主义。

宪法平等保护原则作为人权保障的一项基本原则,主要是用来约束法规、政策制定机关的。① 它是现代宪法的支柱和灵魂,尊重和保障人权首先就应该尊重和保障公民的平等权,使政府的立法行为受其约束,建立和完善平等保障的法律制度,核心是保障人民主权的实现,坚持权利行使的程序正义。

在市场经济条件下,住房建设是一种商业行为,同时,为维护社会公平正义,解决基本的民生需求,政府有责任建设保障性住房、廉租房、经济适用房。一般情况下,住房是使用周期可达50年以上的特殊商品,所以住房的开发建设包括改善居住环境的配套设施建设应有一定的超前性。课题组对武汉、深圳、南京、上海、厦门等地做调查时了解到,始建于改革开放初期(20世纪80年代)的60多个居住项目,由于难以解决居民活动空间不足和缺少停车位的问题面临着全面改造的窘境。体育场地设施是居住社区公共设施的一部分,是公共服务的内容之一,政府应通过立法和监督执法,在规划、设计、建设过程中统筹安排,代表国家行使权力,贯彻《宪法》和《体育法》的基本精神,体现国家的意志,保障公民的体育权利。②

可是,在我国工业化、城市化进程中,长期以来住房的刚性需求推动了卖方市场的形成,使房价居高不下,是现今社会矛盾聚集的焦点,形成了房地产市场中的权利、权力、资本,即购房者、政府和包括房地产商、金融在内的卖方三者间的利益博弈。

按说,政府根据《宪法》行使权力应该维护人民的利益,围绕着"建老百姓身边场地"问题,各级政府必须承担主体责任。可是,市场经济的改革,使政府在房地产市场中的角色及职能都发生了变化。在"土

---

① 汪进元:《论宪法的平等保护原则》,《武汉大学学报》(哲学社会科学版)2004年第6期,第827—832页。
② 赵克等:《我国大、中城市居民住宅区体育设施配套建设的可行性研究》,《体育科学》2004年第12期,第42—45页。

地财政"利益的驱使下或因体制内问题而存在的权力寻租,竟然使地方政府成为利益博弈的一方。可想而知,政府有土地出让权、定价权、审批权和自由裁量权,可以制定政策甚至影响立法,其强势地位无以撼动。"与民争利",少数地方政府部门摒弃服务人民的天职,滥用职权,想方设法榨取钱财。拿房地产开发来说,地方政府部门与开发商勾结,强迫农民贱卖土地,盖上住宅楼或办公楼漫天要价。很多政府部门更像是代表某些获取利益的商业集团,唯一不同的是他们还握有权力和资源。[①]

房地产商在住房的建设与销售中实行自负盈亏,目的只有一个——追求市场利益最大化。营利是企业得以生存和扩大再生产进入良性循环的前提条件,要求开发商承担文化体育设施建设的资金也是不现实的。尽管有的开发商已开始注意体育设施配套建设,但目的是提高开发项目的"档次"、形成商品房销售的"卖点",最终这部分费用还是要通过售价或提高物业管理的收费标准转嫁给消费者(业主)。在市场活动中,他们必然与金融合作力图控制资本,因此可以购买他们所需要的任何东西,当然包括权力,这就为资本与权力、官与商勾结形成共同利益的强势集团提供了必要和可能。

住房成为商品,就具备了商品的特殊属性,就由市场的供需决定住房买卖双方的利益关系,应该由消费者的需求决定住房的质量和居住环境、服务设施及服务质量。但是,囿于城市居民的工资收入和实际购买能力,一般购房者往往是被动的,特别是让他们在购房的同时再分担体育设施建设和土地出让金更是不合实际的,并且在住房制定政策、市场定价、住房设计、审批、建设、施工、验收等所有环节,都处于经济不对称、信息不对称、社会地位不对等的相对弱势一方。面对居高不下的房价并大量空置的住房,他们能做什么?只能无奈地望"房"兴叹,任人宰割。谁来保护他们的利益?

本书研究的着眼点是城市居住社区体育用地供给不足。研究过程中,我们把城市低端商品房、保障性住房和老旧小区作为调查重点,其共性是:高楼层、小户型、容积率高、居住密度大、空间狭小、历史欠账多,因此配套设施"缺斤短两"自然不足为奇,足额配套文体设施更是奢谈。

[①] 叶祝颐:《公共资源岂能成为牟利工具》,《人民日报》2014年6月18日第18版。

在我们调查的几个城市中,似乎得出同一个印象,即由城市政府为主建设的居住社区的体育设施配套情况,甚至不如一般商业开发的项目。这当然是体制使然(详见第六章)。居住社区体育用地欠账太多,许多学者纷纷展开大量有意义的研究。

城市居住社区体育用地不足,居民的体育权利已经受到侵害,究其原因是规制失灵,还是市场失灵?施以侵权的主体是谁?其实,不言自明。

政府应该符合依法治国的要求,扮演好宪法规定的角色,退出市场利益博弈,不能也不应该同时身兼"获益者和执裁者"两个角色,仅限于"房地产商的血管中也应该流着道德的血液"的一般性呼吁是远远不够的。政府必须公允、合理、有效地行使权力,加强对地方、对市场的监管,维护社会公平正义,保护公民的体育权利。如若不然,政府就应承担失职、不作为乃至违宪责任予以追究和问责。而这些问题的实质是,政府行为缺乏有效的监督与制衡机制。

五 城市居住社区体育设施建设的制度选择与程序正义

从应然权利到实然权利,法律所突出的作用和功能是保护主体的"被规定的权利",即所谓客观的利益。客观利益就是指主体本身可能没有感受到或认为不存在,但实际上存在并对主体有意义的利益,是强调利益的客观性。无论主体对客体是否有清楚认识与明确要求,即使客体对主体的意义真实存在,主体也有可能因为认识能力的缺陷或瑕疵而没有意识到,甚至认为没有意义。法律应当分别情况,或者将利益向主体予以揭示,只要是公民的基本权利国家就应该予以保护。

本书曾设计抽样对小区业主和购房者做调查,试图了解出资建体育场地设施的意向,预估的结果是:"搭便车"① 尚可乐观其成,分担成本则免谈。通过访谈验证了这个假设并具有相当的普遍性,特别是对于低端商品房的购房者更是如此。

---

① "搭便车"的基本含义是不付成本而坐享他人之利的投机行为。

就是说，客体对主体是否有意义，有时候主体并不一定能直接感受到对客体需求的必要和紧迫，往往通过对现实的比较唤起对客体的主张，正所谓"不患贫，患不均"。二代、三代农民工目前所主张和诉求的均缘于这一权利意识的觉醒。

保障性住房业主也许迫于居住的基本要求，对其他需求认识不足，也提不出或负担不起更多的"奢求"（其实是权利），但并不代表他们自愿放弃或牺牲这部分权利。只要是"灯塔"①，只要是公益事业，只要承认居住社区体育场地设施建设关系到人的生存权、发展权、健康权是一项基本人权，那么，基于社会公平正义和保护弱势群体的法律原则，政府就应当承担起这个责任。

关于居住环境的规划设计还有一点应该引起我们的注意，即客体对主体的有意义，并非一成不变，而是为当时的社会客观事实所左右。过去有意义，并不代表现在也一定有意义；现在没有意义，也不代表着将来就一定没有意义。因此，利益的判定往往需根据个案的实际情况来进行，无法一以贯之而予以确定；同时，利益是弹性的、浮动的，受到一些判断要素所决定，这一特性称为利益的社会性或者叫做环境性。这种分类预示了主体对利益认识的不完整性和对利益进行法律评价的必要性。所以，对住房这种使用周期逾数十年的商品，在土地利用、环境规划设计时必须具有一定的超前性，不要等老百姓健身、休闲活动空间不足时再做亡羊补牢的事啦！

购房者和居住者（业主）都是缺乏组织或组织松散的个体，相对于房地产商（市场）和政府（权力）处于劣势。他们的主张和利益诉求往往因为信息不对等、渠道不畅通和意见难统一而显得软弱无力。因此，由于公共利益主张者的缺位以及主张者的不保险性，由法律来确认或者形成客观的公共利益成为法治社会的普遍做法。这一方面在于法律的程序性，保证了公共利益的客观性，即民主的立法过程，使得多数人的利益得以表现；另一方面，法律的明确性也使得公共利益的主张者，可以

---

① 灯塔效应（light house effect）指消费者都不愿意一个人支付公共商品的费用而让别人都来消费。"灯塔效应"很大程度上决定了政府应该具备什么样的职能，那便是代表公众对公共事业进行管理。

借此来积极地主张公益,促进公益的实现。比如,城市居住社区体育设施的公益性、正当性得以确认,但并不意味着其主张的必然实现,因为,其中的既得利益者利益分配必将受到冲击,无论是地方政府的土地财政还是权贵集团的利益平衡,抑或是权力寻租的筹码都将受削弱、破坏乃至被剥夺,由此可能产生的反制,无论是消极的或积极的,也无论是公开的或隐蔽的,这个过程都不会是顺利的。因此,法律的明确性和程序性是促进公益实现的基本保证。

客观地说,目前城市购房者多以解决基本居住需求为主,尚无心顾及居住环境改善等其他问题。尽管如此,作为公民、作为消费者、作为法律主体,其体育权利都是存在的,都应该予以尊重和保护。划拨体育用地"建老百姓身边场地",为全民健身提供必要的条件支持和公共服务是政府的职责。为此,不能因为目前公民体育意识不强或尚无明确的权利主张就可以以种种理由搪塞、推诿,忽略居住社区体育用地划拨和设施建设。

从法理上讲,任何一个国家,任何一个城市的建设规划都必须具有法律的强制效力,一切违反规划的行为必须得到彻底的纠正。面对市场经济条件下的房地产建设中出现的种种问题,已有的计划经济体制、以直接行政管理为主要手段、以部门规章为立法的主要内容、法律时效不确定的"暂行"、缺乏适用性的"规定""草案""决定"等都难以适应市场经济条件下房地产业发展的需要。因此,较高层次的、适用面广、具有约束力的立法亟待解决;无论从立法、司法,或是监督乃至法律救济都必须坚持程序正义;在相关的法律法规修改中,要增加和完善权利救济条款,使这些条款少一些原则性、抽象性,多一些可操作性,使公民、法人和其他组织的体育权利真正得到享有和保障。[1]

人,真正的权利自始就与救济相联系。"没有救济就没有权利",也就是说,一切宪法和法律上的权利,对于公民来说,只是一种抽象的权利,只有当公民真正享有这些权利,并且在受到侵权时能够及时有效地得到这种真实而实际存在的宪法和法律救济体系的救济,这才是最重要、

---

[1] 赵克:《城建居民小区体育设施配套建设立法研究》,《体育科学》2001年第4期,第5—7页。

最真实的。因此,"救济"的意义越来越受到人们的关注,这是公民法律意识的觉醒。就立法者而言,立法宣示权利固然重要,但更重要的是要对"受法律保护"条款、"法律责任及惩处"条款、"正当法律程序"条款、"正当性补救"条款等作出具体规定,使公民的法律权利转化为现实的权利——实然权利。

体育用地供给失衡是一个不争的事实,这其中有国家根据国际环境变化和国家经济、社会现实需要和可能的权衡后而作出的阶段性选择,但是,客观上造成了大众体育落后于竞技体育发展的现实状态,直接惠及老百姓的体育权利受到伤害。稀缺土地资源合理分配和利用的实质是国家与公民、政府与老百姓之间权力和权利的博弈。

在我国"一切权力属于人民",就是为了实现充分的"人权保障";这不仅体现了国家的性质,而且作为一种宪法和法律的原则,通过具体的法律规范进行确认和规制,把人的"应然权利"体现为"法定权利",进而落实为"实然权利"。

六 结语

正如法律先贤孟德斯鸠所说,法律不要精微玄奥,应为一切人能准确理解。新修订的《体育法》直面新时代体育现实问题,积极回应人民群众的体育需求,强化公民体育权利的保障,着力解决体育发展"不平衡""不充分"等"短板"难题。《体育法》"第八十三条 新建、改建、扩建居住社区,应当按照国家有关规定,同步规划、设计、建设用于居民日常健身的配套体育场地设施。"该条款将破解群众身边体育场地设施建设难题的制度举措用法律的形式予以确认,对城市居住社区体育场地设施配套建设提出了原则性和概括性规定。

新修订的《体育法》颁布实施仅仅是体育法治的阶段性工作。就一般立法而言,高位阶法规提出原则性规定后,为保证立法的稳定性和严肃性,低一位阶的配套立法或相应法规政策予以完善,做进一步可操作执行的具体规定。身为法律工作者应该清醒地认识到,应然权利到实然权利实现的过程中,法定权利落实与法制建设以及程序正义尚有很多工作待完成。当前亟待解决的问题是配套立法、完善法规文本以及具体条款的细化。

第三章

底线公平：城市居住社区体育场地设施供给政治伦理刍议

一 引言

"底线公平"是社会保障中最起码的、不可缺少的公平保障，它是政府的责任底线。① "政治伦理"是执政阶层在实践中的伦理价值观，是以公平、正义和责任等为基本伦理的价值诉求。具体来说，政治伦理主要探究什么样的政治是理想的政治和如何施政等原则问题。② 目前，中国已先后制定实施了三期国家人权行动计划，各项权利得到切实保障，保护特定群体权益的政策和法律措施更加完善，人权法制保障进一步加强。《国家人权行动计划（2021—2025 年）》中谈到健康权利时，提出要广泛开展全民健身运动，完善全民健身公共服务体系，推进社会体育场地设施建设和学校场馆开放共享，提高健身步道等便民健身场所覆盖面，因地制宜发展体育公园，③ 就是政府关注公共福祉与维护社会政治理想和为人而施政等基本原则的体现。

现阶段，随着全球化进程的加快，多元文化的价值观以各种社会思潮的形式不断地冲击着中国。传统安全的威胁降低，非传统安全的威胁逐渐成为社会稳定的头号目标。在全球化语境下，中国顶层的价值观已

---

① 2004 年，在第 36 届国际社会学大会上，景天魁正式提出"底线公平"概念。
② 高振岗：《政治伦理的价值诉求及其实现方式》，《求索》2008 年第 9 期，第 46—48 页。
③ 中华人民共和国国务院新闻办公室：《国家人权行动计划（2021—2025 年）》，新华社，2021 年 9 月 9 日。

从"经济建设为中心"向"以人民为中心"发生转变，着重强调人的价值的普适意义。正是以往社会发展忽视了"人"而过于重视"经济"，导致社会的断裂和分层，使矛盾不断激化。处于断裂带下游和社会分层底端的弱势群体一次次成为社会关注的焦点。弱势群体在中国数量之大，关乎社会公平正义与和谐社会的构建，加之以往的资源分配和城市规划中缺少对其正当性权利的基本制度保障。所以，今天的弱势群体问题需要政府提供底线责任予以保障。

为此，补齐民生短板、破解民生难题、兜牢民生底线，关键在于提高公共服务的可及性和均等化水平，工作着力点在于困难群体和落后地区。① 习近平总书记在党的二十大报告进一步指出，到2035年，建成教育强国、科技强国、人才强国、文化强国、体育强国、健康中国，国家文化软实力显著增强，人民生活更加幸福美好，要健全基本公共服务体系，提高公共服务水平，增强均衡性和可及性。② 这是对市场失灵造成公共服务缺失和分配不公的弥补。实质上，共同富裕社会的基本理念和最终目标也就是公共服务均等化。公共服务均等化是一个伦理问题，政府要保证其施政行为的公共性仅仅停留在经济和政治上是不全面的，同时要承担起维护社会公平与正义的道德责任。③

体育领域内，公共体育服务是维护人的尊严和增强广大人民群众的获得感和幸福感的重要载体。2015年，完成了70%以上的公共服务体制改革共有9项，公共体育服务排列第四位。④《"十四五"公共服务规划》进一步确立了公共服务分类分级的整体框架，逐步推动各级政府事权与支出责任等制度体系的建设；同时，提出要开展重点领域基本公共服务标准化工程，公共文化体育位列其中。2023年，最新《国家基本公共服务标准》进一步将《"十四五"公共服务规划》中的基本公共服务细化

---

① 2021年3月7日，习近平总书记参加十三届全国人大四次会议青海代表团审议时的讲话。
② 习近平：《高举中国特色社会主义伟大旗帜　为全面建设社会主义现代化国家而团结奋斗——在中国共产党第二十次全国代表大会上的报告》，人民出版社2022年版。
③ 允春喜、陈兴旺：《公共服务均等化：现代政府不可推卸的道德责任》，《东北大学学报》（社会科学版）2010年第4期，第16—17页。
④ 孙长学：《"十二五"社会事业领域政府公共服务能力提升重点及目标》，《宏观经济管理》2010年第6期，第23—25页。

为 9 个方面、22 个大类、81 个服务项目,公共体育服务作为第 22 大类位列其中。[①] 公共体育服务均等化通过对体育资源的优化配置和向公众提供公共体育服务,保证公民基本体育权利的实现。[②] 公共体育服务均等化的研究主要集中在体育资源分配、城乡差异、区域性差异和弱势群体权利保障等方面。

社会弱势群体体育权利保障底线的提出,是基于这部分人没有足够的机会和能力参与体验型或实物型体育消费。根据全国第六次体育场地普查数据,可以得知居住社区内老百姓体育锻炼场地设施同大型体育场馆比例失衡,老百姓直接受益的体育场地失衡。同时,通过课题组在厦门、北京的调查显示,在仅有的城市社区居住场地设施分布上,政府开发的社区又远远落后于市场开发的小区。

为此,我们提出的"底线公平"即是保障没有能力购买市场开发的高中档住宅小区的弱势群体的基本体育权利。简言之,就是保障性住房内体育场地设施的供给保障,同时也是吸取南美和英国教训,避免将保障性住房建成"现代贫民窟"。这既是社会问题,也是政治问题。

因此,城市居住社区弱势群体的体育场地设施供给问题相关理论和实践的亟待解决关乎社会公平和政治伦理。这其中涉及城市居住社区内弱势群体体育场地设施亟须关怀的现状、公共体育服务政策资源配置价值取向矛盾的困境、城市居住社区场地设施保障的路径出路等问题。

二 现状:城市居住社区大众健身场地设施亟须关怀

经济的发展要更加注重人的发展,而人的发展最基本条件是身体的健康。2020 年,习近平主席在第 73 届世界卫生大会视频会议开幕式上提出"共同构建人类卫生健康共同体"。同年 9 月 22 日,习近平在全国教育文化卫生体育领域专家座谈会上提出,"要推动健康关口

[①] 2023 年 7 月 30 日,《国家基本公共服务标准(2023 年版)》。
[②] 范宏伟:《公共体育服务均等化研究》,博士学位论文,北京体育大学,2010 年,第 37—38 页。

前移,建立体育和卫生健康等部门协同、全社会共同参与的运动促进健康新模式"①。健康素养下降固然是多方原因共同导致的后果,但是,作为一个社会性问题,政府有不可推卸的责任。市场经济下,富人可以通过购买获得足够的体育服务,而作为社会的弱势群体只有通过政府供给获得体育服务。

(一) 健康治理的挑战及政府责任分析

健康治理一直是世界各国高度重视的问题。回溯人类发展历程,人们对健康的理解是一个不断深化的过程,从单一的生物健康观走向生理、心理、社会适应的多维健康观,再到目前的大健康观,从医疗卫生体系的被动治疗转向预防和健康促进,即生活方式的干预。

进入到 21 世纪,中国人口健康状况发生了结构性转变,各种慢病、文明病呈现高发态势,产生了种种令人担忧的社会现象。《2013 第五次国家卫生服务调查分析报告》的数据表明,中国慢病人口一直处于快速增长的状态,患病比例也在不断上升,从 1993 年约 13.2% 上升至 2013 年的 24.5%,心梗、中风、糖尿病和慢阻肺成为威胁中国人生命的主要慢病。2019 年,由中国科学院心理研究所、社会科学文献出版社共同发布的《中国国民心理健康发展报告(2017—2018)》显示,48%的受访者认为,"现在社会上人们的心理问题严重",多表现为焦虑症、抑郁症、精神分裂症、强迫症、自闭症等。我国常见精神障碍和心理行为问题人数逐年增多,2019 年数据显示,我国抑郁症患病率达 2.1%,焦虑障碍患病率达 4.98%。②

为了应对不断增加的健康风险挑战,中国政府开始了加大健康治理的力度,先后出台了《"健康中国 2030"规划纲要》《健康中国行动方案》《健康中国组织行动与实施考核方案》。但是,医疗卫生资源配置不均衡、不合理、结构性失调等问题使得健康治理成效还未达到应有的效

---

① 习近平:《在教育文化卫生体育领域专家代表座谈会上的讲话》,2020 年 9 月 22 日,中国政府网(https://www.gov.cn/xinwen/2020-09/22/content_5546157.htm)。
② 董传升:《走向主动健康:后疫情时代健康中国行动的体育方案探索》,《体育科学》2021 年第 41 卷第 5 期,第 25—33 页。

果。健康政策的重点仍然侧重于卫生医疗保障体系的全覆盖上，对身体活动、体育运动、合理膳食等与健康有关的行为因素关注不够。

据世界卫生组织（WHO）估计，全球21%—25%的乳腺癌和结肠癌、27%的糖尿病和30%的缺血性心脏病的发病率与体力活动不足密切相关，而10%的非传染性疾病死亡可归因于体力活动不足。因此，体力活动不足已被WHO确定为21世纪全球最大的公共卫生问题，认为它是引发慢性非传染性疾病的头号杀手和导致非感染性疾病死亡率增加的第四大风险因素。体力活动不足所引发的各种疾病非常可怕，加强体育锻炼更加刻不容缓。由于50%以上的慢病可以通过改变生活方式和控制行为风险进行预防。因此，日本、美国、英国、澳大利亚、德国等国家均在制定积极的体育运动健康促进政策。

美国50个州都有法律规定："社区可单独与有关机构合作修建和拥有体育场地设施，社区体育场地可通过购买、赞助、赠送等方法获得土地。"[①] 德国在1990年出台的《发展社区专项》计划，针对社区人口和群众喜爱体育项目的特点，设立体育设施专项计划。英国1985年由体育理事会颁布的《社区体育中心发展计划》对居住社区提出了建设体育中心的要求，并制定相关标准。日本文部省体育局在1972年和1989年分别提出《关于普及振兴体育运动的基本计划》《关于面向21世纪体育振兴计划》，并指出，"以社区体育设施建设为重点，根据不同社区完善体育设施建设标准"[②]。我国也曾颁布过类似的法律法规，如《城市社区体育设施建设用地指标》，但是，其无论从指标数据客观性还是法律层级上都未发挥出应有的作用。

根据2023年全国体育场地普查数据显示，全国体育场地459.27万个，体育场地面积40.71亿平方米，事业单位16.14亿平方米，企业6.75亿平方米，机关1.65亿平方米，民办非企业单位0.82亿平方米，其他组织机构1.27亿平方米，居委会5.28亿平方米。[③] 居委会占全国体

---

① 何文璐、张文亮：《"健康公民"的美国社区体育设施》，《环球体育市场》2009年第4期，第24页。

② 郑皓怀、钱锋：《国外社区体育设施的发展建设初探》，《建筑学报》2008年第1期，第41—45页。

③ 2024年3月11日，国家体育总局公布。

育场地总面积的12.97%。而国务院颁布的《全民健身计划（2021—2025）》中提出，到2025年，县（市、区）、乡镇（街道）、行政村（社区）三级公共健身设施和社区15分钟健身圈实现全覆盖。① 老百姓身边体育场地设施的"供"与"求"已严重失衡，而老百姓身边场地设施供求均衡最为重要的举措就是为城市居住社区配套建设体育设施。②

显然，我们缺的不是居民参与的积极性、主动性，而是政府在群众体育发展上的资源配置的政治抉择问题。从国外政策选择上可以看出，各国群众体育的重点和保障措施都集中在促进社区体育场地设施建设，国内也有研究表明群众体育工作的重点在体育场地设施建设，如王松（2011）在《从社会分层的角度分析城市居民公共体育资源占有的不平等现象》一文中调查发现：群众在促进大众体育健身方面的工作要求和希望在一级区域、二级区域、三级区域中排名第一位的都是建设完善场地。③

社区是城市居民生活和城市治理的基本单元，据研究，我国城市居民平均约75%的时间在社区中度过，而到2035年，我国将有约70%的人口生活在社区。社区也越来越成为提供社会基本公共服务、开展社会治理的基本单元，是衡量居民幸福感的重要空间。④ 因此可以说，全民健身事业持续深入发展的关键因素在于社区体育场地设施的建设。

（二）社会分层与弱势群体体育生活方式

改革开放后，伴随着我国计划经济向市场经济的转变，社会资源的配置摆脱了以往的平均主义。但是，这种资源配置方式的外部环境政策失衡，导致社会产生了分层。目前，我国发展不平衡不充分的问题依然突出，在收入角度则集中体现为城乡居民收入差距大，这是迈向共同富

---

① 国务院：《全民健身计划（2011—2015）》，2011年。
② 黄文仁、赵克：《城市居民小区体育设施配套建设滞后与政府角色缺位及责任缺失》，《沈阳体育学院学报》2012年第1期，第53—56页。
③ 王松：《从社会分层的角度分析城市居民公共体育资源占有的不平等现象》，《体育科技文献通报》2011年第2期，第94—95页。
④ 2021年12月17日，中华人民共和国住房和城乡建设部发布《完整居住社区建设指南》。

裕的道路上所面临的最大挑战。学界对于社会分层的研究主要以孙立平的"断裂化"和李强的"碎片化"① 为代表,从另一个侧面验证了社会分层与断裂已成为现阶段中国的基本国情。为此,提出的"底线公平"和"公共服务均等化"的目的即是保障社会各阶层的基本公平。

"弱势群体"这一概念在2002年九届全国人大五次会议上提出,随后引起学界的热议。弱势群体是指在市场竞争中、在资源和权力的分配过程中被不公平地受到掠夺和排斥而处于弱势地位的群体。② 显然,弱势群体是一个相对概念,虽然,目前对于弱势群体没有一个标准的划分,但是从社会现实出发,学界内对于弱势群体的相对概念基本达成了共识,即弱势群体是资源占有处于不利地位人群的总称,包括老年人、儿童和残疾人。

从弱势群体的概念可以看出,弱势群体的形成是由于资源占有的寡和少。导致这种结果的原因无非是两个:内因和外因。内因是自身原因,可能由于生理和心理的先天弱势导致其在资源获得上处于下风。外因是社会原因,是由于体制性障碍导致自身本应有的资源被掠夺造成。正是这两点原因导致其"社会性弱势"。在社会化大生产的过程中,他们为生产力和社会的进步作出了巨大的贡献,但是却只能占有很少的一部分资源。弱势群体产生的政治根源是我国社会制度供给失效,从政治伦理角度来说,还需要完善制度供给促进生存环境和发展空间的优化。③ 2022年3月6日,习近平总书记在参加政协农业界、社会福利和社会保障界联组会时关于民政相关工作的重要讲话时指出,民生连着民生,民心是最大的政治,要聚焦特殊群体、聚集群众关切,更好履行基本民生保障基本社会服务等职责。所以,关注弱势群体不只是关注一小部分人的福利状况,而是关乎执政基础是否牢固的社会性问题。

现阶段党提出的共同富裕实质就是要实现社会融合。社会融合即是消除两极分化,实现共同富裕,在经济上、权利上的机会均等,也就是

---

① 李强:《当代中国社会分层》,生活·读书·新知三联书店2019年版,第137—160页。
② 王思斌:《社会转型中的弱势群体》,《中国党政干部论坛》2002年第3期,第17—18页。
③ 姜平平:《关于社会弱势群体的政治学分析》,《蚌埠党校学报》2006年第4期,第16—34页。

整个社会的包容性增长。刻画收入分配不平等的基尼系数，从2003年的0.479上升到2008年的0.491，之后从2009年开始下降，到2015年下降到0.462，但是近几年又开始上升，2018年上升到0.474。① 就社会阶层"分化"与"断裂"而言，阶层与阶层的差距还有不断拉大的风险。②

社会阶层之间的差距表现最为突出的是住房问题。精英群体在数量上可以拥有多套住房，在质量上拥有高品质居住环境，并通过掌控的资源影响城市规划，通过权力享有优良的城市地段和社会公共服务；而处于低端的普通民众只能在社会的另一端维持基本的自我生存。因而，城市布局中不可避免地产生了阶层集聚，其结果无非是，贫富两者差距进一步扩大，出现"贫民窟"。究其本质，两者都是居住场所，但正是由于房屋的面积和外部公共环境导致了居住条件差异。作为市场行为导致居住面积大小的存在是客观的，但是，居住环境的差异则要归咎于政府责任缺位，尤其是政府资源分配的缺失导致的公共设施差异。长期以来，政府一直致力于解决城市化过程中的住房问题，而住房问题是民生基础，但实践中在城市规划的问题上现实解决住房问题和实际的群众权利的保障有价值上的偏颇。③

亚里士多德曾经提出，城邦不仅仅是为了民众的生活而存在，更应该为了让民众过上优良的生活而存在。对弱势群体的存在，作为建立在政治伦理基础上的政府，应践行"以人民为中心"的政治承诺，保证起码的底线公平。

体育权利的实现同样直接反映在不同社会分层中。冯强明（2012）对弱势群体体育参与现状的研究表明：农民工的体育生活方式在客观上的主要制约因素是体育场地设施的不足和政府对群众体育经费投入较少有关。④ 张宏（2010）从社会分层与体育消费分化的关系的研究中发现：从

---

① 龚六堂：《缩小居民收入差距推进共同富裕的若干政策建议》，2021年1月28日，北大光华管理学院（https://www.gsm.pku.edu.cn/cnold/info/1316/22788.htm）。
② 梁晓声：《中国社会各阶层分析》，文化艺术出版社2011年版，第17页。
③ 熊坤新：《现代城市规划的价值重估与伦理反思——读秦红岭〈城市规划〉——一种伦理学批判》，《伦理学研究》2011年第3期，第138—140页。
④ 冯强明：《社会分层理论视域下我国弱势群体体育参与现状研究——以北京市农民工为研究个案》，《体育与科学》2012年第2期，第40—44页。

客观生活性分层来看，住房类型对体育消费分化影响较大。[1] 殷一鸣（2021）的研究表明：在体育场所选择方面，富裕阶层偏向去高尔夫球场；小康阶层偏向去健身中心；而温饱阶层及贫困阶层更多地选择免费的公共体育场所进行体育锻炼。[2] 各阶层的体育场所选择、体育消费行为及其与之相适应的体育生活方式，也证明了弱势阶层的大众更需要政府保障身边体育场地设施的建设。

民生体育、体育生活方式、体育资源的分配与占有，实际上是在佐证社会和谐的关系和发达程度。我国政府已经越来越重视老百姓身边体育场地设施的欠缺问题。要实现全民健身运动的普及和推广，弱势群体的参与体育载体即场地保障是不可避免的社会问题，也是值得每一位体育工作者思考的。[3]

（三）顶层设计视域下的以人民为中心思想

"以人民为中心"即是在发展战略上回答了发展为了谁的问题，且明确"人为本原，以人为根本"；再深究下去就是"以什么人为中心"和"以人的什么为中心"的两个层次问题。前者的回答无非是以"官"还是以"民"，后者的答案在于"人"最需要的是什么，显然，最需要的是最基本的生存保障。[4] 就生存保障而言，一是需要避免外界人为武装力量的杀戮，二是保障人的基本生命健康。目前相对稳定的外部环境减轻了武装的威胁，而保障健康的重任却迫在眉睫。

公共服务均等化的提出是针对社会公民享有的公共服务已经产生了区域不平衡、城乡不平衡和弱势群体没有保障等社会失衡现象。公共服务均等化主要是指政府为公民提供关系其生存和健康最基本的社会公共

---

[1] 张宏：《当代中国体育社会分层理论研究》，知识产权出版社2010年版，第78页。
[2] 殷一鸣、胡宏：《居住分异视角下居民活动空间健康资源差异研究——以南京市为例》，《现代城市研究》2021年第10期，第63—72页。
[3] 杜志娟、侯力健、于宝明：《关注弱势群体的体育参与以促进全民健身运动的普及》，《山东体育学院学报》2006年第5期，第18—20页。
[4] 陈家刚、陈凌宇：《坚持人民至上是中国共产党百年奋斗的宝贵经验》，《岭南学刊》2022年第4期，第20—27页。

品,把贫富差距控制在一定的范围之内。① 宽泛地说,公共服务均等化不是一个概念性的学术问题,应是一个值得深思的关乎社会公平正义的政治伦理问题。体育领域内的公共服务均等化,无非是保障处于弱势民众的基本体育权利,而保障基本体育权利第一步需要建设的理应是载体,即"建老百姓身边场地"。由于保障弱势和维护均等化的责任主体是政府,因而保障性的体育场地设施建设也是政府不可推卸的职责。

党的二十大报告把"坚持以人民为中心的发展思想"界定为我们应对各种风险和重大考验、全面建设社会主义现代化国家必须牢牢把握的重大原则之一。以实现全体人民共同富裕为目标,把人民对美好生活的向往落到实处,是党领导人民进行现代化建设的出发点和落脚点。应该说,共同富裕是党和政府通过调研发现贫富差距过大,先富没有带动后富并由社会分层导致弱势群体生活保障低下而提出维护社会公平和促进和谐的理念,以实现人民对美好生活的向往。其无非是强调社会的经济发展要考虑的弱势群体的社会公平问题。1998年的诺贝尔经济学奖得主、印度裔英籍经济学家阿马蒂亚·森在其著作《以自由看待发展》中主张在经济活动中渗透进伦理因素,以人道精神为核心,公共政策的制定要更加关注社会公平和人民福祉的提升,并认为狭隘的发展观仅指社会财富的增加和生产技术的提升,而新的发展观是聚焦于人类自由的全面发展。阿马蒂亚·森还提出经济学同伦理学的统一,发展经济的目的是为人谋福利。②

近邻日本"个人的尊严"已在多个法律中被提及,如《民法》第2条、《医疗法》第1条之2、《障碍者基本法》第3条中亦可看到;这个概念融合了日本《宪法》第25条生存权规定所产生的"作为人的尊严"和《宪法》第13条"个人的尊重"这两个理念。也就是说,人之所以为人的最低限度的生活受到保障。同时,人享有保持作为人的尊严之基本权利。③

---

① 何斌、蒋怀志、周晓敏等:《推进基本公共服务均等化改善民生问题研究》,《市场论坛》2012年第3期,第5—14页。
② [印]阿马蒂亚·森:《以自由看待发展》,任赜、于真译,中国人民大学出版社2013年版,第211—212页。
③ [日]桑原洋子:《日本社会福利法制概论》,韩君玲、邹文星译,商务印书馆2010年版,第20页。

笔者较为赞同日本学者桑原洋子的一个提法，即"公共福利"将被作为"人的尊严"的延长概念来理解。① 诚然，不同国家的公共福利会有所不同，但是，其核心理念是相同的；根据引进、吸收和再消化的思想指导，也可以理解为公共福利即社会资源的再分配、二次分配。再分配的社会目标应该坚持公平正义，照顾到弱势群体起码的生存与健康保障。从这个意义上说，将生产资料和社会资源分配给更广大的民众是道德和政治伦理底线。至此，我们可以总结为，人需要"发展"和"尊严"，这从顶层设计上已经得到了认同，而现在的问题在于基本的体育锻炼成了需要花钱的奢侈品。社会分层导致低端弱势群体的体育生活受到消费、场地等限制，政府有责任为国民健康提供基本的社会服务，作为一个服务型政府已经从理念上关注到了人本、尊严和公共服务均等化，下一步需要处理就是理清困境，系统地梳理目前各项政策、资源失衡的原因与矛盾。

三　困境：城市居住社区体育场地设施政策取向的冲突

认识并发现事物发展中的主要矛盾，是走出困境的前提。基础性的公共体育服务产品在配置上容易产生不均等，主要集中在公共体育场地设施服务、公共体育教育服务等方面。② 我们认为，产生不均等的根源不在于现阶段资源的短缺，本质上是合理安排资源与政策的伦理价值取向上陷入了困境。走出困境则亟须在理论上理清：经济发展与全民共享、中央与地方财政与事权、土地划拨体育用地的经济理性、体育大国向体育强国转变及法律权利从应然到实然实现中的困境问题。

（一）全民共享社会、经济发展成果

从理论上讲，以平等权利为基础的社会公平要受到社会经济文化发

---

① ［日］千叶真、小林正弥：《日本宪法与公共哲学》，白巴根译，法律出版社 2009 年版，第 213 页。

② 郁俊、周君来：《小康社会保障农民享有基本体育服务权利及相关立法研究》，《西安体育学院学报》2006 年第 5 期，第 23 页。

展的制约。在不同发展阶段，社会公平的内涵也会不同。衡量社会公平的标准必须看是否有利于社会生产力的发展和社会进步。胡锦涛在2009年亚太经济合作组织会议上发表的题为《合力应对挑战，推动持续发展》中强调"统筹兼顾，倡导包容性增长"，随后又多次提及"包容性增长"，其最本质的内涵即在于"权利公平、机会公平、分配公平，不断消除人民参与经济发展、分享经济发展成果方面的障碍"。[1] 2020年5月22日，时任国务院总理李克强在第十三届全国人民代表大会第三次会议上作的政府工作报告指出："基本民生的底线要坚决兜牢，群众关切的事情要努力办好。"[2] 政府工作报告提出下一年的工作目标是，要"优化财政支出结构、突出重点，更加注重向民生领域倾斜"。2021年3月，习近平总书记在参加十三届全国人大四次会议青海代表团审议时强调指出："要着力补齐民生短板，破解民生难题，兜牢民生底线，办好就业、教育、社保、医疗、养老、托幼、住房等民生实事，提高公共服务可及性和均等化水平。"2024年国务院总理李强在政府工作报告中指出，要切实保障和改善民生。向民生倾斜的关键点在于促进公共服务均等化，即把有效的社会资源合理地分配到老百姓身上，体现社会公平、共享社会成果。

（二）财政分权下地方政府的倾向

从政府公共政策实施的角度看，实现财政向弱势群体的转移支付是完善公共服务均等化供给的关键所在。[3] 俄罗斯在其《俄罗斯联邦最低生活保障法》中明确规定，"保证居民最起码的生活和健康所需费用"[4]。

当下我国的财政制度主要是1994年开始施行的分税制，按照中央政府和地方政府不同的事权，划分不同的财政支出范围，并根据事权和财权相统一的原则，明确地划分了中央税、地方税、中央与地方共享税。

---

[1] 李本松：《"包容性增长"的经济学解读》，《商业时代》2011年第6期，第4—5页。
[2] 《李克强作的政府工作报告（摘登）》，《人民日报》2020年5月23日第3版。
[3] 曹艳秋：《公共服务均等化供给的作用、障碍和对策分析》，《辽宁大学学报》（哲学社会科学版）2012年第2期，第94—98页。
[4] 张亮、王玲：《俄罗斯基本公共服务均等化实践路径及其对中国的启示》，《经济研究导刊》2012年第12期，第234—235页。

总的来说，这样的分税制度，规范了中央和地方的分配关系，增强了国家宏观调控的能力。但是，由于中央和地方在价值取向上的差异，在具体工作的侧重和资金投入时会产生利益冲突，这一点在公共服务事业上则显得尤为显著。有学者利用1994—2020年的省级面板数据进行试验分析发现：地方公共支出"重基本建设、轻人力资本投入和公共服务"的结构明显扭曲。同时发现，地方政府竞争不断加剧使政府支出结构的扭曲现象越来越严重。[①]

据研究数据显示，我国城市居民平均约75%的时间在居住社区度过，居民对体育场地设施的需求理应处在各项公共体育服务中的首要位置，因此，公共财政首先要保障城市居住社区体育场地设施建设。[②] 根据公共管理的"分散化原理"和公共产品的"收益空间理论"，涉及不同收益范围的公共产品由最小区域地理面积上的政府来提供。城市居住社区体育场地设施服务的范围是城市居住社区内的居民，加之不同区域内的土地资源、群体偏好具有差别化等原因造成的中央政府与地方信息不对称，即便是由中央政府提供也会造成支付成本过高且难于施行等困难。因此，无论是从其收益范围还是整个资源的有效性来说都应由地方政府提供。

但是，目前的状况远没有制度设计时那样的乐观。由于分税制的财政分权，加之地方政府的"理性人"思维，使得地方政府在供给公共品上会因为经济增长的竞争改变着支出偏好。地方政府更加偏好于大型场馆和奢华型体育场地的建设，一是由于其投资额大、产业带动效益显著；二是建筑气势恢宏，可以作为形象工程展示；三是可以带来相应的税收收入。而老百姓身边场地设施建设则面临划拨土地和资金较多，短期利益不如土地转让，而且收益隐形，对于政绩考核绩效不显著。因此，体育用地供给失衡的原因就不难理解了。

提供城市居住社区体育场地设施，地方政府有着无可推卸的责任。根据第七次人口普查和住建部的数据推算，截至2022年底，我国保障房

[①] 兰小欢：《置身事内：中国政府与经济发展》，上海人民出版社2021年版。
[②] 郇昌店、肖林鹏：《公共体育服务均等化初探》，《体育文化导刊》2008年第2期，第29—31页。

存量供应约在3083万套，占全国住房总量的5%左右；此外，全面推进城镇老旧小区改造工作，满足人民群众美好生活需要，推动惠民生扩内需，推进城市更新和开发建设方式转型，促进经济高质量发展。据住房和城乡建设部部长倪虹在2023年全国"两会""部长通道"接受采访时介绍，近五年，全国改造老旧小区16.7万个，惠及2900多万户8000多万居民。①加强保障性住房、老旧住区的体育场地设施供给，是避免"现代贫民窟"出现和公共服务均等化的内容之一。为此，我们认为：地方政府应该摒弃"理性人"的支出偏好，兼顾全局和人民群众利益为首要目标，切实可行地推进公共体育服务均等化。

（三）土地出让与划拨的理性选择

我国土地供给"出让"和"划拨"双轨制，即市场配置和政府配置。目前城市居住社区体育场地设施的供给，完全依靠市场供给结果可想而知，市场的存在就是趋利。目前，我国居民还没有能够达到全民体育消费的程度；另外，如果完全依靠政府，那么对于不同人群的需求不同，政府不可能为富人提供高品质的体育需求，也不可能因为是弱势群体就提供相对较差的体育服务。政府能做的只是提供最基本的体育场地设施服务。因此，土地供应以市场为主，但是政府应该坚守基本的底线，为保障性住房提供基本的体育用地。

政府和民众间的供给和需求会产生失衡，究其原因，还要归因于不同主体利益追求的差异性。自1994年分税制以来，中央政府和地方政府作为独立的利益主体，土地资源是地方政府的一项重要财政来源。长期以来，我国土地出让金均归地方所有，中央政府难以从宏观上对土地出让总量进行适当控制以达到资源优化配置的目的，技术上也难以把握地方政府土地出让金和土地出让量的合理分配。为此，地方政府在相当大的程度上为了在地区财政竞争中处于领先地位，长期依靠土地出让的方式获得财政收入——土地财政。

对此，我们有理由认为，地方政府在土地"出让"还是选择"划拨"

---

① 倪虹：《稳支柱防风险惠民生努力为人民群众生活品质提高办实事》，2023年3月8日，中国政府网（https://www.gov.cn/xinwen/2023－03/08/content_5745362.htm）。

间有着难以取舍的"土地财政"利益。若使政府仅凭自觉划拨体育用地，或以道德、良心一般性的倡导，而缺乏法制和法治的有效制约，就会出现一届政府一个政策，一任领导一个"令"的情况。

（四）体育大国向体育强国的转变

体育在美国、德国、日本等国的崛起中担当了重要的角色，已成为大国崛起的信号和象征。中国也一样，从1984年在奥运会上获得第一枚金牌到2008年奥运会占据金牌榜第一位，用了不到30年的时间。在这段时间内，中国通过奥运让世界了解中国、树立了良好的形象、展示了发展成果以及争取到了应有的话语权等。[①]

随着杭州亚运会、北京冬奥会的成功举办，越来越多的人开始反思中国还需要这样的体育盛事去展示自己的"综合实力"吗？卢元镇曾撰文指出，中国不能泡在运动会里，要将一些群众性的运动会，推向"体育节"的方向发展，以全民健身为目的。[②] 我们不否认，在一定时期内，体育战略重心应该符合时代、政治等环境因素的需求，但是，我们始终坚定地认为，体育的发展是为了人，无论什么时代的体育发展都要注重群众体育的开展。可是长期以来，我们的体育资源过多地分配给了竞技体育，二者比例长期维持在7∶3左右，而日本政府早在1985年对竞技体育的投入就达到约15亿日元，在增进国民体力的群众体育上的投入达到1740亿日元。[③] 可以说，在举国体制的大旗下，我们的竞技体育取得了成功，但是，相比较而言，群众体育的发展滞后，并造成体育系统内部发展不和谐，也促使群众体育场地器材和健身氛围远远落后于国外。[④]

我们的群众体育场地和体育设施落后于时代和社会的要求，根本原

[①] 舒盛芳：《大国体育崛起及其启示——兼论中国体育"优先崛起"的战略价值》，《体育科学》2008年第1期，第76—81页。

[②] 卢元镇：《中国体育不能泡在运动会里》，《体育学刊》2012年第1期，第1—2页。

[③] 陈胜：《对全民健身出现的"中间冷"、"两头热"现象分析》，《教育与职业》2004年第5期，第14—15页。

[④] 董世彪：《科学发展观指导下竞技体育与群众体育的新发展》，《哈尔滨学院学报》2012年第2期，第141—144页。

因在于体育资源分配的不合理。目前亟须扭转这一价值取向上的误差，政府应以实现全社会的公共福祉为出发点和最终归宿，保障人民群众的身心健康和生命，才是落实服务型政府的基本职责。[①] 服务型政府理应提供服务，理应提供主动性服务与回应性服务、发展性服务与维持性服务。具体到实际中的群众健康保障是需求迫切的体育场地设施与身体健康有关的发展性与维持性服务。

（五）应然权利到实然权利的实现

法律的本质是保护和实现人的发展并规范人与人之间的关系。实现社会正义与公平需要通过宪法限制政府和法律约束社会。战后日本及时修订了《生活保护法》，其中第三条规定"根据生活保护法保障的最低限度生活必须是能够维持的、具有文化意义的生活水准的生活"。这里的"最低"不是指为了生存所必需的生活水准，而是指健康的、具有文化意义的最低生活水准。

法律的执行主体是政府，客体为公民。政府根据相关法规保障和维护公民最基本的需求。从政府的角度说是底线伦理的守约，从民众的角度来说是享受法律的保护。但是，目前在我国无论是政府伦理底线的坚持，还是法律对公民权利的维护，尚有许多有待改进和完善之处。截至2018年底，中国已制定现行有效法律236件、行政法规690件、地方性法规860件，根据北京大学法学院周汪生不完全统计，中国法院用到的法律只有30多部，多的也不超过50部。我国法律面临的主要问题并不是法律供给不足。《体育法》就是一个典型。《体育法》自1995年颁布以来尚未查到进入过诉讼领域，论其法律位阶，直接以《宪法》为上位法，实际的法律效力充其量起到倡导的作用。《体育法》之所以没有约束社会、保证人最基本的体育权利，很大的原因就在于《体育法》没有体现公平正义和保护权利的意识。[②]

[①] 张丽珍：《基于伦理视角的政策终结价值探析》，《甘肃理论学刊》2011年第2期，第115—118页。

[②] 纪志敏、贾文彤、郝军龙、石磊：《体育法伦理基本问题研究》，《山东体育学院学报》2011年第3期，第16—20页。

提到或涉及居住社区体育用地的法律法规有十余部，有基本法律，也有部门行政规章。居住社区体育用地的配套法律法规涉及部门过多，造成共同目的取向性和一致性受到各自利益的制约，导致制度实际效力不足。如，《全民健身条例》虽为国务院 560 号令，却是体育部门法规，《城市规划编制办法》和《住宅建筑规范》主要归属于住建部，而《城市社区体育设施建设用地指标》则归属于土地资源部门。体育系统的目标为"增强人民体质"、住建部为"安居"、土地管理部门为"珍惜合理利用每一寸土地"。看似目标有差异，实际并无差异，只是由于理性人的存在造成部门只顾及自己的短期利益，难有长期考虑。这些法律法规牵涉利益方众多，体现了不同主体间关系的协调。因而，不可避免地就出现了法律位阶的冲突和法制精神值得商榷之处。[①]

用法律保障居住社区体育场地建设已然成为通识，但是造成徘徊于应然与实然之间的归因，则在于各部门对各自利益的固守及其目标价值取向的偏颇。我们法制观的缺憾在于缺乏对自然法理论的认同和吸收，即对法的道德价值追求。因而，立法部门在立法时才能理解立法实质是对社会权利分配的道德规则。

四 出路：公共服务均等化下居住社区体育场地供给路径

解决老百姓身边体育场地欠缺问题的关键在于制度供给的有效性，忽视弱势群体利益的实质是伦理问题，即如何关怀的问题。社会资源的有限性制约政府难以顾全，但是，基于社会、政治、伦理都应该保障弱势群体的基本需求，根据不同的城市、不同的环境和不同的人群提供可以基本满足的社会资源。

（一）明确政府与市场的边界划分

现今在体育资源配置领域最大的问题是政府与市场的边界不清楚。

[①] 赵克等：《规制失灵：城市居住社区体育用地法规正当性缺失与补救》，《体育科学》2012 年第 3 期，第 10—16 页。

一方面，社会经济的发展让体育领域内的资源配置可以完全商业化或者产业化，但是政府仍然垄断性地干涉；另一方面，老百姓急需的公共体育服务设施，政府却投资不足。在"越位"和"缺位"间，政府和市场需要划清边界、厘清位置以及各自的职责。

由于住房的商品化属性必然导致居住区配套设施和个性化服务存在差异，体育场地设施建设亦然。政府和市场对居住社区建设的取向不尽相同，职能也不同。高、中端商品房居住社区足额配置高档体育场地设施是由市场价格决定的；而保障性住房、廉租房、棚户区改造等低端社区，则由于居住者购买力限制，软硬件设施和条件均存在较大不同。理想的、完全平等的社会资源分配是难以实现的，但是，作为责任政府应该做到保证民众最基本的生活权利和自尊，而不是参与市场的博弈来获得收益。作为服务型政府应该保障低端小区的体育用地供给，应该警惕现代"贫民窟"的出现，而高端住宅区则可以交给市场，由供需矛盾实现资源配置。

（二）完善财政政策与土地的管理

在划分了政府与市场的边界，并从政治伦理上辨析了政府职能后，还需要进一步完善财政政策与改进土地资源的管理方式。大致有三个应该关注的问题。

第一，土地出让的财权与公共服务事权相统一的原则。由于地方政府将土地出让收入归地方财政，根据权利与义务对等的原则，地方政府就有义务并必须承担起城市公共设施建设和管理的责任。

第二，提高公共事业支出占财政总支出的比例。目前我国公共事业支出占整个财政支出的比例偏低，相比较有些国家的社会保障支出占财政的比例已经达到了整个财政支出的50%以上。根据世界发展的趋势来看，对社会事业的支出将是未来财政支出的主要部分。为此我们认为，应逐步提高公共事业的财政支出比例，重点兼顾弱势群体基本生存保障和亟须调整的事业支出。

第三，规范土地的收益分配形式。我国是社会主义国家，土地资源属于全民所有。以此为依托建立起来的土地收益分配形式应该做适当调整，扭转地方对土地财政的依赖，保障全民共享土地收益。所以，地方政府将土地财政收入部分上缴中央政府或者按照一定比例及适当的形式返还给区域内弱势群体，保障公共服务均等化的资金来源，同时根据各地不同的实际情况，按照民意支持底线公平的社会事业。

（三）分层供给与满足需求之思考

居住社区体育场地设施供给形式，理论上可以假设"底线"，弱势群体、保障性住房为下；反之为上。底线下供给，即政府划拨体育用地，保障基本需求和体育权利；底线上供给则是由已经出让的土地中，以购买或公建形式供给体育用地，则必然发生土地出让金支付的转嫁。由于体育用地供给主体不同，供给对象也不同，供给的保障形式也存在区别；后者，随行就市，由市场供需关系决定价格；而前者则必须由完整的法律规制予以保障。

尽管不同主体有着不同的供给对象，但是，由于信息的不对称和价值取向的偏颇，供给又会产生失灵。当市场供给失灵时，由于其物品的公共性，政府必须承担起最基本的社会责任，也就是政府和社会各方参与供给（如图3-1），那么，现在需要确定的是各供给的目标群体的定位。

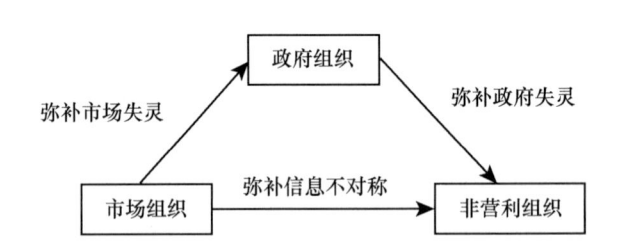

图3-1 城市居住社区体育用地供给三位一体模式

第一，政府供给。政府的存在就是向每个社会成员收取费用（税）组织财政管理社会和提供社会公共服务。划拨体育用地应属基本公共服务的一部分，其正外部性、非排他性导致社会有"搭便车"的存在和"灯塔"效应。因而，政府必须保证公民最基本的体育用地供给。

第二，市场供给。市场的本质是趋利，在特定的情况下，市场提供体育用地是可以盈利的，例如在中高档住宅区内建设游泳池等，这种商业行为将成本转嫁给消费者,而消费者是可以接受的。因而这部分是可以市场供给的,但是这不是多数情况。因此,高端住宅小区政府不以划拨方式提供体育用地;对于中端住宅小区,政府可以给予适当的补贴。

第三,非营利组织的供给。在一些发达国家,非营利组织发展到一定规模,可以替代政府提供社会服务和准公共物品,实现社会资源的第三次分配。而我国非营利组织发展水平相对落后。在课题讨论的范围里,其意义在于是否可以在政府划拨体育用地后,由非营利组织参与体育设施的供给、管理、指导与服务,这是探索体育资源整合利用的有效途径。

至此,从政府的角度来说,积极给予政策支持和引导好市场和非营利组织供给并不难做到。对于市场来说,某些特定的群体内不给予政策,相关市场主体也会供给体育用地建造设施。而真正让地方政府难以割舍的利益,即在于政府划拨用地保障居住社区体育用地。但是,社会是一个有机的整体,只有政府做好了基层的保障,市场和非营利组织才会更好地提供相关服务,最终形成高端靠市场、中端靠支持、低端靠保障的社会供给系统。

(四) 匡正各级部门立法价值取向

"正义只有通过良法才能够实现",这句古老的法律格言,在现代市场经济条件下,伦理道德的价值让社会各个阶层利益集团所接受,除了依靠社会舆论监督和自身的修养,最重要的无非是法律的保障。我们法律体系虽然已经形成,但本身并不是完美无缺的。这句话表达了两层意思:第一,法律条文的制定上,有些法律需要修改,有些法律尚待配套完善。第二,法律的价值取向随着社会经济发展而发生变化。

法理学专家佩雷尔曼曾说过:"法律基本上关于各种价值的讨论,所有其他都是技术问题。""立法手段以及具体内容的修改都是技术问题,最为核心的、比技术问题更重要的是价值问题。"[①] 围绕着城市居住社区体育用地供给,首先应确立的是核心价值,然后才是效益评估、程序正

---

① 秦毅、周爱光:《〈中华人民共和国体育法〉价值的探讨与反思》,《体育科学》2008 年第 12 期,第 69—75 页。

义，达到法的价值取向与技术手段的和谐统一。

美国在《健康公民2000年》中明确规定："对一些经济相对落后的地区，通过拨出专款和建立相关基金的方式，使其达到政府所规定的：社区体育中心基本均衡。"加拿大在《体育推进计划》中要求政府优先向经济欠发达地区的体育公共服务发展注入资金。日本政府在1972年的《关于普及振兴体育运动的基本计划》中也突出了均等化的思想核心，明确提出对不同经济发展地区的基本社区体育配套设施的标准。①

"包容性增长""底线公平"的合理内核可以理解为经济学论域下的价值选择，实质是以政治伦理为基础的理论阐释，是关于关注弱势群体、缩小社会差距的方法学探索。这种核心价值的实践途径——法治，大致涵盖三方面的内容。

第一，法律的功利性。立法的初衷和宗旨就以保证公共利益为原则。比利时法学家达班曾说过："法的正义之所以是公共利益最为必要的，其真正原因在于法律的目的就是公共利益。"体育用地保障相关法律的冲突与矛盾其根源即在于缺乏一致和完整的法规体系，没能兼顾到公共利益和公共需求，造成客观上的法规正当性缺失。

第二，立法的公平性。立法者，即制定人选的公平性并兼顾群体的公平性。制定人选的公平性上严格按照新修改《选举法》中实行城乡按相同人口比例进行选举，以此各个阶层都能够参与法律的制定，表达群体利益。这是程序正义的第一个环节。

第三，法治的有效性。即法律应该反映制定法的目的、价值，体现规范纠纷各方相互关系并调节利益冲突的实际效用。而《体育法》却以不涉及任何一方利益、无争议地于八届人大十五次会议全票通过；由此，以其柔性的、倡导性的法律从制定的那一天起就成了"摆设"；其根本原因是作为体育工作的母法，其章节以及条款具有行政法的特质，但是，近20年的时间里，一直鲜有对相关法条的细化和具体化，以致使之成为仅供学术品评、法律研究的参照。"作为我国体育领域内的基本法，《体育法》应对处于弱势地位的公民体育权利及参与人数众多的社会体育给

---

① 刘玉：《发达国家体育公共服务均等化政策及启示》，《上海体育学院学报》2010年第3期，第1—5页。

予充分的重视。"①

法律既是制度问题又是伦理问题，法律要有底线，保障人的"自由""发展"和"利益"是法律的责任，保护公民基本的生存权与发展权才是法律的伦理价值。

（五）完善弱势群体利益表达机制

建立与完善弱势群体利益表达机制是法律救济的前提，不仅具有社会公平实践的伦理价值，还有缩小社会差距、稳固政权的政治意义。强势群体借助其力量，不断提出其需求和阻碍改革，保障自身利益不受损害；而弱势群体没有完善的利益表达渠道，必然导致"强者愈强，弱者愈弱"的两极分化现象。②

在解决体育用地有效供给，满足城市居民对健身场地设施多样化需求等民生体育问题方面，建立基层民众利益表达机制，是"自下而上"反映诉求的沟通渠道。就操作层面而言，完成这些民意的收集、沟通需要整合居委会、社会组织和民意代表，建立稳定、畅通的利益表达机制。

五　结语

城市居住社区体育场地设施建设关系到公民基本人权保障，包括健康权、发展权、体育权。在以"底线公平"为核心的政治伦理学论域中，政府应该予以高度关注的是社会弱势群体，这是事关党的执政之基础、关系到和谐社会建设、缩小社会差距的大计。何为执政、如何施政，从学理上和实践上我们党做了大量的探索并积累了丰富的经验。但是，新的问题、新的情况不断出现，需要我们认真对待。

在快速发展的经济建设和城镇化进程中，围绕着土地的支配和使用形成了多方利益的博弈，成了当今社会主要矛盾的焦点。"土地财政"使

---

① 秦毅、周爱光：《〈中华人民共和国体育法〉价值的探讨与反思》，《体育科学》2008年第12期，第69—75页。

② 王立新：《试论我国社会分层中人民利益表达制度的建构》，《社会科学》2003年第10期，第91页。

得政府成为参与博弈的一方,导致政治伦理判断陷入价值迷失的窘境。由于政府掌握了国家土地的支配权,以及对集体土地的征收和出让的裁量权,是博弈中想当然的强势一方,这或许是问题的关键之所在。在此,以"底线公平"与"政治伦理"为基础理论,梳理土地分配的矛盾是解决民生体育与公共服务均等化应该予以高度关注的理论与实践问题。

因此,我们认为:解决问题在于政府部门核心价值取向是否回归"以人民为中心",解决问题的关键不在于出台统一强制性法规,而在于差别化对待区域土地情况,根据各地区特殊矛盾合理保障体育场地设施建设;解决问题的根本不在于全民平等化地享有体育场地设施保障,而在于保障弱势群体基本的体育需求;实现"高端找市场、中端寻支持、低端靠保障"的方针,推进城市体育公共服务均等化和可及化。

第四章

公共服务：城市居住社区体育场地建设中政府责任及职能

一 引言

随着社会和经济的发展，人民群众追求健康的生活方式，锻炼身体的迫切要求与体育场地设施不足的矛盾会更加突出。建老百姓身边场地的一个重要途径和举措就是城市居住社区的体育设施配套建设。城市居住社区体育设施配套建设的数量和质量直接关系到群众追求健康的生活方式的条件。居民小区体育场地设施缺乏是一个具有普遍性的、人所共知的事实，也是制约我国群众体育发展的瓶颈因素。今天我们关注"建老百姓身边场地"问题是对未来城市的发展负责，对历史负责，对人民负责。

研究城市居住社区体育设施配套建设问题必然涉及供给主体，即由市场还是政府供给或者由两者共同供给，这是对市场和政府在城市居住社区体育设施配套建设中各自职能范围的界定。城市居住社区体育设施作为公共产品，不同的供给主体在城市居住社区体育设施配套建设中的地位及其作用不同。

实践证明，城市居住社区体育设施因其公共产品的本质属性，使得付出与回报无法对应，仅仅依靠利益驱动，通过市场机制是无法满足社会对公共物品的需求的，因而是市场无法有效提供的。既然市场机制在提供公共物品方面是失灵的，政府作为维护国家利益和社会公共利益的代表，政府的介入就成为必要。就我国的现实情况及发展阶段，不能简单套用"让市场来替代政府""让私营部门来替代公共部门"的理念和方法,在城市居住社区体育设施配套建设中,应该有自己的不同的重心、路径、努力方向及模式。

二 城市居住社区体育设施的含义与特征

公共物品是指公共使用或消费的物品。公共物品(Public Goods)一词最早是由瑞典经济学家林达尔(Lindahl)于1919年正式使用的,是指公共使用或消费的物品。其后,美国经济学家萨缪尔森在其"公共支出的纯粹理论"一文中更进一步明确界定了公共物品的含义,即公共物品是具有消费的非竞争性与非排他性,与私人产品相区别的物品。所谓非排他性,是指某人在消费一种公共物品时,不能排除其他人消费这一物品(不论他们是否付费),或者排除的成本很高。所谓非竞争性,是指某人对公共物品的消费并不会影响别人同时消费该产品及其从中获得的效用,即在给定的生产水平下,为另一个消费者提供这一物品所带来的边际成本为零。其中完全满足两个特征的称为纯公共物品,只具有某一方面特征的称为准公共物品。

准公共物品的范围十分广泛,它介于私人物品和纯公共物品之间。相对于纯公共物品而言,它的某些性质发生了变化。一类准公共物品是公共的或是可以共用的,在消费上具有竞争性,但是却无法有效地排他,有学者将这类物品称为共同资源或公共池塘资源物品。一类准公共物品的特点是消费上具有非竞争性,但是却可以较轻易地做到排他,有学者将这类物品形象地称为俱乐部物品。准公共物品一般具有"拥挤性"的特点,即当消费者的数目增加到某一个值后,就会出现边际成本为正的情况,而像纯公共物品,增加一个人的消费,边际成本为零。准公共物品到达"拥挤点"后,每增加一个人,将减少原有消费者的效用。[1] 公共物品的分类以及准公共物品"拥挤性"的特点为我们探讨公共服务产品的多重性提供了理论依据。但从广义上说,只要具有两种特性之一的物

---

[1] [美]詹姆斯·布坎南:《公共物品的需求与供给》,马珺译,上海人民出版社2009年版,第56—58页。

品，均称为公共物品。

城市居住社区体育设施是指在城市居住社区这样一个特定空间内，被小区全体居民享用（但非独享）的并对小区居民体育生活和发展产生重要影响的基础产品。从受益的范围看，这类准公共物品的使用和消费局限在一定的地域中，其受益的范围是有限的（并不一定具有排他性，但是却可以较轻易地做到排他）。受益范围基本限定在小区内，并且这种受益在小区内散布得比较均匀、合理，受益面广泛。

城市居住社区体育设施遍及城市空间的各个角落，其质量和数量决定着城市居民的体育生活质量。城市居住社区体育设施是为满足一定区域内居民健身、休闲、娱乐需要的基础性、公益性设施。其特点是就近方便、老少皆宜、覆盖面广、简便实用。居住区内根据地形地貌，因地制宜，便于居民活动。充分考虑到与环境整治、绿化工程相结合，考虑到与社区精神文明建设相结合，做到整合资源、互补共用、不搞形式。积极征求居民的意见，把社区居民是否需要、是否满意放在首位，充分考虑老年人、残疾人的特点，积极创造条件、提供方便。根据不同的社区、不同的文化氛围，建设不同类型的社区健身设施，体现健身设施形式的多样化，满足居民的不同需求。

三　城市居住社区体育设施配套建设中的政府角色地位问题

政府角色，是指政府在履行行政职能过程中所体现出来的身份、地位和行为模式。[1] 无论是亚当·斯密的政府只是"守夜人"，还是凯恩斯的"大政府"全方位的干预，人类社会的发展史已充分证明，政府在社会、经济发展的不同时期角色定位不同，其影响程度也不同。政府的角色随着社会发展、经济形势和人们政治观点的变化而不断变化。政府自身需要动态调整自己的角色定位。

政府在城市居住社区体育设施配套建设中应该扮演什么角色以及如何扮演，都会对城市居住社区体育设施配套建设产生全局性的影响。在

---

[1] 彭澎:《政府角色论》，中国社会科学出版社2002年版，第2页。

计划经济向市场经济转型过程中，对政府来说，就是角色及职能的转换。就是要在全能政府向有限政府、管制政府向服务政府的转型过程中，不断调整自身的角色定位及其相关职能。转换角色及职能并不意味着削弱政府权威，恰恰相反，在"有进有退""有所不为而有所为"即从私人领域、竞争性领域、微观领域向公共领域、非竞争性领域、宏观领域的转换中，政府权威和责任会变得更加重大。政府必须在城市居住社区特别是普通居民小区体育设施配套建设中发挥积极主导作用，扮演更为积极的角色。从社会学的视域看，决定政府在居民小区体育设施配套建设中的角色因素主要有三个：一是社会结构分工基础上确立的社会主体地位及其相互关系；二是各社会主体所控制和调配的资源状况；三是社会经济制度的性质和资源配置的方式。

（一）社会结构分工与政府在体育设施配套建设中的角色地位

从社会结构分工角度看，社会上主要存在着三类主体，即政府组织、市场组织和非营利组织。政府组织以谋求社会公共利益为目标和宗旨，行使公共权力，维护社会秩序；市场组织如企业以自身利益最大化为目标，运用市场机制，组织经营活动；非营利组织如社会团体、职业性协会、基金会等，具有社会公益性质，提供各种社会服务，有的也承担一定的社会管理职能。不同社会主体的地位和功能是社会分工的结果，不同社会主体在某一特定领域内各自具有相对优势。角色定位准确，才能更好地履行各自的职责。从社会结构角度看：政府是社会公共权力执掌者与执行者；是制度的供给者与执行者。

1. 社会公共权力执掌者与执行者

作为国家公共权力的代表，政府通过执掌公共权力可以对社会资源作出权威性分配，同时可以对社会公共事务作出权威性决定。哪些资源属于社会公共资源，在很大程度上也是由公共权力说了算。政府作为国家行政性权力的执行机关，通过国家权力的有效运用，把人、财、物和信息等各种资源合理地组织起来，协调政府内外各种关系，经过组织、领导、控制等行政手段，向社会和公众提供公共产品和服务，以实现政府的各项职能和国家的总体目标。①

在现实的公共产品经济活动中，国家这个实质主体是以间接主体身份参与公共产品经济活动的，真正直接参与公共产品提供全过程的形式主体是行使权力的政府。② 政府工作人员应始终牢记自己手中的权力来自人民，必须用来为人民谋利益，把更多公共资源投向促进社会发展和提供公共产品和公共服务。

政府在城市居住社区体育设施配套建设中的角色地位是无可替代的。因为政府是土地的供应者，住宅用地完全控制在政府手中。任何人要取得建设用地使用权，必须经政府审批。这种审批是一种典型的行政行为，这是社会任何其他主体所不具有的公共权力。政府代表公共权力，从事社会的公共管理，政府行为必须以非赢利性政策目标为依据。市场的基本动力就是赢利，消费者追求的是最大效用，生产者追求的是最大利润。政府却不一样，政府是公共权力的执行者，必须向社会提供公共物品。政府具有强制性和垄断性的特点，一旦政府把赢利作为自己的行为取向，那么政府凭借其独特的地位取得经济利益是很容易的。这样一方面扰乱了市场秩序，另一方面也扭曲了政府的角色定位，影响到了政府的合法性。因此，政府作为国家权力的行政机构，担负着依法管理国家事务、社会事务和发展经济、文化事业的繁重任务。城市居住社区体育设施配套建设是广大市民利益的体现，而行政权的运用最经常、最广泛、最密切地关系着社会公共利益和公民个人利益，体现国家政权的性质，影响国家政权同广大人民群众的关系。

2. 社会制度的供给与执行者

作为制度的设计与实施者，其意愿将决定制度变迁的目标及路径选择，在具有强制性的城市居住社区体育设施配套建设制度改革中更是如此。因此，政府在城市居住社区体育设施配套建设中具有难以撼动的角色与地位和权威。

---

① 宋涛、龚金金：《政府的市场角色：基于制度与空间的视角》，《社会科学战线》2021年第9期，第69—79页。

② 徐凌：《生态型责任政府的行政契约理论及其特殊性》，《福建论坛》（人文社会科学版）2021年第7期，第191—200页。

在市场经济条件下，住房建设是一种商业行为，住房是使用周期一般可达 70 年的特殊商品，市场经济基本的价值取向，决定了城市居住社区体育设施配套建设的政府的管制作用更显得必不可少。这是因为，在现实世界中，受无处不在的短视心态的影响，可能只注重短期投资目标，却把长期投资回报的最大化放在次要的位置。因此，政府对城市居住社区体育设施配套建设出台相应的规制，确保住房的开发建设有一定的超前性，是非常必要的。体育设施是居民住宅小区公共设施的组成部分，政府应通过立法和监督执法，在规划、设计、建设过程中统筹安排，代表国家行使权力，贯彻《宪法》和《体育法》的基本精神，体现国家的意志，保障公民的体育权利。

在城市居住社区体育设施配套建设中，政府出台相应的制度规范上不仅是土地、资金的投入数量和结构进行调控，"作为国家利益法定代表的政府，是协调不同利益集团、利益群体的最重要的力量，也是其一项根本任务"[1]。这就需要作为制度的设计与实施者政府提供矛盾协调、利益博弈、利益分配等相关政策、制度措施，以保证利益的结构合理性，而且这项根本任务也关系到为谁服务的方向性问题。处于转型时期的"方向性变革"之中，要求政府是强势的，承担着对利益场的方向性给予有效的"掌舵"角色。[2] 新公共管理对政府角色的定位是掌舵而非划桨，其意义就在于凸显政府"主业"，即制度的供给与创新职能，为城市居住社区体育设施配套建设提供制度安排。[3] 城市居住社区体育设施配套建设是社会经济不断深入发展的必然要求。政府作为利益分配、约束与导向机制的制度供给者，如果不能进行及时的制度创新和有效的、合理的制度供给，将错失发展良机。

目前国家就有关城市社区体育设施配套建设已出台许多相关制度。1984 年 10 月 5 日《中共中央关于进一步发展体育运动的通知》；1986 年 6 月《中华人民共和国土地管理法》；国家体委、城乡建设部于 1986 年联

---

[1] 乔耀章主编：《政府理论》，苏州大学出版社 2003 年版，第 224 页。

[2] 李屏南、朱国伟：《转型社会和谐利益场的构建：制度功能与政府角色——量、向、质的分析范式》，《湖南师范大学社会科学学报》2009 年第 6 期，第 11—14 页。

[3] 李百齐、王勇：《从"掌舵"到"共享领导"：当代西方政府角色的嬗变》，《经济社会体制比较》2010 年第 6 期，第 6—9 页。

合下发的《城市公共体育运动设施用地定额指标暂行规定》（简称《指标暂行规定》）；1990年5月《中华人民共和国城镇国有土地使用权出让和转让暂行条例》；国家技术监督局和国家建设部1993年制定、1994年2月颁布实施的《中华人民共和国城市居住区规划设计规范》（简称《规划设计规范》）；1995年6月国务院颁布的《全民健身计划纲要》；1995年8月29日八届全国人大十五次会议通过并于同年10月1日实行的《中华人民共和国体育法》（2022年新修订，2023年1月1日起施行）；2002年7月22日下发的《中共中央、国务院关于进一步加强和改进新时期体育工作的意见》；《公共文化体育设施条例》（2003年6月26日国务院令第382号发布）；2005年11月1日国家体育总局主编，国家建设部、国土资源部批准发布实施的《城市社区体育设施建设用地指标》（简称《2005年指标》）等，这些政策和法规文件的出台，对我国的城市公共体育设施建设和社区体育活动的开展起到了较强的推动作用，对解决我国城市体育设施不足的矛盾起到了一定的作用。只有建立和完善公共服务的各种制度，才能为政府履行公共服务职能提供强有力的制度保障。

强制性制度变迁必须依靠政府力量的推动，政府的权威地位在社会保障制度变迁中是不可动摇的，但是这并不表明政府可以"为所欲为"。政府作为制度供给者在制度变迁之中，如果不能得到人民的支持，或者不能得到人民的理解和信任，那么制度的价值就不能得到人民的确认。制度是权力、权利、利益的划分标准，它决定了谁将失去、谁将得到。通过制度建构是对发展的基本价值、基本原则、基本方向等作出规定，以保证"质"的规定性。[①] 政府出台的政策要实事求是，聚民意，集民心，讲求实效，不急功近利。在社会主义市场经济体制下，政府任何重大的经济失误，最终都是全体人民的损失。

政府在制度变迁或改革中的主导作用，体现在政府作为权威的公共机构能够真正从社会公共利益出发，顺应制度变迁的大趋势和社会大多数成员对新的更优制度安排（如市场经济体制）的需求或要求，及时提出可供选择的改革方案及政策措施，能够将改革的力度与社会可接受

---

① 李屏南、朱国伟：《转型社会和谐利益场的构建：制度功能与政府角色——量、向、质的分析范式》，《湖南师范大学社会科学学报》2009年第6期，第11—14页。

程度恰当地契合起来,从而使改革沿着正确的方向、以恰当的方式顺利推进。作为正式制度的供给者,政府的主导作用具有重要的决定性意义。[①]

(二) 资源控制调配及配置方式与政府在体育设施配套建设中的角色地位

1. 资源控制调配

无论从对资源控制的数量范围和能力大小,还是从对资源配置方式和社会经济制度性质,这些因素都将极大地影响着政府角色定位。从对资源控制的数量范围和能力大小看,在政府组织、市场组织和非营利组织三类主体中,政府控制和调配的社会资源范围最广、数量最多,这有助于巩固政府的地位和形象,又增强了政府影响社会经济生活的能力。政府作为国家利益和社会公共利益的代表,必须要求掌握一定的社会资源,在某些经济领域,甚至要保持国家垄断的优势地位,如铁路、军工、邮电等,以维系涉及国计民生的经济命脉。所以,不论何种社会经济形态,都有一定数量比重的国有经济,受政府干预也十分明显。

在城市居住社区体育设施配套建设中的土地资源,是绝对地掌握在政府手中的,政府掌握的社会资源的数量越大、范围越广,政府的角色地位则愈显得突出和重要。但同时,如何保持政府足够的资源调控能力和应有的公共管理权威,同时又要限制和防范政府行政权力的扩张和滥用,一直是理论和实践中的一个问题。

城市居住社区体育设施配套建设能否优先受到政府的重视,取决于社会发展阶段。因为政府的意愿随经济、政治形势的变化而变化。政府在继续加强保障性住房,使居民获得生存意义上的经济安全的同时,会在更高水平上来安排改善环境保障资源。因为城市居住社区体育设施配套建设这种社会问题的解决,不可能是一个自动实现的过程,这里尤其需要政府有效发挥其资源控制调配的作用。

---

① 李宝元:《转型发展中政府的角色定位及转换》,《财经问题研究》2001 年第 1 期,第 25—28 页。

2. 资源配置方式

资源配置方式对政府角色定位也有很重要的影响。以计划方式配置资源，政府承担资源配置的主角，运用直接干预和管制的行政命令手段，政府角色地位十分突出，但往往因计划跟不上"变化"，其职能作用的实际效果并不理想。以市场调节方式配置资源，企业成为资源配置的主体，运用市场供求、价格、竞争等机制杠杆组织资源配置，政府的角色地位相对有所削弱，其职能作用主要表现在运用经济杠杆进行宏观间接调控，把握资源配置的基本导向，保护市场主体的合法权益，规制和维护市场秩序，保障市场机制作用的有效发挥。

在资源配置方式上，单纯依靠行政力量直接配置资源和完全听任市场配置资源，都有其种种局限性。市场主体具有强烈的谋取经济利益动机，在社会微观层面上有着旺盛的经济活力，但是，如果完全按照市场主体的利益要求来配置资源，就会出现市场缺陷和市场失灵的情况，比如社会公平和社会保障机制缺损、拜金主义的盛行和非经济领域的泛商品化，等等。

单纯依靠市场主体调配社会资源的方式显然是不现实的，城市居住社区体育设施配套建设特别是普通居民小区体育设施配套建设市场是失灵的。政府主体在价值理念上应当代表国家利益和社会公共利益，按照维护国家主权和安全、维护社会公共利益的原则来调整社会资源的分配，在市场机制缺损或失灵的情况下，可以弥补市场功能的不足。

因此，政府应该制定对经济运行实施宏观调控的制度安排，调节的程度和范围应由市场失灵的程度和范围来决定。凡是可以由非公有制经济发挥作用的公共服务领域和范围，均可由其代替政府。政府要为非公有制经济全面与平等进入公共服务领域创造条件，积极鼓励、支持和引导非公有制经济全面进入体育公共服务领域。政府只在服务范围、方式、标准、质量和价格等方面进行监管，才能使资源配置更合理有效率。

（三）社会制度性质与政府在体育设施配套建设中的角色定位

我国社会主义社会制度性质决定政府在解决城市居住社区体育设施配套建设中，应想民所想，为民服务。在公有制条件下，政府能够集中反映最广大人民群众的根本利益要求，社会主义社会制度性质凸显以社会公正为核心价值的重要性,并以此出台相关的惠民的社会政策和制度措施。而且,社会政策的意义还不止于此,它还是形成社会凝聚力的一块基石。所以,任何有远见的政治家都不会忽视它的作用。早在19世纪,德国政治家俾斯麦就指出,国家实施社会保障制度,具有形成社会凝聚力和公民国家认同的重要作用。在社会政策中,政府是主角,它的举措得当或失当,其影响从来都是全局性的。[1]

政府角色定位是否恰当,与政府职能作用是否有效关系密切。政府角色定位是根据社会经济发展的需要和内外因素的动态选择与调整。政府职能范围决定政府角色行为的广度,政府职能能力决定角色行为的力度。从这一系统角度看,政府角色定位问题不仅仅是政府职能多少及范围大小的问题,而且是职能行为方式刚柔和职能能力强弱的问题。从结构功能理论角度分析,政府角色既不能大包大揽所有的社会功能需求,也不能在不适宜的社会领域中越俎代庖,当然也不能一味淡化弱化自己应当履行的职责。总之,在社会分工结构中,政府角色不能"越位""错位"和"缺位"。[2]

四 城市居住社区体育设施配套建设中的政府责任作用问题

政府承担城市居住社区体育设施配套建设责任,取决于特定历史范畴内所持有的公共管理理念以及在这种理念下政府的角色定位。现代政府所扮演的一切角色或活动都是围绕为社会成员提供福利和服务或满足人民的生活需要这一目标而展开的。无论是从斯密的"守夜人"政府,到凯恩斯的政府干预,再到新国家干预主义和部分国家的"向左转",政府的角色几经变换,究其本质,不过是在应对政府失灵与市场失灵之间进行不同的权衡取舍。尽管迄今为止,关于政府的角色争论并未结束,

---

[1] 徐月宾、张秀兰:《中国政府在社会福利中的角色重建》,《中国社会科学》2005年第5期,第80—92页。

[2] 李宝元:《转型发展中政府的角色定位及转换》,《财经问题研究》2001年第1期,第25—28页。

但无论政府角色如何变迁，政府规模如何变化，对提供公共产品与服务是政府基本职责的理解却在历史透视中逐步形成了共识。①

政府是一切组织中最具有也最应具有全民性的组织。自由、平等、生命、健康、财产等基本人权，一开始就是同政府问题联系在一起的，是政府的基本目标取向和责任内容。政府基本的责任就是为国民提供公共产品。政府作为公众利益的集中代表，是公共产品供给最重要的主体，凭借国家财政必须承担起公共产品的供给责任，发挥主导作用。负责任的政府，以人民为中心，将会努力提供越来越多的服务于民众的公共产品。

城市居民体育活动的开展要以必要的物质条件为依托，政府应尽可能地提供更多更好的公共文化服务及其相关设施。城市居住社区体育设施首先体现为可见、可触、可用的公共文化设施。将体育设施铺设到居民家门口，以强大的公共体育文化设施为支撑，让居民能够充分实现享受文化成果的权利，变为市民看得见、用得上、从中受益的现实。

城市居住社区是市民参加体育健身活动最方便、最贴近的场所。全面开展全民健身的最基本条件就是布局合理、就近方便居民的小区体育设施。城市居住社区体育设施因其公共产品的本质属性，使得付出与回报无法对应，仅仅依靠利益驱动，通过市场机制是无法满足社会对公共物品的需求的，因而是市场无法有效提供的。

由于城市居住社区体育设施公共物品的特殊性，导致市场机制决定的公共物品供给量远远小于帕累托最优状态。近年来新建的住宅小区中，由于经济利益的驱使，又没有国家强制执行的政策措施，安排配套体育设施的小区寥寥无几，即使有也是象征性的，只起到点缀、促销的作用。在城市居住社区体育设施建设中，安排配套体育设施的小区寥寥无几，市场失灵现象就发生了。

公共文化服务不是任何私人组织的盈利活动，而是一项关乎全民"共同利益"的公共事业。国家政府具有义不容辞和不可推卸的责任。政府是发展公共经济、提供公共产品的基本的主体，为社会提供公共产品

---

① 中国经济增长与宏观稳定课题组、张平、刘霞辉等：《增长失衡与政府责任：基于社会性支出角度的分析》，《经济研究》2006年第10期，第4—17页。

服务。因此,掌握公共权力的政府必须承担起提供社会公共服务的责任与功能。

我国尚处于经济转轨进程之中,在市场机制作用下,很难简单地通过市场化的办法来提供城市居住社区体育设施配套建设公共物品。私人企业如果提供公共物品,就无法收回成本。由于投入与回报的不对等,私人不愿意投入。市场缺失的存在,使一些最基本的、社会公众普遍需要的、能够体现社会长远和根本利益的文化产品和服务,因为没有或基本没有盈利能力而不能完全进入市场,无法交由某些个人或营利组织去提供。虽然公共物品的供给存在多元化的倾向和现实,但由于市场不可能有效提供公共产品和公共服务,从而决定了政府在公共物品供给中应占主导地位及应承担主要责任。

政府增加城市居住社区体育设施配套建设公共物品的投入,保障居民参与体育是一种现实的客观要求。由于公共物品的个人消费"量"是不确定的,价格机制不能有效发挥作用,竞争市场上一般无法提供这类产品,竞争性的市场不可能达到公共物品供给的帕累托最优,无法满足社会对这类产品的需求,因此,通过市场方式提供公共物品,实现排他是不可能的或者成本是高昂的,并且在规模经济上缺乏效率。公共物品的公共供给是政府通过税收方式筹措资金用于弥补产品的生产成本,免费提供公共产品,用于公共消费。因此福利经济学家们认为,政府提供公共物品比市场方式即通过私人提供具有更高的效率。

政府在城市居住社区体育设施配套建设中的政府责任问题,不仅体现为政府干什么的问题,而且还应该体现为如何干好的问题。如果仅仅从前者考虑问题,可能解决了政府的责任边界问题,但是不能解决政府的能力与绩效问题;而能力与绩效问题要是不能解决,政府的责任边界在理论上划分得再清楚也是白费的,因为,划定政府责任范围的初衷,就是要提高政府的实用性和有效性,如果划给政府的责任是政府所无力承担的或者说承担不好的,那么,其最终的效果必然有悖初衷,适得其反。所以,政府责任是能力与绩效的有机统一框架下的责任。

转型期间政府在城市居住社区体育设施配套建设中应当担负起主要的社会保障责任,应当通过政策、制度及相关的措施如土地划拨、税收来解决,推动城市居住社区体育设施配套建设问题。当然,这不意味着政府承担全部的城市居住社区体育设施配套建设社会责任。无论城市居住社区体育设施配套建设制度如何改革，政府均肩负着主导城市居住社区体育设施配套建设的责任，在处于转型期的城市居住社区体育设施配套建设中更是如此。

这种责任既不仅仅是城市居住社区体育设施配套建设资金不足时的"兜底"责任，也不是完全责任，而是确保全体人民能够参与分享社会经济发展成果的责任。[1]

五 城市居住社区体育设施配套建设与政府职能改革问题

现代政府的主要职能或活动都是围绕为社会成员提供福利和服务或满足人民的生活需要这一目标展开的。转变职能之所以重要，是因为关系"将事情做对"这个方向性问题。只有方向对，才谈得上"将事情做好"这个能力问题。关于转变政府职能，党的十九大明确了政府机构和行政体制改革的方向，深化改革要以政府职能转变为核心，即实现政府职能向创造良好发展环境、提供优质公共服务、维护社会公平正义的根本转变。这是经过多年不断深化认识，对政府职能的一次总体概括。要把政府不该管的转移出去，把该管的切实管好。切实解决缺位、错位、越位和权责脱节、职能交叉、推诿扯皮、效率低下等突出问题，更好地实现好、维护好、发展好人民群众的根本利益。

城市居住社区体育设施配套建设是使人们有效参与体育生活的环境因素和物质基础，对提高"生活质量、环境和社会公正"具有较大的现实意义。城市居住社区体育设施配套建设有助于鼓励、促成和帮助人们保持良好、科学的生活方式，并对维护自身的健康有积极影响。在一定意义上讲，城市居住社区体育设施配套建设，可较大程度地扩大城市健康资源潜能，保持和提高居民的健康水平，围绕着人的健康这个中心环节，创造一个适宜于人类生存的社会环境和生存环境。城市居住社区

---

[1] 孙光德、董克用主编：《社会保障概论》（第六版），中国人民大学出版社2019年版，第212页。

体育设施配套建设与政府职能转变密切相关。提供和完善高效的公共服务，需要政府进行积极的角色转变及职能转换，以适应时代发展的要求。

（一）政府职能转变对促进体育设施配套建设发展的重要意义

政府职能转变对促进城市居住社区体育设施配套建设发展的重要意义是多方面的，因为各项社会事业的发展，不仅涉及人民群众最关心的现实利益，更是开发人力资源、投资于人的重大战略，是提高劳动生产率和保持我国中长期竞争力的关键。

1. 城市居住社区体育设施配套建设有助于居民生活得更健康、更幸福

城市居住社区体育设施是居民体育生活的必要条件，是有效实施全民健身工程的重要一环。健康和国民体质是重要问题，是民生的根基。我们现在提倡让居民生活得更幸福、更美好，首先是让居民生活得更健康，才能更幸福。

城市居住社区体育配套设施为小区居民提供了欢乐温馨的活动空间，是居民利用日常闲暇时间参与体育生活的理想场所。城市居住社区体育配套设施有助于居民就近、方便地参与体育活动，提升生活质量，让广大民众，特别是特殊群体共享改革成果。社会发展就是为了改善民生，给人民带来更多幸福感和尊严。

城市居住社区体育设施配套不足，不仅影响广大普通城市居民的体育生活质量，还会直接影响到特殊群体的体育参与机会。因此，就城市居住社区体育设施配套建设在使人生活得更加幸福更美好的意义上，体现为将特殊群体因经济和社会功能的限制而无法进行的一种有尊严的体育生活变为可能，使他们融入社会的主流生活中来。

2. 城市居住社区体育设施配套建设是基本公共服务均等化的具体体现

基本公共服务均等化是促进社会公平正义、让人们共同分享发展成果的重要内容和基本途径。完善平等的公共服务，对人们的幸福和尊严至关重要。它强调的是"底线均等"，其根本意义在于从制度上保障、让全体人民公平公正地共享经济社会发展成果。

城市居住社区体育设施配套建设就是在一定的社会历史时期提出的，

是基本公共服务均等化的具体体现。城市居住社区体育设施配套建设从特定时间、特定背景下的"民心工程""德政工程"变成我们这个社会制度层面固有的东西。从以往应景式、适应性的政策调整提升到发展战略层面，提升到对新阶段改革和制度创新的要求上。实现基本公共服务均等化，就是要形成这样的制度安排，使我们经济转轨、社会转型时期出现的城乡差距、区域差距、贫富差距不要转化为人们基本权利的不平等和机会的不平等。[1] 在这个意义上讲，城市居住社区体育设施配套建设发展就是把保障和改善民生的要求落到实处的具体体现，就是基本公共服务均等化的具体体现，就是兼顾人民群众的现实需求和未来发展需要，就是把人民群众当前利益和长远利益相结合的公共服务过程。

城市居住社区体育设施是大众体育的基本载体之一，它以小区居民为主要服务对象，以满足其体育需求、巩固和发展社区情感为目的，因其便利性、可达性、灵活性成为人们生活中的首选。[2] 改善公共文化基础设施条件，使城市居住社区体育设施基本满足居民就近便捷地享受文化服务的需求。特别是保障性住房的体育设施配套建设是实现和满足城市低收入居民参与体育生活机会、需求的保障，是维护权利和共享成果的具体体现及落实点。

第一，城市居住社区体育设施配套建设从制度架构上体现了确保城市居民在享有体育生活服务方面权利均等。以制度求正义是现代社会追求良善生活的一个重要方面。[3] 制度决定了个人、组织对利益能否触及、如何触及以及触及的深度。制度建设的核心问题是政府责任，全面正确履行政府职能，切实保障弱势群体的基本生活权利，维护社会稳定，保证经济社会和谐发展。[4]

第二，城市居住社区体育设施配套建设从财政投入上体现了确保城

---

[1] 尚虎平：《保障与孵化公民基本生存与发展权利——我国基本公共服务均等化的历程、逻辑与未来》，《政治学研究》2021年第4期，第64—74页。

[2] 骆映、邓婧、谢洪伟等：《城市居住小区"划拨"体育用地专项立法研究》，《体育学刊》2018年第1期，第82—88页。

[3] 郭小聪、刘述良：《中国基本公共服务均等化：困境与出路》，《中山大学学报》（社会科学版）2010年第5期，第150—158页。

[4] 李屏南、朱国伟：《转型社会和谐利益场的构建：制度功能与政府角色——量、向、质的分析范式》，《湖南师范大学社会科学学报》2009年第6期，第30—34页。

市居民在享有体育生活服务方面资源均等。城市居住社区体育设施配套建设使得有关资源向基层倾斜和下沉，与公共文化服务均等化要求相适应，是优化资源结构布局、改进公共服务资源配置方式的重要途径。

第三，城市居住社区体育设施配套建设从资源配置上体现了确保全体公民在享有公共文化服务方面效果均等。基本公共服务均等化，不仅仅是数字上的财政投入走向公平，单纯从财政投入状况并不能准确反映公共服务的实际结果、效率与可获得性程度。城市居住社区体育设施配套建设有效地解决了居民参与体育生活的就近性、可及性、便利性、经济性等实际问题。

第四，城市居住社区体育设施配套建设从体育参与上体现了确保城市居民在享有体育生活服务方面机会均等，城市居住社区体育设施配套建设将公共服务均等化的群体重点放在低收入人群身上，让改革成果更多惠及普通百姓和弱势群体。因为弱势群体更缺乏相应的机会，更难以获得均等化的公共服务。因而通过城市居住社区体育设施配套建设，为居民参与体育提供更加便捷、方便的服务，使弱势群体享受体育生活的权利在生活中、现实中而不仅仅是停留在口头上或书面上得到保障。

总之，城市居住社区体育设施配套建设是满足人民体育生活精神文化需求的物质基础，是为保障人民体育生活的基本文化权益创造机会，是让人民群众享受发展成果。保障人民体育生活的基本文化权益，是一项意义重大的惠民工程。其意义就在于实现好、维护好和发展好广大人民的根本利益，充分考虑广大人民的政治权利、社会权利和经济权利，保证城乡居民享有平等的权利、机会和地位，让人民生活得更加幸福、更有尊严。而不能因经济发展与财富不平衡，无机会支付或付不起使各种基本权利受损。[①] 在社会关系日趋复杂、人民内部矛盾日趋多样化的现实条件下，要在维护社会稳定和长远利益的大局下，加快推进政府职能转变。只有加快政府职能转变，形成公共服务供给与经济社会发展良性互动的格局，才能有效化解新的社会矛盾，促进社会和谐；才能更好地

[①] 骆映、邓婧、谢洪伟等：《城市居住小区"划拨"体育用地专项立法研究》，《体育学刊》2018年第1期，第82—88页。

解决民生问题,促进社会公平正义。因此,政府角色转变及职能转换会极大地促进城市居住社区体育设施配套建设发展,在推进公共服务资源优化配置,提高公共服务的有效性,把保障和改善民生的要求落到实处,以及让民众生活得更健康、更幸福、更有尊严的价值追求和基本公共服务均等化的推进上均具有重大意义。

(二) 城市居住社区体育设施配套建设滞后与政府角色缺位及责任缺失

近年来,我国在增强政府社会管理和公共服务职能、改革行政管理体制等方面取得了一定成效,特别是一些基层政府在制度创新推动资源优化配置、提高公共服务和行政效能上进行了一些有益的探索。但是必须看到,与人民群众的需求,与完善社会主义市场经济体制的改革目标,与加强党的执政能力建设以及构建和谐社会的要求相比,政府公共服务有效性仍存在明显的不适应。我国公共服务效率和效能的缺失,凸显了政府职能转变的滞后。

相对于政府组织来说,市场在生产产品和提供服务方面具有明显的优势。但市场并不具备再分配的功能,因而并非在任何领域或任何环境下都是高效的。事实上,正因为市场的高效率是有条件、有局限的,才有了政府存在和干预的前提。然而,当对市场高效率的认识几近于迷信时,将市场看作是"最有效的资源配置形式"而被当成解决很多社会问题的最有效的办法,责任缺失就在所难免。结果是在"市场化""社会化"或"产业化"等概念被引到几乎所有的社会服务领域中后,"买服务"几乎成了所有人日常生活的一部分。一些房地产商基于商业利益基础上的对小区体育设施的投资,打着体育设施牌推销房屋,在一定程度上促进了体育场地建设的发展。但那是市场行为而不是公益或提供公共产品行为,其所做的一切是为了追求自身利益最大化。但在政府与市场的边界判断上,将公共服务更多地划给了市场机制作用的领域,政府职能在公共服务提供方面出现了缺位。于是,凡是政府没有能力解决的问题,都交给市场去自发调节,使得中国的市场化过程变成了政府角色退出和弱化及政府推卸社会责任的过程,变成了随着经济和财政增长而逐步减弱公共投入的过程。实践证明,在公共服务领域主要采用市场机制,不仅没有使社会大众获益，反而削弱甚至直接剥夺了社会成员获得基本社会服务的权利。

虽然《城市公共体育运动设施用地定额指标暂行规定》《城市社区体育设施建设用地指标》对我国社区、小区体育设施用地作了相关的规定，但是，由于经济利益的驱使，又没有国家强制执行的政策措施，安排配套体育设施的小区寥寥无几，很多地方未能真正贯彻落实。即使有也是象征性的，只起到点缀、促销的作用。[1] 对于一些已经贯彻落实的小区，也会因为土地资源的稀缺和升值，擅自改变体育用地的用途，减少体育设施用地，增加商业元素，以获取更多的市场利润。

城市居住社区体育设施配套建设属公共产品，改革开放以来，随着市场化改革的不断推进和政府职能范围的调整，政府介入私人产品领域的程度不断降低，但是，政府在退出一部分微观经济领域的同时，并没有加强对公共产品和公共文化服务的供给力度。对社会经济协调发展的认识不足导致社会事业长期处于被忽视和边缘化的位置，政府角色缺位和责任缺失使城市居住社区体育设施配套建设难以落实或大打折扣，因而，在房价高企逐利激烈的市场环境下，城市居住社区体育设施配套建设中，要考虑的不是政府退出的问题，而是如何提高政府能力的问题。现实中城市居住社区体育设施配套建设不足问题，一般认为其直接原因是公共服务的提供不足，症结在于政府责任的缺失。政府应该提供那些因市场失灵而无法有效提供的，但对社会有益的、必需的产品和服务。[2] 如果忽视利益共享机制构建，使相当一部分社会成员未能分享到经济发展的成果。再加上贫富差距在中国形成的特殊背景，这种社会分化的局面对社会凝聚力以及社会稳定的冲击非常之大，若不认真解决，我们将会付出巨大的社会代价。[3]

---

[1] 骆映、邓婧、谢洪伟等：《城市居住小区"划拨"体育用地专项立法研究》，《体育学刊》2018年第1期，第82—88页。

[2] 吕炜、靳继东：《从财政视角看中国式现代化道路》，《中国社会科学》2022年第11期，第165—184页。

[3] 徐月宾、张秀兰：《中国政府在社会福利中的角色重建》，《中国社会科学》2005年第5期，第80—92页。

（三）城市居住社区体育设施配套建设发展与政府角色转变及职能转换

经济社会越发展，公共服务职能的重要性就越突出。从理论和实践来看，完善高效的公共服务既是社会成功转型的重要标志，又是深化改革、转变政府职能，推进社会管理体制和公共服务体系创新的重要着力点。积极推进政府职能转变，切实把政府的职能由主要办文化转到社会管理和公共服务上来。要从现阶段经济社会发展水平出发，来实现和保障公民基本文化权益、满足广大人民群众基本文化需求。一个国家或地区能否国泰民安、社会和谐，很大程度上取决于政府公共服务的有效性。实现公共服务资源优化配置，切实提高公共服务的有效性，把保障和改善民生的要求落到实处，就必须加快推进政府角色转变及职能转换。

1. 城市居住社区体育设施配套建设发展与政府扮演积极和主导的角色

近年来，中国政府也认识到政府从社会福利领域退出所导致的经济和社会发展失衡问题，并重新开始重视政府在促进社会公平和平衡中的角色。现在倡言和谐社会，"让老百姓活得更有尊严"，努力实现基本公共服务均等化，某种意义上是对前一阶段政府角色缺位、忽视利益共享机制构建状况进行反思的结果。

国家、政府是人类文明发展的宝贵成果。对我们这样幅员辽阔、人口规模巨大，又处于经济社会转型阶段的大国正确定位政府角色应慎之又慎。因此，政府在重新进入社会发展的角色时，在对保障城市居住社区体育设施配套建设的公共产品提供中，政府是主角，是积极和主导的角色。它的举措得当或失当，其影响从来都是全局性的。如何让每一个中国人生活得更加幸福更有尊严，社会阶段发展到今天，惠及14亿人的基本公共服务，既是社会发展最重要的动力，也是政府最基本的责任。为此，政府在今后的城市居住社区体育设施配套建设中必须发挥积极主导作用，扮演更为积极的角色。

无论是"先富带动后富"，还是经济发展带动社会问题的解决，都不可能是一个自动实现的过程。目前，政府在城市居住社区体育设施配套建设中要发挥和扮演更为积极的角色，这里尤其需要政府有效发挥其汲取资源、进行再分配、培育社会体系、实行监管的一系列重要职能。目前，在城市居住社区体育设施配套建设中，特别是保障性住房政府不仅不能退出，反而需要进入，并在其中发挥更加积极主动的作用。就现阶段的中国来说，特别在社会福利领域，政府没有不该管的事情；如果缺少了政府，其结果就会不堪设想。

政府职能转变首先需要解决的是政府在市场经济转型中应该发挥什么作用的问题，[①] 即扮演什么样的角色、担负什么样的责任问题。目前，政府不仅面临规范市场和培育社会组织的作用，还需要在组织与组织、组织与公民个人之间的各种交互行为中承担起维护公平和公正的责任。特别是从政府仍然是维护公众利益主要的甚至是唯一的主体这一现实来说，在房价居高不下，追逐利润而忽略或改变或不按规定开发建设小区体育设施配套，仅靠开发商的道德、良心是不行的。靠道德，不可能解决改革的问题，不可能解决房价问题，不可能解决住房问题，更不可能解决城市居住社区体育设施配套建设问题。

城市居住社区体育设施配套建设是一个使用资源解决社会问题的过程，成本显而易见。特别是保障性住房，政府更多的时候是作为投资主体来提供社会福利的，因此成本效益分析备受政策制定者的重视。但投资效益不仅在短期内看不到，即使有，也往往难以说明其中的因果关系。因此，城市居住社区体育设施配套建设中，成本效益分析往往并不等于投入—产出分析。而要从预防社会风险的角度来看，如果对某一问题不实行相应的政策，它将会带来什么代价。就目前来说，在城市居住社区体育设施配套建设中，政府要扮演起维护公平和公正的角色。特别是在城市居住社区体育设施配套建设中，因追求商业利益，而使体育设施这类公共产品尚未得到满足的情况下，任何形式的放权或授权行为都会对弱势群体更加不利。

政府是最重要的公共权力载体，它理应成为社会公共利益的代表和社会秩序的维护者，并通过提供公共产品来行使行政权力。社会公正理论从本质上强调政府在社会发展中的相应责任，要求政府承担起重要角色，政府的公共行为应该更多地关注人的可行能力或实质自由的提高，城市居住社区体育设施配套建设可以使人们有效参与体育经济生活的环

[①] 张维迎、林毅夫：《政府的边界：张维迎、林毅夫聚焦中国经济改革核心问题》，民主与建设出版社2017年版，第132—147页。

境得以改善,解决低收入群体体育生活服务方面的可获得性问题,满足人民群众日益增长的公共需求,逐步实现社会公平。正是基于对社会公平的诉求,才凸显了政府的责任。由于市场无法自动解决公平问题,在提供"社会公正"这一公共品上,市场失灵最为严重,政府有必要承担起责任,在积极促进公平方面发挥主要的作用。

当然,也只有政府才有能力、有条件对于城市居住社区体育设施配套建设这类公共产品和基本公共服务均等化的结果承担最终责任,发挥"兜底"的作用。在这个前提下,才能够真正有效地发挥市场机制、社会组织的作用。如在中高档城市居住社区,为追求商业利益,提升小区居住生活环境,提升楼盘的价格及楼盘营销,开发商开发体育设施,既满足了消费者的需求,同时也获得巨大的商业利益。大量事实证明,只有政府承担起为社会成员提供社会福利的责任,才能最终建立一种能够使人民的生活随着经济的发展而更有保障的利益共享机制。特别是从政府仍然是维护公众利益主要的甚至是唯一的主体这一现实来说,更是如此。政府通过构建和实施积极的社会政策,使社会成员在经济发展的同时也能普遍享受到经济发展的成果,不仅是保证社会公正的核心,也是影响可持续发展的重要因素。

政府应在城市居住社区体育设施配套建设发展中扮演重要角色、发挥积极主导作用并承担主要责任,并不意味着将城市居住社区体育设施配套建设搞成一个纯粹的国家福利和政府行为,因为由国家全包全揽的公共服务供给体系是难以持续的。输送机制的政府若过度垄断和控制,就会抑制社会支持力量的释放。[1]

单一的公共财政资源无法满足公众对文化物品和服务不同层次的需求,应该发挥各类民间资本的作用,促使其向公共文化服务领域合理流动,从而形成"政府主导、社会参与、市场运作、多方投资"的公益文化发展格局。从城市居住社区体育设施配套建设提供服务的主体来看,包括政府、市场和社会组织,政府的作用即是要形成一个使这些不同系统共同发挥作用的制度框架。在这个新的框架下,政府是社会福利制度

---

[1] 吕炜、靳继东:《从财政视角看中国式现代化道路》,《中国社会科学》2022年第11期,第165—184页。

中最重要的成分。政府仍然是社会福利支出中最大的资金渠道，并对服务提供者的服务质量进行监控和评估。[①]

政府应在城市居住社区体育设施配套建设发展中扮演重要角色及发挥积极主导作用，是指在主导制度框架内，根据不同城市居住社区体育设施配套建设的层次，如对高档商业住宅小区、廉租房、经济适用房等不同层次采取不同的供给模式，动员社会各方面力量广泛参与，鼓励和支持民营企业和社会组织参与公共文化服务，满足人民群众多层次文化需求，形成推动公共文化服务体系建设的强大合力。政府对那些无人投资或不愿投资的公共文化设施和服务承担最终责任。政府在提供基本公共服务中的主导地位，不等同于由政府完全包办，核心在保障供给，关键在形成机制。要调动社会力量参与公共服务和社会管理的积极性，善于综合运用行政手段和市场工具，不断释放行政资源配置的"制度红利"，最大限度地改善社会福利水平。

实现政府角色和职能转换的关键在于，政府要由过去的无所不为、无所不能、无所不管的全能角色转变为在社会化的市场经济大环境中以其精干高效的组织机构办它应办、能够办好的大事情这样一个全新的角色。政府角色职能转变不是一味地削弱政府权力，建立弱政府和无为政府，而是积极适应经济社会发展的需要，实现政府职能的收放结合，有所为有所不为。

中国的经济改革基本上是一个政府逐步放权于市场的过程，但在这一过程中，将政府职能的转变误认为是政府的退出，结果造成政府转型的失效。事实上，以市场为取向的经济改革，并不是要求政府退出，而是要求它转变角色和职能。"政府角色和职能转变"包括为市场经济提供市场规则和保证社会公平的丰富内容。政府应与时俱进，加快重塑自身角色定位与目标，逐步消除日益膨胀的直接配置资源的权力，让市场发挥主导作用；突出加强社会管理和公共服务能力，把政府的管理职能、管理资源更多地运用在社会公共服务上，建设服务型政府。

在城市居住社区体育设施配套建设中扮演积极和主导角色，是服务

[①] 徐月宾、张秀兰：《中国政府在社会福利中的角色重建》，《中国社会科学》2005年第5期，第80—92页。

型政府建设的重要内容之一。政府提供城市居住社区体育设施作为公共产品，有助于帮助弱势家庭及社会成员普遍享受到经济发展的成果。增强弱势家庭及社会成员适应经济和社会变化的能力。政府主导作用的一个具体表现是承担起社会福利的投资主体角色，确立其在社会保障中的前沿位置，特别是在保障性住房的小区体育设施配套中，从社会保障的后方走向前台。从预防社会风险的角度和以人及社会健康发展为目标，为城市居住社区提供体育设施这类市场无法有效提供的公共产品。只有政府承担起为社会成员提供社会福利的责任，才能最终建立一种能够使人民的生活随着经济的发展而更有保障的利益共享机制。

2. 城市居住社区体育设施配套建设发展与政府职能转换的思考

政府职能转变，是指政府在一定时期内，根据经济和社会发展的需要，对其职能的范围、内容、方式的转移与变化。这就需要按照社会主义市场经济的要求，政府将不应属于自己的职能交还给企事业单位以及社会组织，同时还应将属于自己的职能收归政府所有。

城市居住社区体育设施配套建设不足，尽管是由多种因素造成的，但长期的政府功能缺位、越位和错位以及对社会经济协调发展的认识不足，导致社会事业长期处于被忽视和边缘化的位置，公共文化等公共服务供给不足，是导致这一局面的重要原因。这意味着政府应在公共服务方面承担起基本的责任，改善民生状况，纠正增长失衡。强调要加强社会管理和民生建设，并不是政府工作重心的再次转移，也不是要忽视经济调节和经济建设，而是政府要在有效履行经济职能的前提下，实现经济、社会和公共服务等多项职能之间的合理平衡。经济的健康发展始终是社会进步和民生发展的基础。社会管理和民生建设并不全是经济发展的"负担"和简单的"蛋糕切分"，而是经济快速、稳定、可持续发展的社会条件和动力引擎。

转换缺位的政府职能 1998年，《国务院关于进一步深化城镇住房制度改革加快住房建设的通知》明确提出，要"建立和完善以经济适用住房为主的多层次城镇住房供应体系"，但在具体实施中过度强调商品房建设、忽视了对中低收入无房户群体保障体系的建立，导致保障性住房严重缺失。公共服务投入长期处于弱势地位。

随着市场化改革的推进，需要各级政府通过加强公共服务供应，减弱外部效应导致的公共服务短缺问题。然而，在现实工作中，一些地方和部门抱着"甩包袱"的心态，试图通过全面市场化来解决公共服务问题，不恰当地把本应由政府或政府为主提供的某些公共产品和公共服务（如城市居住社区体育配套设施）推向市场，推向社会，结果反而进一步恶化了公共服务的公平性和可及性。一些公共产品与服务开始实行收费制。服务收费被广泛地运用于几乎所有领域和部门的服务中，在收入差距不断扩大的情况下，依靠向使用者收费为公共服务融资的方式越来越阻碍低收入人群获得必要的服务，① 必然会削弱低收入和贫困人群抵御风险的能力。这种做法使贫困人群更难抵御风险，是对"社会公平"这一社会发展的核心价值观的颠覆。

因此，在社会转轨时期，政府还要承担必要的改革成本，不应过多地把改革成本转嫁给一般民众，使改革进程与改革成本的消化相协调。适当增加政府付费的比重，让大多数群众享受改革与发展的成果。

提供公共服务是政府的责任，对那些市场机制不能发挥作用的公共服务领域，对确保人人享有基本生活保障的领域，应由政府承担主导责任，但服务和管理的具体提供方式可以多样化，以最大限度增加公共服务的可及性和覆盖面。强调政府的基本责任，并不意味着主张回归过去那种政府大包大揽的局面，以避免因过度保障而带来负面激励和道德风险问题，而只是强调政府在最基本的公共服务中的支付责任。

政府职能"错位"主要是由于政府作为所有者主体从事微观经济活动与作为社会公共机构进行宏观经济管理的"角色冲突"。政府把它的主要精力放在"管企业"这样的微观经济事务中，其应尽责的公共领域也就会因"无暇顾及"而无法履责，这样，所谓职能转换也就永远转不到位。政府逐步地把主要精力转移到公共领域上来，进一步理顺政府在社会生活中的定位，从增加群众幸福感起步，使群众的事有人办，群众的困难有人帮，公益事业有人做。

转换膨胀的政府职能 转变职能不是一味地削弱政府权力，建立弱政府和无为政府，而是积极适应经济社会发展的需要，实现政府职能的

---

① 中国经济增长与宏观稳定课题组、张平、刘霞辉等：《增长失衡与政府责任：基于社会性支出角度的分析》，《经济研究》2006年第10期，第4—17页。

收放结合。有所为有所不为,就必须严格划分公共领域和私人领域,分解过去的"全能"框架。在决定政府该管什么不该管什么时,首先要看社会和人民是否需要,并以此作为确定政府职责和功能的依据。① 政府应与时俱进,加快重塑自身职能定位与目标,要从统治者的身份逐步转变为社会的服务者,从"以统治为中心"的管理走向"以服务为中心"的管理,加强社会管理和公共服务能力,把政府的管理职能、管理资源更多地运用在社会公共服务上,建设服务型政府。

转换交叉的政府职能 交叉的政府职能,导致公共服务的资源重置。不同部门的职能重叠、交叉,表面上看是"各抓共管",实际上却经常在工作中各自为政,缺乏协调,容易导致公共服务效率的低下及公共服务资源的重置,造成有限资源的不必要浪费。一方面,政府职能划分界定不清晰,互相交叉或重叠,既可能导致对群众急需的公共服务相互推诿责任而无人提供,也可能导致不同层级政府、不同部门重复提供同一项公共服务;另一方面,由于部门间人为分割公共服务对象,"作坊式"的操作导致统筹范围偏小、服务层级偏低,在具体操作过程中,许多政府工作人员分不清哪些事务该政府管,哪些事务不该管,影响了某些公共服务的可持续性。

行政职能重组不应仅仅放在机构改革上,而应重在职能整合、流程简化、责任清晰和效率提升上。要"着力解决机构重叠、职责交叉、政出多门问题"②。因此,必须大力推进政府公共服务综合管理,从上到下坚定地打破一些职能部门垂直管理带来的分割状态,按照有利于推进统一管理的原则重新界定部门职责,防止出现职能部门分工过细导致的资源配置交叉重叠等问题,防止出现"上面管到看不到、下面看到管不到"的现象。努力提高行政资源配置效能,降低行政成本,增强基层政府提供公共服务的能力,减少地方政府职能部门推动综合改革和整合公共服务资源的制约和阻力,提升公共服务效率。

转换缺乏有效监督的政府职能 目前,很多关于公共文化服务的制

---

① 高小平:《行政体制改革关键是转变政府职能》,《人民日报》2008年2月27日。
② 韩保江:《瞭望中国:关于中国发展前途的思考》,中共中央党校出版社2013年版,第156—187页。

度性安排中，都没有对服务供给的责任体系尤其是政府责任作出明确规定，失去了问责的法律基础，形成了一定的责任真空。首先，政府和市场在公共文化服务供给中的界限和定位缺乏明确的制度性安排；其次，中央政府在公共文化服务供给中承担的责任缺乏统一的制度性安排；最后，各级地方政府之间也缺乏清晰的责任关系。正是由于这种责任体系的缺乏，政府在公共文化服务供给过程中的缺位、越位和错位不可避免。

缺乏有效监督的政府职能，导致公共服务不规范。在社会福利领域，政府应基于法律和规则进行管理。法规制度的生命力在于执行，然而在一段时期里，政府多靠文件和上级指标来履职，这正是有法难依或政策落实难等现象经常会出现的原因。政府的低效或缺位现象则更多是因为有法不（难）依，在社会政策中则表现为政策不完整和缺乏操作性，因而经常使政策的落实变成强制和抵制的过程。由于缺乏有效的外部监督、约束和制衡，在自利性驱动下，容易导致公共服务提供机构的利益集团化、刚性化，偏离执政为民的宗旨，导致了公共服务不规范，偏离了公共服务的既定目标，扭曲了公共服务的初衷。

政府职能的法定性是现代行政的基本要求，依法行政是建设服务型政府的根本保障。政府职能转变要坚持"职能法定"原则，依法界定和科学规范政府职能，防止政府职能改革中的随意性。不能一讲转变职能就想卸责，一讲全面履行职能就想扩权，权责必须对称。[①] "制度问题更带有根本性、全局性、稳定性和长期性"[②]。因此，转变政府职能必须有法律制度上的保障，确保权力正确行使的有效途径。要通过"完善制约和监督机制，保证人民赋予的权力始终为人民谋利益"，"确保权力正确行使，必须让权力在阳光下运行"[③]。

总之，随着政府角色定位的日益清晰，要坚决地淡化和弱化那些不适应、不符合、不利于经济发展方式转变要求的政府职能，逐步弱化政

[①] 江小涓：《推进职能转变 全面正确履行政府职能》，《求是》2008年第9期，第27—34页。

[②] 程天权、丁荣生：《制度建设是带有根本性全局性大事——邓小平制度建设理论与中国制度建设实践》，《复旦大学学报》（社会科学版）1995年第3期，第239页。

[③] 罗敏、张佳林、陈辉：《政府职能转变与政府建设的三维路向》，《社会科学家》2021年第5期，第145—149页。

府对资源配置的直接干预和过度干预，使市场发挥配置资源的基础作用；要坚决地健全和完善宏观调控、社会管理和公共服务等适应经济发展方式转变的政府职能，深入推进政府行政职能整合与功能重组，加快建设效能政府、有限政府、法治政府和服务政府，更有效地推动城市居住社区体育设施配套建设。

六 结语

城市居住社区配套体育场地设施的责任主体是政府，其首要责任是发挥顶层设计与统筹协调职能。作为公共服务供给的主体，政府需通过科学规划明确建设目标与标准，制定中长期发展规划，确保体育场地布局与人口密度、社区需求相匹配。同时，政府需完善政策法规体系，建立用地保障机制，将体育设施建设纳入城市更新和新建社区强制性配套标准。在财政投入方面，政府应通过专项预算、体彩公益金等方式提供资金保障，并通过税收优惠等政策引导社会资本参与。此外，政府需强化监管责任，建立质量评估体系，对设施维护、开放使用进行动态监督，确保公共资源有效利用。这一系列职能的履行，体现了政府保障公民体育权益、促进健康中国战略实施的核心作用。

政府在城市社区体育场地建设中还需承担多元协同与公平保障职能。面对不同社区的发展差异，政府应建立精准化资源配置机制，重点向老旧小区、低收入社区倾斜，通过财政转移支付缩小服务供给差距。在建设过程中，政府需协调住建、规划、体育、教育等部门形成跨部门协作机制，整合学校、公园、金边银角等存量资源实现共建共享。同时，应通过数字化平台搭建需求反馈渠道，建立居民参与决策的协商机制，确保设施建设符合实际需求。针对运营管理难题，政府可通过购买服务、委托经营等方式引入专业机构，构建政府—市场—社会协同的可持续运营模式。这些职能的协同实施，既能提升公共服务供给效能，又能推动全民健身公共服务体系均等化发展，彰显服务型政府的治理效能。

第 五 章

程序正义：城市居住社区体育用地供给过程的理性思考

一 引言

城市居住社区体育用地建设问题不仅是公民基本体育权利保障的一个重要方面，而且也关系到全民健身事业的开展，更影响到社会底层群众公共利益的合理诉求。城市居住社区体育用地建设问题，体现了政府在坚持以人民为中心的发展思想，把保障和改善民生放在优先位置，找准开展工作的切入点和落脚点，着力解决关系群众切身利益的突出问题的追求和实现能力。

城市居住社区体育用地供给属于政府基本公共服务，是公益性的大众健身活动必备的公共产品；公共利益是法律规定的合法利益，应该受到法律保护。在此基础上，分析城市居住社区体育用地供给的相关制约因素、提出合理的解决途径既符合推进基本公共服务均等化的基本要求，又顺应了法制化建设的最新要求。从程序的角度讲，居住社区体育用地供给过程应该包括对土地性质的界定、专项法规、行政规划、执行实施、监督管理、验收反馈几个步骤。目前，《行政程序法》是我国现阶段法制化建设的重要内容之一，可以为公益性体育用地划拨提供有力的法律支撑。

二 "程序正义"论域及其基础理论阐述

"程序正义"作为一种法律概念，早在13世纪就出现在英国的法律之中，而后在美国得到了空前的发展。自20世纪70年代以来，程序的正义问题已成为东西方法制理论研究的一个重要方面。

（一）"程序正义"的理论基础及其意涵

传统意义所追求的全社会的公平正义是要在结果上的公平正义，但是，从基本权利保障的角度来讲，公平正义的实现不仅仅是要在结果上的实现，而且要以人们看得见的形式实现。[①] 所谓的"看得见的形式"即体现在程序的过程和每一个环节中。

程序，体现为复数以上的人按照一定的步骤、方式、顺序、手续和时限来作出决定的过程，以及在这一过程中当事人之间的相互关系。正是在对程序的规范化研究中，"程序正义"的理念相对于"实体正义"逐渐被学术界所熟知。程序正义是一个法律名词，又被称作"看得见的正义"，是指要追求结果的公正性，必须保证过程的公平和正义。在我国的行政体制下，程序的正义（procedural justice）是现代法治社会中一个日益引起人们关注的问题。[②]

作为与"实体正义"相对应而产生的"程序正义"观念在学术界已经有了很完备的认识和探讨。美国政治哲学家约翰·罗尔斯在《正义论》中提出了对"程序正义"理论的认识，他认为："程序正义是指法律程序在设计和操作过程中所要实现的价值目标，主要体现在法律程序的运作过程中，是评价程序本身正义与否的价值标准。"[③] 在此基础上，我们可以得知，程序的最终结果是要达到某种公正，程序在此过程中不仅仅是一个手段，程序本身也被要求是一个正义的化身，体现结果的价值。

程序关乎正义，正当程序的实质就是公正价值取向，立法正义之舟唯有划过程序公正的河才能渡上实在正义的彼岸。所以，没有程序的公正，也就没有实质的结果公正，程序的不公正就是非正义的。所谓程序

---

① 仇赟：《程序正义：理论、内涵与独立价值》，《学理论》2021年第12期，第31—34页。
② 王锡锌：《行政程序法理念与制度研究》，中国民主法制出版社2007年版，第31页。
③ ［美］约翰·罗尔斯：《正义论》，何怀宏、何包钢、廖申白译，中国社会科学出版社2009年版，第137页。

公正,是程序正义的核心内容之一,大意是指"程序必须是公正的,公正必须是时刻感知的"[①]。

(二)"程序正义"的现实意义及实践价值

城市居住社区是市民参加体育健身活动最方便、最贴近的场所。全面开展全民健身的基本条件就是布局合理、就近方便居民的小区体育设施。[②] 居住社区体育用地的供给问题关乎全民健身事业的有效开展。《中华人民共和国体育法》明确规定:体育工作坚持中国共产党的领导,坚持以人民为中心,以全民健身为基础,普及与提高相结合,推动体育事业均衡、充分发展,推进体育强国和健康中国建设。国家依法保障公民平等参与体育活动的权利,对未成年人、妇女、老年人、残疾人等参加体育活动的权利给予特别保障。2022年3月,中共中央办公厅和国务院办公厅印发的《关于构建更高水平的全民健身公共服务体系的意见》提出,控制大型综合体育场馆的规模和数量,打造绿色便捷的全民健身新载体,体现了全民健身这一新的导向,推进健身场地设施由服务大型竞技赛事向服务百姓日常健身转变,更好服务所有老百姓。从中我们不难看出,中央政府已经关注到了居住社区供给失衡问题的严重性。这恰恰为城市居住社区体育用地供给失衡问题提供了指导,并提出了政策上的保障与支持。

从其属性上看,居住社区体育用地属于公益性用地,属于政府公共服务职能范畴之内,理应由政府"划拨"用地。但现实情况并不尽如人意。从行政审批程序的角度讲,居住社区体育用地的划拨步骤和过程有清晰的规定,一般分为土地性质的界定、规划、执行、监督监管、验收反馈等几个环节。但是,由于缺乏一部系统的、对各级程序起着规范约束作用的相关法律法规,致使城市居住社区体育用地的建设工作没有达到预期的效果。正是由于这种程序上的不对等造成了"程序公正"没有得到本质上的体现,也就从一定意义上剥夺了一些弱势群体的正当权益。

---

① 王锡锌:《行政程序法理念与制度研究》,中国民主法制出版社2007年版,第33页。
② 黄文仁、赵克:《城市居住小区体育设施配套建设滞后与政府决策缺位及责任缺失》,《沈阳体育学院学报》2012年第1期,第53—56页。

程序正义本身所具有的某些特定的品质价值在居住社区体育用地供给中可以起到一定的推动作用和积极影响。程序正义的"善"的本性就在于程序的科学性、正当性、参与性以及稳定性。[①] 具体到居住社区体育用地的供给程序中，可以从一定程度上确保居住社区体育用地供给的规范化、公正化、民主化和常态化，从而保证居住社区体育用地供给的正当性。

程序正义是保障居住社区体育用地供给正当性的有效理论支撑，而程序公正则是必由之路，是保障公民基本权利不可缺少的重要环节。

三 居住社区体育用地供给程序中存在的问题

在具体的居住社区体育用地的供给程序中，大致分为用地性质的界定、专项法规的完善、行政规划的细化、执行实施的落实和全过程的监督管理，以及验收反馈几个步骤。在现行的法律体制下，在整个居住社区体育用地实施供给过程中有诸多的制约因素，很大程度上制约着城市居住社区体育用地供给的有效实施。

（一）体育用地的性质及其类别的细化

就城市社区体育用地的属性上看，是属于公益性用地。公益性用地属于政府"划拨"的范围内，属于政府公共服务职能的组成部分，是其不可推卸的责任与义务，并由城市规划设计部门直接负责整体规划与设计。

公共利益包括公共使用和具有公共利益的用途；公共使用指代表公共利益的主体直接使用行为，具有公共利益的用途指其用于为公众服务。因此，基于公共利益的需要应当理解为国家进行经济、文化、国防建设，以及兴办社会公共事业的需要。一般国家会通过法律规定来规范"公共利益"的保护问题，从而尽量克服"公共利益"的不确定性。从传统意义上讲，所谓的公共利益不仅仅包括法律上所认可的，还应该包括大多数人所认同的集体利益。维护公共利益是法律立法目的之一，不得损害

[①] 仇赟：《程序正义：理论、内涵与独立价值》，《学理论》2021年第12期，第31—34页。

公共利益是社会个体成员从事活动的一项基本原则。①

在我国的法律体系内，虽然对"公共利益"的概念进行了描述和规定，但是，由于种种原因，往往忽略了对体育用地分类和不同用地性质的界定。所以，在对城市居住社区体育用地性质的界定上往往会出现一些模糊性表述，诸如将体育设施用地和文化设施用地混为一谈，等等。

（二）体育用地供给的相关法律法规有待完善

在有关城市居住社区体育用地供给的法制体系中有多部相关的法律法规。由于我国的法制体系是"各管一职"的分权体制，由此便出现了对同一问题的不同领域的解读。经本课题组前期研究成果可知，关于城市配套体育设施用地的法律法规有十余部，其中包括《中华人民共和国土地法》《中华人民共和国体育法》等以《中华人民共和国宪法》为上位法的法律条文。如果再深入细致地区分开来，我们可以从不同的法律位阶和不同的从属机构进行区分。属于体育部门的法律规章制度有《公共文化体育设施条例》《全民健身条例》《全民健身计划（2011—2015）》等几部法规。隶属于城市建设部门的法律法规有《城市用地分类与规划建设用地标准》（GB 50137-2011）、《城市居住社区规划设计规范》（GB 50180-93 2002 年版）以及《住宅建筑规范》（GB 50368-2005）等几部法律法规。而在具体的执行和操作层面建筑领域，还有自己的一套相应的法律规章制度，如《中华人民共和国建筑法》《中华人民共和国城乡规划法》等。②

这其中任何一部法律的出台，都要经过一个相当长的过程。从行政程序上讲，制定程序包括立项、起草、审查、决定与公布、备案五个步骤。③从部门的职能角度讲，无论是各级体育部门，还是城市规划部门以及各级建筑部门，都有该部门所特有的职责和义务，也就相应地会从该部门职责的实际出发进行对某一政策的规划，而恰恰是这种职能范围的

---

① 李卓：《公益诉讼与社会公正》，法律出版社 2010 年版，第 21—23 页。
② 赵克等：《规制失灵：城市居住社区体育用地法规正当性缺失与补救》，《体育科学》2012 年第 3 期，第 10—16 页。
③ 姜明安主编：《行政程序研究》，北京大学出版社 2006 年版，第 64—69 页。

固定化造成了对同一领域内的不同政策解读,相应地,在城市居住社区体育用地供给中也就有了不同层级、不同范围的相关法律法规。

法律法规众多会牵扯出多方的利益问题,多方利益的相互博弈造成了法律行使层面的缺位。这种现象不仅仅会对公共物品的供给产生重大影响,而且也为法治建设者和行政执法者带来了诸多不便。

居住社区体育用地的供给还需要政府部门相应的行政规划。如何利用现有的资源和优势,从整体上对居住社区体育用地做合理的规划,不仅是对既有资源的优化配置,更是对公民基本体育权利的有效保障。

从行政程序的角度讲,行政规划的目的是有计划、高效率地利用有限的社会资源来更好地向社会成员提供服务。[①] 关于居住社区体育用地供给的行政规划,理论研究对此作出了解释,第一,在城市社区的建设和改建中,政府及建设单位依据相关的政策法规,对社区内涉及体育活动的设施所作出的计划和部署;第二,政府相关部门以及社区体育行政组织根据相关的政策法规,为满足社区体育活动的需要,对社区的文化体育设施和环境空间作出的安排。城市社区体育规划实际上就是全民健身在城市社区空间上的"物化"规划,其任务是解决社区体育发展和城市社区建设在城市社区规划空间上的协调发展问题。目前,社区体育发展和城市社区建设统筹协调发展的制约"瓶颈"是体育用地的有效供给不足。

行政规划的前提和基础就是相应的法律,以相应的法律法规为规划基础,才能实现正常合理的规划。任何一部法律制定的过程都是十分严谨和科学的。我们不去质疑任何一部法律法规的正当性和出发点,但是,任何一部法律的执行,都需要一套规范程序来确保其贯彻落实,体现法律效力及其严肃性。行政法规应有可操作性,不具约束力和不具可执行的法规,如同一纸空文,没有权威性,实质是公民的合法权益无法得到有效保护。

应该说,体育部门具有体育场地设施设计和规划方面专业性的思考,在体育用地供给中可以提出权威性的建议。而城市规划部门,在土地的规划和利用、在居住社区体育用地供给的规划中,只遵循已有的部门规

[①] 姜明安主编:《行政程序研究》,北京大学出版社2006年版,第87页。

章制度和相应法律法规，其程序严谨规范，往往不会顾及体育和其他部门的法律法规。这就造成设计规划与体育现实需要存在一定的差距或不对等，也就导致了不同部门之间各说各话和操作执行时的阻力。从法律的效用上讲，是法律层级与部门规章间的冲突，实际上，影响了居住社区体育用地供给的正当性，这也是造成城市居住社区体育用地供给失衡的原因之一。

正是由于法律往往具有滞后于现实的普遍性，所以，任何一部法律都需要有发展和完善的过程。而从法律的执行程序上讲，任何一部法律都需要一定的执行程序来实现其本质意义的延伸，也就是我们所说的法律效用。当我们把目光着眼于城市居住社区体育用地有效供给时，现行法律法规在社区体育用地性质的界定以及大体的实施上都作了原则性的规定，对规划实施和建设起到一定的指导作用。但是，对其他部门约束力是十分有限的，城市居住社区体育用地供给也是如此。

（三）体育用地供给过程中监督与制衡相对薄弱

关于城市居住社区体育用地供给正当性缺失，表面上看是行政规划设计的不完善，实则是对公权力行使缺位和程序性的制约有待规范。政府作为政治生活的共同体，行使公权力是其最基本的特征。行政权力是维护整个国家安定和谐的重要力量。随着现代化进程的发展和法制化建设的不断深入，政府在公共服务领域内的作用愈加凸显，也在一定程度上丰富和完善了基本公共服务的内容。政府的权力运作有其特定的规范，以此区别政府与市场和非营利组织的不同职能。而现实情况是，很多事情政府想做却又做不成或者做不好。

就居住社区体育用地供给而言，政府已经从不同角度认识了居住社区体育用地供给的重要性，也已经在相关领域内给予了大量的支持与帮助。但事实却是无论是中央政府还是地方政府，在决策的同时并没有真正地了解民意，或者是不知道社会底层群众真正的需要是什么。在这种需求与供给不对等的情况下，底层群众的基本体育权利并没有得到保障，却又造成了浪费。其原因在于政府缺少合理的途径了解民意，就不能为社会底层群众提供他们真正想要的东西。

另外，在一定范围内要防止权力的滥用。孟德斯鸠在《论法的精神》

一书中提出:"从事物的性质来说,要防止权力滥用,就必须以权力制约权力。"① 在任何一个法治国家内,都会有对政府部门行政职能的正当监督。任何一个体系,都要借助一套完善的行政程序机制,进而实现对某种权力的约束与规范。程序的正当性关乎程序执行效果的有效性。而在行政程序中,现代行政程序的核心功能是控制权力。②

城市居住社区体育用地,其性质是一种公共产品、公共服务,因此决定了应由政府以划拨的形式提供使用权。为了保证政府正当行使权力,保障公民合法权益不被"忽略"、不受侵害,应由政府及市场以外的另一种力量适时地对政府决策及市场运作程序进行有效的监督并提供必要的帮助和补充。包括了解民情、调查民意、对政府提供有效的决策信息,并提供专业的咨询意见和建议,以独立于政府和市场的、代表民意的"第三方"出现;同时,"第三方"也是一种监督力量,是体制的健全和完善。监督与权力应该形成并行不悖的制约关系,监督的力量和效果不应该小于权力的行使。

加强立法,提高第三方法律地位。在我国现行的法律体系中,还没有对"第三方"的正确界定,也仅仅在《社会团体登记条例》上有规定。不难看出,我国"第三方"的发展在法治领域内的地位还不是很高。而现行法律体系中,对社会组织采取的是很严格的限制政策,表面上看是为了保持"第三方"的有序发展,但实质上仍然是对"第三方"存在的现实作用和意义认识得不够深刻。在我国的法制体制下,"第三方"存在的两个重要意义是公益事业和公民权利保障。但现行法律中,往往更重视对公益事业的管理,疏忽了公民权利保障的建设。没有相应的地位,就没有相应的话语权,没有相应的话语权也就没有相应的监督效果。加强立法就是要承认"第三方"的法律地位。另外,还应完善"第三方"监督工作的法律法规,使"第三方"在行使其职能时有法可依;尤其是内部管理、财务管理等方面的运作。

明确"第三方"法律地位是完善监督体制的核心。"人民依照法律规

---

① [法]孟德斯鸠:《论法的精神》,许明龙译,商务印书馆2009年版,第154页。
② 黄宇骁:《行政行为概念的立体程序化改造》,《清华法学》2023年第2期,第5—21页。

定,通过各种途径和形式,管理国家事务,管理经济和文化事业,管理社会事务。"① 这一规定是行政程序法上参与原则的宪法依据,为"第三方"的工作提供良好的法制环境,使"第三方"监督工作有法可依、有章可循。

依靠政府"扶持",加强自身建设。从权力监督的角度讲,我国的"第三方"虽不是政府的组成部分,但是,无论是在政治上还是经济上都要依附于政府。政治上要受各级政府的领导,经济上很大程度上要依附于政府的财政拨款。"第三方"虽然是独立机构,但并没有实现职能行使真正意义上的独立性。随之而来的是,"第三方"监督作用会受到政府权力的制约,监督效果很可能达不到预期的目标。所以,"第三方"还应该加强自身的建设。对内,完善组织机构,制定章程,加强行为规范;对外,扩大宣传,加强专业性建设,争取社会认可,争取多方资金支持。只有保证相对独立性并客观、公平服务于社会,才能保证监督的公平正义。

但是,"第三方"的独立并不是完全的独立,也不可能是完全的独立。改革开放以后,我国市场经济迅速发展,政府在对待"第三方"的态度上一直是"扶持"与"限制"相结合。一方面,政府为"第三方"提供制度和法律上的保护,包括制度上、行政上的帮助;另一方面,政府又在防范和限制"第三方"的不良倾向和发展趋势。由于我国的"第三方"监督体系还处在萌芽阶段,很多机制还不够完善,所以,在保持"第三方"独立性的基础上,政府应该加大对"第三方"的扶持力度,保证"第三方"的良性运作和发展。

四 居住社区体育用地供给程序正当性建设

程序"正当"是程序正义理论的核心,也是程序正义追求的终极价值。"所谓正当程序,是指体现了程序正义的基本原则、尊重程序参与者的程序性权利、体现了法律程序自身价值的程序。"② 城市居住社区体育用地的供给,就是要在程序正义的要求下找寻到适合自身的正当程序和

---

① 《中华人民共和国宪法》第 2 条第 3 款。
② 王锡锌:《行政程序法理念与制度研究》,中国民主法制出版社 2007 年版,第 280 页。

行为规范。

（一）居住社区体育用地公益性质的阐释

公共概念的最大特色是其内容的不确定性，亦是公益的受益人及利益的抽象性。居住社区体育用地属于公共的概念，惠及公众的利益。所以，关于居住社区体育用地性质，需要在宪法的基础上，出台具体的单行法进行详细的规定以及合理性的阐释。从程序的角度讲，科学的界定和梳理居住社区体育场地的性质问题，健全的法律保障和完善的程序设计，二者缺一不可。体育用地"无偿划拨"抑或是"有偿转让"使用权，正确审议并确定"公共利益"的含义，或"公共目的"，对于审批权的正当行使至为关键。

由于居住社区体育用地的受益面非常广，所惠及的公众基数大，所以，这个"公共"的概念和性质对每个人都有不同的理解，也有不同的需求。在具体的实施过程中，在某种特殊情况下，可以适当作出一些变通，如在对公共利益的界定上，可以认为，大多数人的共同需求即可认定为某一领域内的公共利益。

每一个实行法治化的国家都通过法律的条文来明确公共利益的内涵。居住社区体育用地属于公共概念的范畴之内，理应包含在法律规章制度中。《中华人民共和国宪法》是我们国家的根本大法，是一切其他法律的母法，也拥有最高的法律权威。所以，关于居住社区体育用地性质及内涵，可以在宪法中有所体现和原则性规定。这既符合一个国家法治化的要求，也顺应了保障基本权利的基本精神。

宪法在做原则性规定的同时，还需要思考一个问题：宪法不可能从细微方面对居住社区体育用地的界定，还需要在具体的法律中加以延伸、细化和完善。比如，平衡公共利益与私人权利的法律可分为实体法和程序法两大类。就行政程序法而言，听证制度是它的核心环节，原因在于公开、公正与公平构成行政程序法的生命源，而公开、公正与公平不仅仅是让相对人了解行政行为的结果，还要使相对人通过听证获得救济。[1]

---

[1] 姜明安主编：《行政法与行政诉讼法》（第七版），北京大学出版社、高等教育出版社2019年版，第195页。

所谓听证制度,是指行政机关发出行政行为时,就有关问题听取有关当事人评论意见,同时予以说明解释的制度。① "一切国家机关和国家工作人员必须依靠人民的支持,经常保持同人民的密切联系,倾听人民的意见和建议,接受人民的监督,努力为人民服务。"② 这一规定为建立行政程序法听证制度奠定了宪法基础。

在制定法律的基础上,由相应的程序来产生公益是公共利益界定的一个重要方式。所以,许多国家在制定相应法律的基础上,又在程序上作了规定。所谓的公共利益的程序性界定,就是在对公共利益进行实体法界定的同时,在程序立法中,增加行政相对人的参与判定公共利益的可能性,并在司法程序中体现决定公共利益问题上的权威性和执行性。同理,对居住社区体育用地性质的界定需要加强必要的行政程序,这有助于保护个人的合法权益,同时也对行政权力行使效果实现推动和监督作用。

城市居住社区体育用地规划,无论作出什么样的选择,都可能会得到一部分人认可,但同时又会损害到另一部分人的权益。所以,一个行政决定需要的是权益被侵害的团体的理解和支持,使之有充分执行的可能性。所以,"一个健全的法律,如果使用武断的、专横的程序去执行,不能发生良好的效果。一个不良的法律,如果用健全的程序去执行,可以限制或削弱法律的不良效果"③。在关于城市居住社区体育用地划拨的法律认定中,应该加强对听证程序的引入和规范。虽然,就整个行政程序体系而言,听证程序仍然是一个有待完善的制度,但是,随着法制观念的深入和公民维权意识的加强,关于听证程序的论证和建设将会成为行政体系中必不可少的环节。正是基于此,对于居住社区体育用地性质的认定,应发挥中立的具有公信力的裁决机构的作用,作出符合公共利益的认定和裁决。

(二) 加强制度化建设中的行政程序法探索

我国坚持"依法治国"原则,具体来说,就是不能仅仅单纯依靠

---

① 史新硕:《我国行政听证制度的完善》,《法制博览》2022 年第 36 期,第 121—123 页。
② 《中华人民共和国宪法》第 27 条第 2 款。
③ 王名扬:《美国行政法》,中国法制出版社 1995 年版,第 41 页。

实体法律，更应该依据一套公正、公开、可操作性强的执行程序来保证实体法落到实处。但是，在实际的法律执行过程中，很大程度上存在着"重实体，轻程序"的做法。正是这一惯性阻碍了我国行政规划的前进脚步。在居住社区体育用地划拨的规划上，面对着多部从属于不同部门的法律时，有法难依现象的出现就不足为奇了。关于这种现象的出现，时任全国人大代表、上海市高级人民法院院长应勇曾建议：应制定一部统一的《行政程序法》严格规范行政程序，保障行政决策的科学性。

我国法律、法规虽然已经建立起一些行政程序制度，如抽象行政行为的程序制度，具体行政行为的程序制度；但是，缺的是一部对居住社区体育用地供给有指导意义，并在法律执行程序上具有规范、约束力的法律法规。

据此，可以期待行政程序法能够确保居住社区体育用地供给程序公正。行政程序法体现一种公正，即自下而上的公正。这是其内在价值所决定的，体现在每一项具体的细则事务中。就法律特性而言，行政程序法是关于行政程序的规范和总和，即规定行政行为的方式与步骤的所有法律规范。[1] 具体而言，法律程序应当体现一定的法律价值，并以此来指导程序的运作。法律程序的差异性会使不同的程序承载不同的法律价值内涵。[2] 关于行政程序法的价值，有学者认为："行政程序法的价值是正义。"[3]

居住社区体育用地供给程序合理化，即体现一种秩序——良好的法律秩序。亚里士多德曾指出："良好的法律即良好的秩序之谓也。"[4] 无论是我国的社会主义建设事业还是公民基本权利的保障，都是要建立在一定的秩序之上。在居住社区体育用地的规划中，有法难依是面临的主要问题。究其原因，是由于法律的门类众多，出现了层级交叉混乱的现象。而程序法正是给我们提出了一个先后顺序上的选择和规定；从广义的含义上讲，程序法是规定法律程序的规范，具体而言，是指"在各种制度

---

[1] 李栋：《行政程序法对依法行政的现实意义》，《群言》2010年第7期，第12页。
[2] 马怀德主编：《行政程序立法研究》，法律出版社2005年版，第1页。
[3] 罗军：《行政程序法的价值分析》，《法治与社会》2007年第10期，第487页。
[4] ［古希腊］亚里士多德：《政治学》，吴寿彭译，商务印书馆1981年版，第328页。

化的程序中，法律的重点不是决定的内容、处理的加工，而是谁按照什么手续来做出决定的问题的决定"①。这正是在居住社区体育用地划拨中亟待解决的问题。

行政程序法可以确保居住社区体育用地供给程序效率化。"一切国家机关实行精简的原则，实行工作责任制，实行工作人员的培训和考核制度，不断提高工作质量和工作效率，反对官僚主义。"《宪法》第27条第1款的规定为行政程序法的效率原则提供了依据。公平是我们追求的最终目的，在公正、公平的基础上，如何保持高效快捷的程序也是我们所要思考的。行政程序法体现一种效率，即一种化繁为简的程序，无论紧急程序和简要程序都是基于公正的时效性所作出的。

随着我国法治化的建设取得了突破性进展，已经和法治发展的新趋势相呼应。2008年4月17日，湖南省人民政府公布《湖南省行政程序规定》，并于2008年10月1日起实施。这是我国首部专门对行政程序进行系统规定的地方性立法，开启了中国统一行政程序立法的破冰之旅，拉开了中国统一行政程序立法进程的序幕。② 自此，关于程序法的探索与建设成为我国法制化建设的重点。《法治中国建设规划（2020—2025年）》中明确提出，要"研究制定行政程序法"，把建立和完善行政程序，作为依法行政和政府立法的重点任务；行政执法更要注重程序。只有将执法的每一个环节、实施步骤程序化，才能让执法人员有所遵循，才能避免执法的随意性，这为行政程序走上法制化、制度化建设提供了思路和方向，各级政府都将依据行政程序的法治精神和规定依法行政。行政程序法（草案）正在后期的条文对照和修改之中，相信在不久的将来定会付诸法律程序的实践之中。

行政程序法的作用大致可以概括为几点：①促进行政民主。②提高行政效率。行政行为的效率取决于——行政方式的适当选择、环节的合理安排、过程的科学组合，以保证行政机关活动的合理化和科学化。③行政违法行为的发生大都与制度不完备、程序不健全有关；健全和完

---

① 季卫东:《法律程序的意义——对中国法制建设的另一种思考》，中国法制出版社2004年版，第33页。

② 刘云华:《行政程序法的价值与功能》，《求实》2011年第12期，第71—72页。

善行政程序法,不给失职与滥用职权留有余地,从而起到确保行政权在法治的轨道上正常运行的作用。④监督与控制行政权。主要表现在两个方面:一是行政程序法使行政程序成为行为发生法律效力的必要条件;二是行政程序法是杜绝失职和滥用职权等行政违法行为的有效手段。⑤保护行政相对人的合法权益。

关于城市居住社区体育用地供给,不同部门出台的法律从不同角度和层面做了规定,但在执行时,难免会出现一些混乱现象。不同的职能部门属性不同,职能也存在着差异;各司其职、各尽其能无可厚非。但是,从执行程序和效果来看,有必要对体育用地供给的法律法规加以优化整合。无论是实体法还是程序法,法律都通过其特有的表现形式来体现其价值。城市居住社区体育用地相关法律,需要进一步改进和完善,确保法律效用的充分体现。

就立法工作本身而言,国家的法律都具有相对的滞后性,关于城市居住社区体育用地供给的法律法规也是如此。所以,随着时代的进步和发展,原有的法律难免会出现这样或那样的漏洞与不足,需要我们在实践过程中,与时俱进、不断加以完善。

就专项法律来讲,无论是旧的、还是新的,其功能和限定都是明确的,但是也存在着不断修订和完善,以适应社会的发展;经济、社会发展越快,我们遇到的问题和亟待调整的利益越多。现行情况下,行之有效的办法是在原有单一部门法律的基础上,建立一定的辅助配套性的法律法规,使该法律对某一问题做出深入而细致的规定。比如,城市居住社区体育用地供给的相关法律。即在重新分配各部门职能范围的前提和基础上,对城市居住社区体育用地供给相关法律作出具有针对性的规定和阐释,使之真正落到实处,保障城市居住社区体育用地供给的正当性。这需要中央和地方政府的协调。

由于各方利益的不均衡和资源优化配置方面的局限性等因素的制约,上到国家立法,下到地方性法规都会有不尽完善的地方。所以,建立一套相应的反馈评估机制显得尤为重要。反馈评估机制不仅可以使各级政府部门对该法律效用有一定的认识,也会在很大程度上保证公民的参与,提升立法的透明度和参与度。这样,不仅能够提升各级法律的执行力度,更能提升各级政府部门的公信力。

从法治建设的角度来讲，关于城市居住社区体育用地供给的相关法律是我国法制化建设的阶段性成果，将这些理论成果付诸城市居住社区体育用地供给的实践中去，才是法治的目的。所以，随着城市化进程和多方利益的博弈，以及政府职能的转变、弱势群体问题的突出等，相关法律的优化整合势在必行。

（三）促进"第三方"监督与制衡机制的有序发展

如何保障划拨土地出于公共目的，其关键要有一种公共意见的表达和监督机制来保障，即是否为公共利益、公共目的而服务的。[①] 习近平总书记在党的二十大报告中对"坚持全面依法治国，推进法治中国建设"作出专题论述和专门部署，并将法治政府建设作为全面依法治国的重点任务和主体工程，对"扎实推进依法行政"作出重要部署、提出新的更高要求。习近平总书记还多次强调："依法治国、依法执政、依法行政是一个有机整体，关键在于党要坚持依法执政、各级政府要坚持依法行政。这就要求必须扎实推进依法行政，全面建设职能科学、权责法定、执法严明、公开公正、智能高效、廉洁诚信、人民满意的法治政府，使法治政府建设为建设法治国家、法治社会作出示范，发挥带动引领作用。""中华人民共和国公民在法律面前一律平等。"这一规定是行政程序法上公正原则的宪法依据。

全面贯彻依法治国基本方略，尊重和维护宪法和法律的权威，严格依法行政，严格依法设定、实施、清理、规范行政审批事项，并大力加强行政监督、民主监督、舆论监督。《宪法》第41条规定："中华人民共和国公民对于任何国家机关和国家工作人员，有提出批评和建议的权利；对于任何国家机关和国家工作人员的违法失职行为，有向有关国家机关提出申诉、控告或者检举的权利，但是不得捏造或者歪曲事实进行诬告陷害。"这一规定是行政程序法上参与原则和复审原则的宪法依据。

西方立宪主义的核心之一就是"正当程序条款"，对于权力的实现和

---

① 周建康：《论城市房屋拆迁制度的正当性缺失及补救》，《广西政法管理干部学院学报》2005年第1期，第91—94页。

保障来讲，程序问题确系其命脉之所在。① 正当程序要求有一个相对独立于利益群体之外的监督力量。德国著名社会学家哈贝马斯对公共领域问题做过经典的论断。他认为，整个社会分为"公共领域—私人领域—国家"，并明确提出："市民社会的核心机制是由非国家和非经济组织在自愿基础上组成的。"② 所谓的市民社会就是公共领域。这被认为是"第三方"的雏形。我国《社会团体登记条例》中有这样的规定：第三方是指不以营利为目的，旨在增进社会公共利益的社会团体和民办非企业单位。"第三方"在民主社会化进程中，有着一定的地位和作用。

在此背景下，城市居住社区体育用地供给程序中同样需要一个完善的、独立的监督体制来进行供给正当性的保障。

"第三方"可以看作是一个特定群体的组织，其聚集了相关利益的群体，更具有民间性，更贴近生活实际，也就更能代表民意，反映公众的最迫切的意愿。"第三方"监督，即"第三方"作为集体利益的代表者，在不依附于政府，也不依赖于市场的条件下，依据法律所赋予的合法权利，优化国家权力配置，参与政府管理，关注政府权力运行，对不足乃至违法的地方提出建议，遏制、抗衡、扭转奇异化的行为。③ 通过有效的途径和方法，建立有效的事先防范机制。"第三方"监督是社会主义法治社会前提下必须坚持的监督方式，也是构建和谐社会必不可少的要素。

根植人大，谋求发展。在程序正义理论体系中，主体双方要遵行对等的程序，而在裁决过程中，需要一个具有独立性的、专业的、公正的另一方。我国实行人民民主专政体制，人民是国家的主人，所以，在我国监督体系中，我国宪法明确规定，人民代表大会是国家最高权力监督机关和立法机关，代表人民对国家权力进行监督。从法理上讲，人民代表大会是最高监督机关，其独立性是最强的，监督效果也是最好的。"第三方"监督一定要以人大为依托和支撑，以国家政策为导向，谋求新的发展。缩放到居住社区体育用地上来讲，正当程序原则的最大意义在于

---

① 沈开举主编：《城市房屋拆迁法律规制研究》，中国检察出版社2009年版，第17页。

② ［德］哈贝马斯：《公共领域的结构转型》，曹卫东、王晓珏、刘北城、宋伟杰译，学林出版社1999年版，第29页。

③ 姚志远：《试论我国第三部门对政府权力的监督》，《经营管理者》2010年第16期，第56页。

制定相关法律、审议程序或城市规划、反馈和监督效果时，应由人大组成程序审议人员。这就要有人大代表积极正确地参与其中，并且需要一定领域内的专业人士和具有最直接利益关系的群体以及有偏见的人作为程序参与人，共同致力于城市居住社区体育用地供给。

完善内部组织结构。一个正规的"第三方"要有一个合理的组织机构和人员构成。完善的组织和合理的人员构成是有效监督的基础，将会对监督效果起到事半功倍的作用。所以，"第三方"要完善组织机构，人员合理化。以居住社区体育用地的划拨为例，居住社区体育用地的划拨关系到社区居民的切身利益，关系到社区居民的体育权利能否得到保障。社区的整体规划权在政府手里，"第三方"在监督政府决策时，其人员组成应包括以下几个方面：

市民代表 市民代表的参与是听证程序的一个完美体现。市民应包括城市居民和即将要入住在该社区的居民代表。体育用地的划拨和体育场地设施的建设程度会涉及他们的切身利益，直接影响到他们的体育权利能否实现，所以，社区居民代表的意愿是最基本的诉求，也是监督的首要考虑因素。

专家学者 政府对社区的规划并不能盲目地以追求经济利益来规划，而是要充分考虑到资源的充分利用和优化配置。政府部门内部的规划部门可能并没有专业性很强的学术研究人员，所以，领域内的学术研究者是必不可少的。专业人员可以从整体规划考虑来进行合理的布局，从而达到双赢的效果。

体育职能部门代表 体育工作部门代表有一定的专业性，对体育场地设施的建设有一定的指导作用。并且体育工作部门代表对一系列及时的政策有一定的敏感度，也会对社区的体育场地设施建设有一定的作用。

设计规划部门代表 同体育工作部门代表一样，建筑工作部门代表也是专业性非常强的。可以从建筑的角度给予政府决策有力的帮助，并代表了一定的上级决策意愿，具有一定的说服力。

城市居住社区体育用地"第三方"监督力量的发展基于我国社会领域变革之中，其作用也不仅仅体现在监督制衡方面。"第三方"的发展和建设离不开政策上的保障和支持，更离不开各级政府的关怀和帮助。在寻求发展的同时，更要注重自身的内部建设，逐步完善运行机制，使之有效地发挥职能。

五　结语

城市居住社区体育用地的正当性供给需要法律保障，并探寻一套完善、合理的程序。"程序正义"就是要保证过程的严谨、规范，实现结果的公正性。

目前城市居住社区体育用地供给程序大体包括以下几个环节：首先是用地性质的界定、相关法律法规的梳理；其次是行政规章及城市建设规划的细化；最后是贯彻执行、监督管理，以及验收反馈。但是，在具体环节上仍然受到一些相关因素的制约，程序失范现象依然存在。核心问题是缺乏操作层面的法规作为依据以及缺少健全有效的监督与制衡机制。

"第三方"监督力量的有序发展，归根结底是程序问题、法律问题；程序正义的缺失和程序核心价值的扭曲势必会影响法律的实效性；正确处理城市居住社区体育用地供给相关法律与程序问题将成为公民基本体育权利保障的主要方向和重要内容。

第 六 章

规制失灵：城市居住社区体育用地法规正当性缺失与补救

一 问题提出：体育用地供给失衡

开展体育活动需要空间、需要运动场地和设备器材。体育用地是体育场馆设施建设的基础，是开展体育运动、推进全民健身的重要物质条件。我国体育用地长期以来作为市政建设无偿划拨，用于建设突出竞技体育功能的大型场馆，许多城市以此为突出政绩的标志性建筑。目前，随着经济发展和城市化进程，一大批兴建于20世纪八九十年代的大型体育场馆多面临着发展窘境。囿于城市交通和体育场馆功能单一，不仅使之使用效率低，而且维修、水电、折旧、人工费用等必要开支都成为维持场馆运行的沉重负担，这种情况一定程度上制约了对稀缺土地资源的有效利用和体育事业的协调发展。

笔者曾作为唯一以体育界学者身份参加了"厦门市政府投资项目评审中心"召集的"厦门市体育中心更新改造规划研究"评估论证会，再一次感受到了对体育资源能否有效利用的困惑。

厦门市体育中心始建于20世纪80年代，功能定位是竞技体育，主要为厦门市体育工作队的训练和比赛服务。目前主体建筑破损、老化严重、道路沉降、排水不畅、停车位严重不足，不能满足举行大规模比赛、文艺演出和全民健身活动的需求；缺乏综合体育馆和田径训练场，无法承接除足球外的各类大型单项赛事；周边道路负荷趋于饱和，交通拥挤，已成为制约该体育建筑的发展"瓶颈"。因此，根据市政府提出的要求，秉持"体育中心改造要科学规划,坚持土地集约利用的原则",经由厦门市规划局委托厦门市城市规划设计研究院,根据"厦门城市公共体育设计布局规划",展开了对市体育中心更新改造的研究。

厦门市体育中心位于厦门市中心区域,南有湖滨路与筼筜湖濒临,北临体育路,接厦门海洋学院与狐尾山相连,西侧为湖滨东路,有电信大楼,东侧为育秀路,有蓝湾国际高层住宅区,东北侧为文化中心、工人文化宫,隔体育路相望,该中心用地面积209377平方米(3319亩),中心体育场主体结构较好,但内外装修和设施陈旧,各幢训练馆布局分散,利用率低。更新改造、盘活土地资源已提上议事日程。在论证会上有人提出设想,即将现体育中心向北合并海洋学院、连接狐尾山,南设跨路天桥或地下通道,直达筼筜湖水域,同时对现体育中心内部包括主体田径场在内的拆迁改造,可建成山水与体育场地设施为一体的以全民健身为主要功能的大型体育公园。

这里曾记载着厦门体育发展近40年的辉煌,寄托了厦门市民的希望与梦想,但是,今天我们面临着"大厦门"发展的构想,体育中心改造势在必行,不应该让稀有的土地资源闲置以至浪费,更不能成为城市发展的"鸡肋",这就需要集中广大市民的智慧和城市政府决策者的远见和气魄。

厦门体育中心改造对我国大中城市而言具有普遍性,其他城市不仅面临同样的问题,其总体"存量"也十分可观。因此,研究体育用地的内涵、分类、特性,提出在市场经济条件下,体育用地分类经营,在可能的条件下提高体育用地资产的社会价值和经济价值,以提高体育用地的实用性和使用效率具有现实意义和紧迫性。

二 体育用地性质及其分类

开展体育活动,需要空间、运动场地和设备器材作为支撑。适合群众健身、休闲、娱乐的群体设施已成为人民群众提高生活质量的要件之一。体育设施短缺与闲置并存,短缺是主要矛盾。城市大型豪华体育场馆重复建设,社区便民设施严重缺乏;城区体育场地资源供应相对紧缺,郊区县则相对冗余;体育设施结构不尽合理,部分资源未尽其能。其中,体育用地是体育场馆设施建设的基础,是开展体育运动推进全民健身的重要物质条件之一。

(一) 体育用地的界定

体育用地可以从广义和狭义来认识。狭义的体育用地是指,有固定设施、器材,可用于开展体育健身、教学、训练和比赛的特殊用地;广义的体育用地可概括地理解为进行体育活动的场地,即不仅仅包括狭义范围的特殊用地,还包括该体育场馆、设施商业辐射带动的周边区域用地。[①] 2005年11月,由国家体育总局主编,建设部、国土资源部批准并三个部门共同颁布的《城市社区体育设施建设用地指标》是狭义的;广义概念对促进区域经济发展有参考价值,而对于建筑领域的规划设计讨论意义不大。

根据国家原城乡建设环境保护部、建设部制定的《城市用地分类与规划建设用地标准》(GB137-90),采用大、中、小类三个层次的分类体系,将城市用地分为10大类、52中类、77小类。

10大类用地的名称和代号为:居住用地(R)、公共设施用地(C)、工业用地(M)、仓储用地(W)、对外交通用地(T)、道路广场用地(S)、市政公共设施用地(U)、绿地(G)、特殊用地(D)与水域和其他用途用地(E)。依据《土地利用现状分类》国家标准确定的土地利用现状分类,并严格按照管理需要和分类学的要求,对土地利用现状类型进行归纳和划分,从中确定"体育用地"的判定标准,即在"居住用地和公共设施用地"大类中,包含着小类和中类的"体育用地"。

(二) 体育用地的性质与分类

分类是我们认识体育用地性质的参照依据,有利于对相关法规展开准确的分析和梳理。

体育用地的分类,根据不同的研究领域或应用视角所选择的参照系有所不同,因此可采用多种分类标准,不同的分类可以让我们从不同角

---

① 王克强等:《论体育用地资产化运营与管理》,《中国土地科学》2010年第24卷第2期,第68—71页。

度认识体育用地的性质,大致有以下类别:

①功能分类:竞技体育用地、大众体育用地、学校体育用地;

②项目分类:不同运动项目的场馆用地,如篮球馆、田径场等等;

③区域分类:城市体育用地、农村体育用地;

④开发状态分类:已开发或正在开发的体育用地、潜在的体育用地(预留地);

⑤属性分类:公益性体育用地、经营性体育用地、准公益性体育用地;

⑥行政隶属关系分类:市级、区县级、镇街道(办事处)级、村居(委会)级;

⑦自然环境分类:绿地、公园、山林、水岸类体育用地;

⑧综合性分类:按照土地利用性质与作用的体育用地分类。

体育用地的分类应遵循综合性、独立性及实效性的原则,其用地应以功能独立和简便实用为讨论基点。那么,"居民住宅区体育用地"就不是一个单一的分类,其中交叉涵盖了几个类别,即按照土地利用性质与作用和功能界定的:是在"城市区域""居民住宅区"中的,处于"潜在"状态、"公益性"的"大众体育用地",因此,根据城市规划和设计有关规定应该列为"划拨用地"。[①] 这是在我们的主张中处于核心位置的主要观点,[②] 将作为专题讨论。

"公共设施用地"(Commercial Land Public Facilities)类中体育用地(C4)的分类,是在城市用地的公共设施类用地和土地利用现状相关分类的基础上进行归纳的。由于公共设施用地分类是一个系统庞大而复杂的体系,所以涉及的体育用地类别也比较多,大致有12类;包括:体育场馆用地;体育训练用地;市属行政办公配套体育用地;非市属行政办公配套体育用地;健身性商业体育用地;配套性旅游业体育用地;文化艺术团体配套体育用地;游乐场配套体育用地;医院配套体育用地;休疗

---

① 《中华人民共和国城市房地产管理法》(2007年8月30日修正),"土地使用权划拨,是指县级以上人民政府依法批准,在土地使用者缴纳补偿、安置等费用后将该幅土地交付其使用,或者将土地使用权无偿交付给土地使用者使用的行为。"(第二十三条)。

② 目前国家的有关规定中仅"公共设施类"的体育用地是"划拨用地"。

养院配套体育用地；教育科研类体育用地；社会福利院配套体育用地。其中，"体育场馆用地"和"体育训练用地"是公共设施用地分类中已有的两类用地，其余10类则是在其他公共设施用地的基础上延伸出来的，目前尚不包括"居住用地"类中的体育用地和"学校体育用地"。[①]

这是根据现状作出的描述性分类，显然有一部分内容有重叠与交叉，逻辑分类也欠合理，但是实用，说的是客观现实的存在形式。这一点有利于我们对现行规划建设的法规作出客观的判断和准确的把握。

（三）居住用地中体育用地的分类

当我们把"城市居住社区体育用地"这个议题聚焦于城市规划和建设操作层面时，"按照土地利用的分类标准"讨论体育用地分类的细化，才具有较强的针对性和适用性，其论域涉及城市建设规划方面现行的技术标准、技术规范等相关行业规定。就一般意义来讲，这些仍属于法律法规的范畴。

居住用地（Residential）类体育用地的分类，是依据城市用地分类的居住用地分类结合《土地利用现状分类》，亦即二级类的经营特点、利用方式和覆盖特征进行细分；涉及居住用地类的体育用地一共有5类，这5类说明了不同居住用地类型中涉及的各种体育用地的存在形式。

（1）住宅公建配套体育用地

住宅公建配套体育用地是指用于商品房开发的住宅类用地中配套的用于建设大众健身器材的配套性用地，其性质仍是住宅用地，是用于体育项目开发的住宅用地，占地面积较小，主要是为小区居民休闲健身之用。所以，目前它还不是专门划分出来的一种独立形式的体育用地，只是"居住小区及以下主要公共设施和服务设施"中的"文化体育设施"。[②]

（2）公共服务设施配套体育用地

公共服务设施配套体育用地是指为居民服务且独立占地的配套居民

[①] 中华人民共和国原城乡建设环境保护部、建设部：《城市用地分类与规划建设用地标准》（GBJ137-90）（2011年重新修订），1990年7月2日。

[②] 中华人民共和国住房和城乡建设部：《城市用地分类与规划建设用地标准》（GB50137-2011），2010年12月24日。

健身体育用地，主要用途是满足小区及社区居民的休闲健身之用，带有一定的公益性，其占地面积虽然不大，但这是一种专门划分出来的独立的体育用地形式。

（3）绿地配套体育用地

绿地配套体育用地是指低层住宅、中高层住宅、多中高层住宅为主的"小区及小区级"以下的、集中或分散地建于绿地中供居民休憩的体育用地，开发的体育设施较为简易且占地面积小。

（4）商住混合用地配套体育用地

商住混合用地配套体育用地是指住宅与商业、办公等建筑混合的用地，且住宅建筑面积大于其他建筑面积的用地上的用于商务人士的配套体育用地，此类用地大部分设置在商住混合用地的写字楼或宾馆内，是非公益性的体育用地。

（5）中小学及幼儿园配套体育用地

中小学及幼儿园配套体育用地是指"居住区级"以下的教育设施用地，如幼儿园、小学、中学等用地中用于体育教学和开展青少年体育活动的用地。此类用地属于中小学用地，具有一定的排他性，即专为中小学在读学生设置和服务。

当我们把"城市居住社区体育用地"这个议题聚焦于城市规划和建设操作层面时，"按照土地利用的分类标准"讨论体育用地分类细化，才具有较强的针对性和适用性，其论域涉及城市建设规划方面现行的《技术标准》《技术规范》《实施细则》等相关行业规定。

三 城市居住社区体育用地法规梳理

关于城市居住社区体育场地设施建设涉及的问题十分复杂，其关键的核心问题是体育用地有效供给；没有土地怎么建、在哪儿建？至于建什么、怎么建仅仅是技术问题。当务之急是厘清纠缠不清的现行法律法规体系；其中包括五部法律，以及建设规划、土地管理、体育发展的行政法规和一批部门规章、实施细则等，都涉及城市社区体育用地的相应规定。这些法律法规牵扯到多方利益和不同层级、不同部门的职责，所以，不同的法规规章均以各自职责侧重提出相关法条和规定。因此，不可避免地出现与法制精神、与法理,以及与不同位阶、与同一位阶规定不一致和值得商榷之处。

面对这么一个庞杂的法律法规体系,必须根据《宪法》和《立法法》的法治精神、基本原则梳理这些法律法规间的相互关系,以寻找问题的症结所在。

(一)《宪法》与我国现行法的渊源

1982年《宪法》对我国立法体制进行了改革,全国人大组织法、地方组织法对立法权限的划分、立法程序、法律解释等问题也作了基本规定,自实施以来至今,虽然历经了四次修改,但是,在实际工作中仍存在着诸如法规、规章规定的内容超越了权限,法规、规章的规定同法律相抵触或者法规之间、规章之间、法规与规章之间存在着相互矛盾、冲突的现象,规章存在着不从国家整体利益考虑而为部门、地方争局部利益的倾向等问题。2013年2月23日,习近平在十八届中央政治局第四次集体学习时指出,"全面推进科学立法、严格执法、公正司法、全民守法,坚持依法治国、依法执政、依法行政共同推进,坚持法治国家、法治政府、法治社会一体建设,不断开创依法治国新局面"[1],政府必须依法行政妥善处理各方面的利益关系,因此规范立法有着现实的需要。

宪法作为国家根本法,"全国各族人民、一切国家机关和武装力量、各政党和各社会团体、各企事业组织,都必须以宪法为根本的活动准则","……都必须遵守宪法和法律";[2] "任何组织或者个人都不得有超越宪法和法律的特权",[3] 一切违反宪法的行为,必须予以追究,使其承担违宪责任。并且,"一切法律、行政法规和地方性法规都不得同宪法相抵触",宪法具有母法作用,对普通法律的制定具有指导、统摄作用,普通法律的价值取向必须与宪法相一致,与宪法相抵触的一切法律、法规自然无效。

---

[1] 中共中央文献研究室编:《习近平关于全面依法治国论述摘编》,中央文献出版社2015年版。

[2] 《中华人民共和国宪法》序言。

[3] 《中华人民共和国宪法》第五条。

我国现行法的法源是制定法。《立法法》就是制定法的法源。该法共计六章九十四条中有三章七十一条规范法律、行政法规、地方性法规、自治条例和单行条例及规章的立法权限、立法程序及法律解释等法的创制和表现形式——法的渊源；表现在几个方面：①明确立法主体，是指依据宪法、法律关于立法的有关规定行使立法权的国家机关。②规定法律的效力层次和权限范围，根据宪法、立法法的规定，《宪法》具有最高的法律效力，其后依次是法律、行政法规、地方性法规、自治条例和单行条例、规章。③理顺立法体制，即立法权配置的组织制度，其核心是立法权限的划分问题。④确定立法职权和程序，即立法主体在法律的规制下，运用技术，制定、认可和变动法。[1]

本书研究除5部法律外涉及更多的是行政法规和部门规章，而往往问题出现较多的是不同部门规章相关规定的不一致。国务院根据宪法和法律，制定行政法规，根据宪法和法律，规定行政措施，制定行政法规，发布决定和命令。行政法规是最高国家行政机关即国务院根据并且为实施宪法和法律而制定的关于国家行政管理活动方面的规范性文件，它是我国重要的一种法的渊源。

行政法规的法律效力次于宪法和法律，它是国家通过行政机关行使权实行国家行政管理的一种重要形式。根据1987年4月21日国务院批准、国务院办公厅发布的《行政法规制定程序暂行条例》第3条的规定，行政法规的名称为条例、规定和办法。对某一方面的行政工作做比较全面、系统的规定，称"条例"；对某一方面的行政工作做部分的规定，称"规定"；对某一项行政工作做比较具体的规定，称"办法"。国务院各部门和地方人民政府制定的规章不得称"条例"。如，《全民健身条例》《公共文化体育设施条例》等是对全民健身事业和文化体育设施做了比较全面、系统的规定。

（二）《立法法》基本原则的理解与把握

《立法法》以法律、行政法规、地方性法规、自治条例和单行条例、行政规章这些成文法的渊源为枢纽来规制中国立法，为人们把握现时期

---

[1] 周旺生：《立法学》（第二版），法律出版社2000年版，第80页。

中国立法的大局提供了清楚的线索;《立法法》界定了中央与地方、权力机关与政府之间的立法权限范围以及它们之间的相互关系,确定了以法律为主导的各种法的渊源的立法程序,为中国立法的健康有效的发展提供了硬环境。

原则上,根据《立法法》的规定,宪法具有最高的法律效力,一切法律、行政法规、地方性法规、自治条例和单行条例、规章都不得同宪法相抵触;法律的效力高于行政法规、地方性法规、规章;行政法规的效力高于地方性法规、规章;地方性法规的效力高于本级和下级地方政府规章;省、自治区的人民政府制定的规章的效力高于本行政区域内的较大的市人民政府制定的规章。

但是,在体育用地供给问题上,实际情况要复杂得多,并不仅仅是法律层级效力能够梳理得清的。美国学者尼尔·K.考萨摩认为,在人数众多、复杂性高的情况下,面对土地使用决策上的压力的土地纠纷应该由政治过程来解决;而解决过程中,推动法院更多地介入到对政治解决方案的评价中,以实现对公众许诺的对重要权利的保护。[①] 作为命令性政治体制,权力部门的法令(权力与义务的实施途径)与政府职能部门的政令(行政行为的实施途径)处于整个公民权利保障实现的第一步,这也是法的发展成熟阶段的表现。

因此,《立法法》第 71 条将"部门规章"作为一个层次用法律形式加以确认,部门规章规定的事项属于执行法律或者国务院的行政法规、决定、命令的事项,其意义是明确了法律、法规和部门规章的位阶关系,为本书梳理和研究庞杂的法律法规以及提出专项立法或具体规则提供了法律依据。但是,目前我们面临着立法主体确认的新问题,即国家体育总局是否有适合的制定部门规章的主体资格;根据《立法法》第 9 条关于授权立法的规定,应由文化部协同住建部制定城市居住区体育用地标准的规章。

---

① [美]尼尔·K.考萨摩:《法律的限度——法治、权利的供给与需求》,申卫星、王琦译,商务印书馆 2007 年版,第 55—57 页。

(三) 体育用地相关法规的层级效力探析[①]

法律在很大程度上是国家为了有意识地达到某个特定目的而制定的。法律的目的是平衡个人利益与社会利益，实现利己主义与利他主义的结合。《立法法》规定了立法的政治原则、法治原则、民主原则和方法原则，从而为规范整个立法程序提出了明确的要求，主要作用就是规范法律、法规间的不一致等问题。法律位阶是法理学的基本层次构建要素，也是《立法法》所确立的"上位法优于下位法"适用规则的理论基础和逻辑起点。[②] 我们梳理复杂法律关系的一个重要概念和依据就是法律间的层级关系——位阶。

从法理上而言，所谓法律位阶是指在统一的法律体系内，确定不同类别规范性法律文件之间的效力等级与适用顺序的制度。这一制度的确立，有利于明确不同类型的法律渊源之间在调整事项上的权限范围，从而保证法律体系内部的和谐与统一。可以认为，厘清城市社区体育用地法规间的相互关系，以"立法主体地位的高低"、"立法程序的限制多少"以及"利益的层次与范围"问题为讨论基点都难以作出合法合理的解释，因为这些观点并非学理化的、普适化的法律位阶划分标准。实际上，如果将法律位阶涉及的法律渊源定位在一国制定法的层面之上，[③] 那么，法律位阶成立的基础主要就是立法主体权力之间的纵向、同质关系以及立法内容上的相互包容，大致涵盖了"权力的等级性""事项的包容性""权力的同质性"三个问题。

权力的等级性 法律位阶确定的根据首先在于权力的等级性问题。也就是说，对于一个主权国家而言，要使权力成为规制社会关系与社会秩序的手段，必然要求在权力的架构上形成一个井然有序的层级结构；由于权力的大小，而使得不同类别的法律文件居于与其权限相称的位置之上。有学者径直将法律渊源定义为"实在法的识别标

---

① 胡玉鸿：《试论法律位阶划分的标准——兼及行政法规与地方性法规之间的位阶问题》，《中国法学》2004 年第 3 期，第 22—31 页。

② 周旺生：《立法学》（第二版），法律出版社 2000 年版，第 22—80 页。

③ 胡玉鸿、吴萍：《试论法律位阶制度的适用对象》，《华东政法学院学报》2003 年第 1 期，第 38—45 页。

志",是众多法律规范之中的秩序因素。[①] 实质上,对于制定法而言,国家权力依存的正当性、合法性也就是创制该法律文件的机关权力的正当性和合法性。

立法程序的启动必须先从立法权限开始。"权限"本身就包含着"权力"与"限度"两个方面的内容。从"权力"的角度而言,它意味着创制规范性法律文件必须有合法的权力依据,否则即属越权立法;从"限度"的角度而言,它有利于厘清不同机关创制的规范性法律文件在内容、范围上的差异,保证一个国家范围内,综合性、层级性的法律文件结构的建立。为此,从纵向立法过程所区分的权力关系可从三方面考虑。

第一,人民的权力高于所有国家机关的权力,因而宪法高于其他所有规范性法律文件。在立法问题上,正因为宪法体现了"人民主权"的性质,因而,宪法的效力居于各种位阶的法律文件之上,并成为判定其他一切法律规范是否合宪的基本依据。按宪法原理的合理推论,人民权力高于所有国家机关的权力,因而宪法是人民的最高意志,高于其他所有规范性法律文件;法律依据宪法而制定,是宪法原则的具体化,服从法律也即是服从宪法;法律的效力高于地方性法规,行政法规的效力高于地方规章。

第二,立法权高于其他类型的国家权力,法律高于一切法规、规章或其他规范性法律文件。国家权力可以大致区分为三种形态,即立法权、行政权与司法权。从宪法原理而言,立法权并非与行政权、司法权居于同一个层次,而是属于国家的最高权力。

立法权高于其他权力的事实,也就意味着其他机关所制定的规范性法律文件在法律位阶的排列中必须居于法律之下,它们要么被认为是源于法律的授权而制定,要么被视为对法律内容的补充与细化。因而,立法机关制定的法律,就成为宪法之下、众法之上的第二位阶顺序的法律文件。

第三,中央权力高于地方权力,因而中央一级的规范性法律文件高于地方的规范性法律文件。"中央和地方的国家机构职权的划分,遵循在

[①] [德]哈特穆特·毛雷尔:《行政法学总论》,高家伟译,法律出版社2000年版,第55页。

中央的统一领导下，充分发挥地方的主动性、积极性的原则"①。根据《宪法》及《立法法》的规定，在立法权限的纵向分配上，省级人大及较大的市的人大拥有地方性法规的制定权、省级人民政府及较大的市的人民政府拥有地方规章制定权；民族自治地方的人大拥有自治条例和单行条例的制定权。根据《立法法》的规定精神，地方的立法权限分属于两个不同的权力来源：一是授予性权力，即根据授权，作为地方单位为保证中央一级规范性法律文件的执行而制定实施性法规的权力；二是职权性权力，即作为地方管理单位，对于地方性事务可以自主地进行规范性法律文件的创制。

总之，权力的等级性造就了分得不同权力的国家机关在立法权限上的差异，由此相关的法律文件也就形成不同的位阶序列。关于城市社区体育用地划拨，本书研究了部分特大城市、大城市的相关立法和法规，虽然尚未讨论中央与地方具体的位阶关系，但是，为下一步展开地方法规制定有积极的借鉴意义。

事项的包容性　所谓事项的包容性，是指两部存在着上、下位阶关系的规范性法律文件之间，下位法所规定的内容已为上位法的内容所包容，下位法只是依照上位法确定的框架来进行具体与细化的工作。例如为老百姓提供必需的健身锻炼的体育场地设施的法律相关内容，均可以在宪法中找到相应的根据，如此才可断定其合宪性及正当性；同理，城市规划、土地利用、体育健身的法规为实施各自上位法律而制定，其所拟事项根据宪法规定和国家权力分配原则也不能超出各自法律所涵盖的范围。亦即，"当且仅当一个法律是另一个法律存在的条件，或者一个法律严重影响着另一个法律的意义和适用时，我们才说两个法律之间存在着一种内部关系"②。"一个法律只有与上位阶法协调一致的时候才是有效的，换句话说，一个法律只有找到上位阶法律来源时，它才是合法的。"③实际上就是在"权力的等级性"之外，划定法律位阶的又一基本依

---

① 《中华人民共和国宪法》第3条第4款。

② ［英］约瑟夫·拉兹：《法律体系的概念》，吴玉章译，中国法制出版社2003年版，第29页。

③ 周永坤：《法理学——全球视野》，法律出版社2004年版，第108页。

据——"事项的包容性"。

根据"事项的包容性"原理,可以逻辑地派生出两条关于法律位阶划分的基本规则:

第一,如果后一类规范性法律文件规定的事项业已为前一类规范性法律文件的事项所包容,则两者具有上下位阶的关系。这主要发生在"授权立法"[①]的情形中,即层级之间将其立法权限委托给行政机关或地方机关行使。具体地说,即它发生在国家法律意欲规范的某一个管理领域下传递的意志必须具有同一性,要求传送的信息必须明确、清晰,使接受信息者可以清楚地知道所要制定的法律文件的主要内容及基本框架,也称"可理解原则"。在这个领域中,先由全国人大或者全国人大常委会根据宪法的原则、精神来确定法律的内容,再由国务院制定实施细则或类似规定,最后通过行政规章进一步细化。一般分权内的立法基本属于事项包容关系。还有一种情况在《立法法》得到承认,即"经济特区所在地的省、市的人民代表大会及其常务委员会根据全国人民代表大会的授权决定,制定法规,在经济特区范围内实施"。这是学理上叫做"授权法"法律。如,厦门作为经济特区、计划单列市,具有"授权立法"权,用以规制区域内城市经济、社会发展遇到的特殊问题,这个"授权立法"具有法律试验田的作用。

在体育用地供给问题上,相比较法律法规体系而言,规划领域的比体育领域的要严谨、可操作性更强;《体育法》和相关法规层级高,但是还未建立起相应配套的规章、细则、技术标准。得出这一印象可以是一个顺推的过程,即通过上级机关对下级机关权力的层层传递,保证法律内容的明确、具体;同时也可以是一个逆推的过程,在这其中,规章是否与行政法规相符,行政法规是否与法律相符,都可以按逆推的方式进行层层检验。

第二,当后一类规范性法律文件规定的事项为前一类规范性法律文件规定的事项所不能涵盖时,那么两者即不具有位阶关系。因为从法律位阶所追求的"立法有据"的目标而言,其预设的前提就是下位阶的规

[①] 在此是一种从广义的角度上使用,既包括法律对行政法规、地方性法规的授权,也包括行政法规对部门规章、地方性法规对地方规章的授权问题。

范性法律文件所应当确定的内容,在上位阶的规范性法律文件中都可以找到明确的或者是原则性的规定,从而才可能以前一类规范性法律文件为依据,制定相应的实施性法律文件。这也就是说,越是处于上位的规范性法律文件,其对社会事务容纳的量就更大,抽象程度就越高;越是处于下位的规范性法律文件,其对社会事务的容纳量就越小,抽象性程度也就越低。

权力的同质性 所谓权力的同质性,是指两个或两个以上权力主体所拥有的权力在性质上归属于同一类型,例如均属于立法权或行政权或司法权,或者同一行政职能部门的权力或不同部门间相似权力的行使。城市体育用地有效供给就涉及住建部和国土资源部的相似同质权力之间的协调,但是并不构成位阶关系。在法律位阶制度中,"上级"能够高于"下级",并不仅因为其在地位上拥有更高的政治地位,同时还以权力之间的同质性为基础。

权力的"同质"与"异质"之分与权力分工的宗旨及制度有着密切的联系,其结果又使权力形成三种不同的特性:(1)权力专属性。其含义是指权力分工的结果是使某一类型的权力归特定国家机关掌握,其他国家机关不得行使该种权力。(2)权力专业性。在权力分工的体制下,特定的国家机构所分得的是处理某一专业事务的权力,因而也就是专业性职能的获得。(3)权力确定性。在分权的体制下,必须把各部分设计得使它们的工作目标不能完全相同。① 分工的明确化是国家管理高效的基础,因而,在权力分工体制下,每一个部门其权力的范围、形式、手段等,都应当在法律中有明确的界定。

正是由于这种权力分工的专属性、专业性、确定性,特定机构所面对的是事关本部门职能范围的具体性专业问题,并能够逐步积累起带有"行业"性质的管理方法与管理经验,保证其权力不致为其他机关所僭越。

综合上述,权力的等级性、事项的包容性、权力的同质性是识别权力性质、区分权力差异、正当行使权力的辨析方法,也是我们讨论城市

---

① [美]P. C. 奥德舒克:《立宪原则的比较研究》,程洁译,载刘军宁等编《市场社会与公共秩序》,生活·读书·新知三联书店1996年版,第116页。

居住社区体育用地供给庞杂的法律关系的法理依据。

（四）城市居住社区体育用地相关法律法规梳理

经查阅与城市居住社区配套体育用地有关的法律、法规、规章以及专业标准、技术规范等有四个层级的十余部法律法规类的文字资料。如果仅用法律位阶梳理这些文件显然是不够的。因为这些文件根据职能分权，大致可区分为3—4个领域的法律规范，因此不具同质性，可以说，纵向的隶属关系似乎更为泾渭分明。为了便于讨论，以下暂且以效力层级归纳和梳理这些相关法规文件。

1. 全国人大常委会层级的相关立法

全国人大常委会层级的立法有五部，其中直接以《宪法》为上位法的有三部：《中华人民共和国体育法》《中华人民共和国土地管理法》《中华人民共和国物权法》，以及《中华人民共和国城乡规划法》和《中华人民共和国城市房地产管理法》。

《中华人民共和国体育法》[①]

体育是基本人权，也是我国公民的基本权利。《体育法》是我国第一部最高位阶的体育法律，是体育工作的母法，新修订的《体育法》第一条即阐明我国制定该法的目的和法律层级，即"为了促进体育事业，弘扬中华体育精神，培育中华体育文化，发展体育运动，增强人民体质，根据宪法，制定本法"。

关于开展全民健身并加强管理，第五条确认了公民的体育权利，明确"国家依法保障公民平等参与体育活动的权利，对未成年人、妇女、老年人、残疾人等参加体育活动的权利给予特别保障"。第十六条明确"国家实施全民健身战略，构建全民健身公共服务体系，鼓励和支持公民参加健身活动，促进全民健身与全民健康深度融合"。同时要求，"地方各级人民政府和有关部门应当为全民健身活动提供必要的条件，支持、保障全民健身活动的开展（第二十条）"。"必要的条件"中包括为老百

[①] 《中华人民共和国体育法》1995年8月29日第八届全国人民代表大会常务委员会第十五次会议通过。目前，《中华人民共和国体育法》已经全面修订，2022年6月22日全国人大常委会审议通过，2023年1月1日起施行。

姓建身边场地，因此规定"县级以上地方人民政府应当按照国家有关规定，根据本行政区域经济社会发展水平、人口结构、环境条件以及体育事业发展需要，统筹兼顾，优化配置各级各类体育场地设施，优先保障全民健身体育场地设施的建设和配置。县级以上地方人民政府应当将本行政区域内公共体育场地设施的建设纳入国民经济和社会发展规划、国土空间规划，未经法定程序不得变更。新建、改建、扩建居住社区，应当按照国家有关规定，同步规划、设计、建设用于居民日常健身的配套体育场地设施（第八十一条至第八十三条）"。

这里有两点必须明确：其一，"居住区"与"企业、学校、街道"并列提出，显然是泛指的概念——居民住宅区、居住社区，而非规划建筑设计领域限定规模的"居住区"；其二，"体育设施"，而不是泛指的"文化体育设施"。这是我们展开对《城市用地分类与规划建设用地标准》《公共文化体育设施条例》讨论时的重要法理依据。

《体育法》的层级虽高，但是涉及面广，大多数的条款是倡导性质的，加之缺乏下位法的配套和完善，其约束力十分有限。对此，我国体育法学界已有一定量的研究。

《中华人民共和国土地管理法》

《中华人民共和国土地管理法》（以下简称《土地管理法》）其上位法是《宪法》，是我国最高位阶的关于土地使用与管理的法律。

众所周知，土地是我国十分宝贵的稀有资源，社会矛盾、历史变革、林林总总的纷扰与争端几乎都和土地分配与使用有着极密切的关系；特别是改革开放 40 余年来，随着我国工业化的进程，城市不断扩张，土地不足的矛盾几近激化。依法管理土地意义重大。

因此，《土地管理法》第一条即开宗明义："为了加强土地管理，维护土地的社会主义公有制，保护、开发土地资源，合理利用土地，切实保护耕地，促进社会经济的可持续发展，根据宪法，制定本法。国家依法实行国有土地有偿使用制度。但是，国家在法律规定的范围内划拨国有土地使用权的除外。"其中明确两点：我国土地实行公有制，制定本法的上位法是《宪法》；根据社会主义市场经济发展到今天的客观现实，土地实行有偿使用，但是也有例外。

本书研究的"居住社区体育用地"的性质目前并不明确，相关法规缺乏有效的约束力,据此条款,完善相关法规并做进一步的细化是必要的。对此,第五十四条做了进一步规定:"建设单位使用国有土地,应当以出让等有偿使用方式取得;但是,下列建设用地,经县级以上人民政府依法批准,可以以划拨方式取得:……(二)城市基础设施用地和公益事业用地;……(四)法律、行政法规规定的其他用地。"

就是说,我们必须依据此条款,先把"居住社区体育用地"明确为"公益事业用地"并列为"法律、行政法规规定的其他用地"之中,以寻找法源和法理的支撑,确定法律保障的合理性,才有可能"经县级以上人民政府依法批准",贯彻执行。

《中华人民共和国物权法》

制定《物权法》的目的是"为了维护国家基本经济制度,维护社会主义市场经济秩序,明确物的归属,发挥物的效用,保护权利人的物权,根据宪法,制定本法(第一条)"。"因物的归属和利用而产生的民事关系,适用本法。本法所称物,包括不动产和动产。法律规定权利作为物权客体的,依照其规定。本法所称物权,是指权利人依法对特定的物享有直接支配和排他的权利,包括所有权、用益物权和担保物权(第二条)"。

直接与居住社区体育场地设施有关的是"业主的建筑物区分所有权(第六章)";"业主对建筑物专有部分以外的共有部分,享有权利,承担义务;不得放弃权利不履行义务(第七十二条)"。"建筑区划内的道路,属于业主共有,但属于城镇公共道路的除外。建筑区划内的绿地,属于业主共有,但属于城镇公共绿地或者明示属于个人的除外。建筑区划内的其他公共场所、公用设施和物业服务用房,属于业主共有(第七十三条)"。

《物权法》明确了对业已客观存在的"物"适用本法;对应该得到的"物"却没有得到的"物"的物权没有规定。那么,因为没有"物"的物权就不存在、就不予保护了吗?其实这是更大的侵权行为。许多城市居住小区没有按有关规定配套建设体育场地设施(哪怕是公建配套),业主的权益保护《物权法》就无所作为了吗?可以认为,完善的、完整意义的"物"的权益保障,对此应该有明确的界定。这是该法对本书研究的启示和实际价值及意义之所在。

《中华人民共和国城乡规划法》

《城乡规划法》是一部规范政府城乡规划行为的法律，它规定了各级政府的规划责任，对规划行政主管部门依法行政提出了要求；《城乡规划法》也是一部规范建设活动的法律，它对建设活动从立项审批、土地出让到施工建设各个过程如何符合规划要求进行了规定，要求建设单位依法接受规划管理；《城乡规划法》同样还是一部与老百姓生活息息相关的法律，它对于我们依法维护自己的空间权利，解决实践中普遍存在的房地产开发商任意改变规划，擅自增加容积率，减少公共用地面积等问题有着重要的法律意义。[①]

此前，《中华人民共和国城市规划法》（1989年12月）对所有的城市征地拆迁、划拨土地、规划建设都以此为依据。但是，受制于计划经济传统的思维模式和当时特定的政治背景，经济发展规模，住宅改革等特定条件，该法已经难以适应今天城市发展的实际情况，表现在以下几个方面：偏重于授予行政机关规划的权力，忽视权力的监督和责任；偏重于管理方便而忽视公民权益的保障；偏重于实体性规定，忽视正当程序保障。同时，重视量的积累，忽略质的要求；重"硬"的建设，而对文化、生活环境"软"的条件考虑不足。

现制定《城乡规划法》是"为了加强城乡规划管理，协调城乡空间布局，改善人居环境，促进城乡经济社会全面协调可持续发展（第一条）"；并"……应当作为城市总体规划、镇总体规划的强制性内容（第十七条）"。即针对城乡规划环节提出有约束力、强制性的规范，因此，应该是城市规划设计和审批环节的主要依据之一。这对我们研究相关法规的贯彻实施有参考价值。

关于居住社区体育用地的保护和设施建设的相关规定是："公共服务设施的用地以及其他需要依法保护的用地，禁止擅自改变用途（第三十五条）"。以及"城市新区的开发和建设，应当合理确定建设规模和时序，充分利用现有市政基础设施和公共服务设施，严格保护自然资源和生态环境，体现地方特色（第三十条）"。

---

① 本书编写组编著：《城乡规划法要点解答》，法律出版社2007年版，第1—2页。

居住社区规划和建设必须足额配套体育用地并不得擅自改变用途，体育设施建设规划的项目选择和规模也不能搞一刀切，应该体现出城市地方特色，符合当地风俗和传统文化；即以民情为基础，以民意为旨归，体现个性化和多样化。我国幅员辽阔，多种文化交织并存，694座城市东西南北中，如何搞好服务于大众的、表现地方风土人情和文化特点的体育设施建设的的确确是一个值得思考的问题，这有利于我国文化多样性的传承，又能满足人民大众的不同需求以体现体育的社会价值。

《中华人民共和国城市房地产管理法》

《房地产管理法》对本书的指导意义在于对体育用地的获得和使用的讨论。

土地属于国家，"获得"的只是"土地使用权"，对此，有两种形式并用两个关键词加以区分："划拨"和"出让"。

"土地使用权划拨，是指县级以上人民政府依法批准，在土地使用者缴纳补偿、安置等费用后将该幅土地交付其使用，或者将土地使用权无偿交付给土地使用者使用的行为（第二十三条）"。另外，"依照本法规定以划拨方式取得土地使用权的，除法律、行政法规另有规定外，没有使用期限的限制（第二十四条）"。另一种形式即"土地使用权出让，是指国家将国有土地使用权（以下简称土地使用权）在一定年限内出让给土地使用者，由土地使用者向国家支付土地使用权出让金的行为（第八条）"。二者性质的根本差别在于土地的有偿使用和无偿使用，支付"土地使用权出让金"即购买土地使用权行为。

我们主张：城市居住社区体育用地的性质是"公益性"的，应该列为"公益事业用地"，至少相当于此的"公共配套设施用地"，并以"法律、行政法规规定的其他用地"加以确认。因此，应"无偿划拨用地"。依据本法之规定，"县级以上人民政府有权依法划拨（第二十三条）"；且依据第二十四条规定之精神，城市居住社区体育用地随着该居住社区使用期限到期而同时结束。

2. 国务院及职能部委层级的相关行政法规

行政法规的法律效力次于宪法和法律，它是国家通过行政机关行使权实行国家行政管理的一种重要形式。根据1987年4月21日国务院批准、国务院办公厅发布的《行政法规制定程序暂行条例》第 3 条的规定，行政法规的名称为条例、规定和办法。对某一方面的行政工作做比较全面、系统的规定，称"条例"；对某一方面的行政工作做部分的规定，称"规定"；对某一项行政工作做比较具体的规定，称"办法"。国务院各部门和地方人民政府制定的规章不得称"条例"。如，《公共文化体育设施条例》《全民健身条例》；《全民健身计划（2021—2025 年）》是国务院对全民健身事业做的比较全面、系统的规定，《中共中央国务院关于进一步加强和改进新时期体育工作的意见》是已颁布的关于体育工作较全面的指导性意见。

《公共文化体育设施条例》

《公共文化体育设施条例》内容包括：总则、规划和建设、使用和服务、管理和保护、法律责任、附则，共计六章、三十四条。当对《条例》的具体规定和条款做逐一分析后，不难看出，其中涉及"文化、体育、城乡规划、建设、土地等有关行政主管部门（第二十八条）"，以及这几个部门在"公共文化体育设施"规划建设中，所侧重的职权和管理工作范围的界定，并与各自职责相关的各项法律法规。致使《公共文化体育设施条例》处于文化、体育、土地利用、城市规划、建筑等上位法以下，以及设施建设标准、技术规范等下位法以上的、起到承上启下中间环节连接作用的行政法规；体现了既要贯彻上位法的法制精神，又要对下位法加以规范、指导和约束。因此，可以说明这部法规的位阶、作用、性质和重要性。

《公共文化体育设施条例》第一条即开宗明义，"为了促进公共文化体育设施的建设，加强对公共文化体育设施的管理和保护，充分发挥公共文化体育设施的功能，繁荣文化体育事业，满足人民群众开展文化体育活动的基本需求，制定本条例"，直接明确了制定《条例》的目的。

接着，对具体所指做了必要的界定："本条例所称公共文化体育设施，是指由各级人民政府举办或者社会力量举办的，向公众开放用于开展文化体育活动的公益性的图书馆、博物馆、纪念馆、美术馆、文化馆（站）、体育场（馆）、青少年宫、工人文化宫等的建筑物、场地和设备。（第二条）"对此条款可以解读为：公共文化体育设施建设主体是"政府"但不排除"社会力量",定性为"公益性"的、以"向公众开放"为主要形式。

仔细推敲,这里有一个令人困惑和值得商榷的问题,即对"公共文化体育设施"概念的认知和理解。

"国家有计划地建设公共文化体育设施。对少数民族地区、边远贫困地区和农村地区的公共文化体育设施的建设予以扶持。(第四条)"其核心是"予以扶持"和所指对象:主要是对以"地区"为侧重的、社会弱势群体的"扶持";故领会其基本精神与合理内核,在制定城市规划建设的法规中,应该将此条款细化为"市政府有计划地建设公共文化体育设施。对保障性住房和农民工、外来打工者集中居住社区公共文化体育设施建设予以扶持"。该条款很有借鉴意义!

并且,"各级人民政府举办的公共文化体育设施的建设、维修、管理资金,应当列入本级人民政府基本建设投资计划和财政预算(第五条)"。不仅如此,"国务院发展和改革行政主管部门应当会同国务院文化行政主管部门、体育行政主管部门,将全国公共文化体育设施的建设纳入国民经济和社会发展计划。县级以上地方人民政府应当将本行政区域内的公共文化体育设施的建设纳入当地国民经济和社会发展计划(第九条)"。其"公共文化体育设施的数量、种类、规模以及布局,应当根据国民经济和社会发展水平、人口结构、环境条件以及文化体育事业发展的需要,统筹兼顾,优化配置,并符合国家关于城乡公共文化体育设施用地定额指标的规定。公共文化体育设施用地定额指标,由国务院土地行政主管部门、建设行政主管部门分别会同国务院文化行政主管部门、体育行政主管部门制定(第十条)"。对此,2005年11月,由国家体育总局主编,建设部、国土资源部批准并三个部委共同颁布了《城市社区体育设施建设用地指标》。这是一个体育专业性很强的法规,其意义仅在于针对某一体育项目用地作出具体规定,即对体育场地设施规划建设有技术性的指导作用。而对于"公共文化体育设施用地定额指标",特别是提出有参考价值的、可量化的"定额"则尚需要经过科学的论证。这一点,也正是本书试图制定"城市居住社区体育设施用地定额指标"亟待攻克的难点之一。

"建设公共文化体育设施使用国有土地的,经依法批准可以以划拨方式取得(第十三条)"。以及"公共文化体育设施的建设预留地,由县级以上地方人民政府土地行政主管部门、城乡规划行政主管部门按照国家有关用地定额指标,纳入土地利用总体规划和城乡规划,并依照法定程序审批。任何单位或者个人不得侵占公共文化体育设施建设预留地或者改变其用途(第十四条)"。这两项条款是对《土地管理法》第一条、第五十四条和《城乡规划法》第三十五条、第三十条规定的具体化。据此可以引申理解为,如果居住社区不能及时建设体育设施的,那么,应该按有关定额预留"建设用地",且"任何单位或者个人不得侵占或者改变其用途"。

为实现社会公平,解决老百姓健身场地不足的问题,《条例》有针对性地提出"新建、改建、扩建居民住宅区,应当按照国家有关规定规划和建设相应的文化体育设施。居民住宅区配套建设的文化体育设施,应当与居民住宅区的主体工程同时设计、同时施工、同时投入使用。任何单位或者个人不得擅自改变文化体育设施的建设项目和功能,不得缩小其建设规模和降低其用地指标(第十五条)"。

该条款使用了"居民住宅区"一词,这是泛指的概念,可以与"居住社区"作等同理解,这种表述不同于建筑设计领域的以规模为主要指标的概念,如居住区、居住小区、组团等。那就是说,"居民住宅区"无论规模大小,也不论是"新建、改建或扩建"的,都"应当按照国家有关规定规划和建设相应的文化体育设施",且"任何单位或者个人不得擅自改变文化体育设施的建设项目和功能,不得缩小其建设规模和降低其用地指标"。可以说,法律效力和具体规定都十分明确。

无论是谁,违反了规定都要承担法律责任;"文化、体育、城乡规划、建设、土地等有关行政主管部门及其工作人员,不依法履行职责或者发现违法行为不予依法查处的,对负有责任的主管人员和其他直接责任人员,依法给予行政处分;构成犯罪的,依法追究刑事责任(第二十八条)";对凡"侵占公共文化体育设施建设预留地或者改变其用途的,由土地行政主管部门、城乡规划行政主管部门依据各自职责责令限期改正;逾期不改正的,由作出决定的机关依法申请人民法院强制执行(第二十九条)"。

《公共文化体育设施条例》以国务院令(第382号)颁布并于2003

年 8 月 1 日起施行；无论是时效性、法律位阶，抑或是适用范围，都体现该《条例》在规范体育文化设施规划建设方面的权威性，特别是对一些法规的理解和执行都有重要的规范、约束和指导意义。

《全民健身条例》[①]

制定《全民健身条例》的目的是"为了促进全民健身活动的开展，保障公民在全民健身活动中的合法权益，提高公民身体素质，制定本条例（第一条）"。为此，"县级以上地方人民政府应当将全民健身事业纳入本级国民经济和社会发展规划，有计划地建设公共体育设施，加大对农村地区和城市社区等基层公共体育设施建设的投入，促进全民健身事业均衡协调发展（第二条）"。

第一、二条说明：制定条例的目的和建设基层公共体育设施是公共服务的内容之一；明确要求"县级以上地方人民政府"应当"有计划地建设公共体育设施"，特别要加大"基层公共体育设施建设的投入，促进全民健身事业均衡协调发展"；并突出"居民住宅区的设计应当安排健身活动场地（第二十九条）"。其中阐释了两层含义：其一，建设公共体育设施，是保证全民健身运动顺利开展的必要条件，是公共服务的内容之一；其二，要加大基层公共体育设施建设的投入，相比较而言，直接惠及广大普通老百姓的公共体育设施建设相对薄弱、亏欠较多，差距进一步拉大，已经造成了事实上的全民健身事业发展的不均衡。因此，必须扭转局面，在硬件设施建设方面改变现状，明确要求"县级以上地方人民政府"特别要加大"基层公共体育设施建设的投入，促进全民健身事业均衡协调发展"。

《中共中央国务院关于进一步加强和改进新时期体育工作的意见》

关于基层体育设施建设问题，党和政府多年前就以中共中央 2002 年 8 号文件形式明确了"群众性体育事业属于公益性事业……（二十五）"。具体要求："各级政府要重视体育设施建设，加强城乡公共体育设施规划。新建的非营利性体育设施，地方政府可以采用划拨方式提供用地。

[①] 2009 年 8 月 19 日国务院第 77 次常务会议通过，以国务院令第 560 号公布，自 2009 年 10 月 1 日起施行。目前，《全民健身条例》正在修订之中，2023 年 5 月公布了修订草案征求意见，但还未公布修订结果，故此处仍以现行版为主要分析对象。

新建居民小区、经济开发区和学校必须配套建设相应的体育设施（二十六）"。并且，"构建群众性体育服务体系，要坚持政府支持与社会兴办相结合。政府重点支持公益性体育设施建设……（十二）"。其中使用了"必须"一词，是我们所掌握的基层体育设施建设相关法律法规中表示强度最高的用语。

《关于加强全民健身场地设施建设　发展群众体育的意见》

国务院办公厅于 2020 年 10 月发布了《关于加强全民健身场地设施建设　发展群众体育的意见》，要求"争取到 2025 年，有效解决制约健身设施规划建设的瓶颈问题，相关部门联动工作机制更加健全高效，健身设施配置更加合理，健身环境明显改善……"在行动计划部分要求"聚焦群众就近健身需要，优先规划建设贴近社区"，"新建居住小区要按照有关要求和规定配建社区健身设施，并与住宅同步规划、同步建设、同步验收、同步交付，不得挪用或侵占"。该文件中出现了"社区""居住小区"等概念，相较过去政策文件有了新的表述。

《全民健身计划（2021—2025 年)》[①]

国务院于 2021 年 7 月发布《全民健身计划（2021—2025）》，在"指导思想"中，首先明确国家体育工作出发点、目标定位，以及大政方针选择，突出"坚持以人民为中心，坚持新发展理念，深入实施健康中国战略和全民健身国家战略，加快体育强国建设，构建更高水平的全民健身公共服务体系，充分发挥全民健身在提高人民健康水平、促进人的全面发展、推动经济社会发展、展示国家文化软实力等方面的综合价值与多元功能"。在"发展目标"中明确有量化的、具体的指标要求，"到 2025 年，全民健身公共服务体系更加完善，人民群众体育健身更加便利，健身热情进一步提高，各运动项目参与人数持续提升，经常参加体育锻炼人数比例达到 38.5%，公共健身设施和社区 15 分钟健身圈实现全覆盖"。

国务院要求五年内体育健身设施 15 分钟"全覆盖"，在"任务落实"上要求加大全民健身场地设施供给，实行项目责任制，实行目标考核；

[①] 2016 年 6 月 15 日，国务院发布《全民健身计划（2016—2020）》（国发〔2016〕37 号文件）。

提出明确具体的"工作措施",要求督导各地制定健身设施建设补短板五年行动计划,实施全民健身设施补短板工程。"规划建设贴近社区、方便可达的场地设施",不断改善社区居民体育健身环境和条件,提供基本公共服务。这里的"社区"应该是指"居委会"所辖的大致范围。这是目前与城市行政分级相对应的"四级体育场地设施网络"中最基层的一级,体现了不同行政层级的责任。但是还不够。为实现"覆盖面广、普惠性强的网络化格局"这个目标必须对用地标准、项目选择、设计规格等具体指标进一步细化,形成有一定约束力的"规范"和"技术标准",使各级体育健身设施的规划、建设和使用有可供参照执行的依据。同时,有鉴于体育用地供给的不平衡和实现公共服务重心"下沉"的原则要求,着眼点应该由"居住区及以上"向"居住小区及以下"转移,探讨构建"第五级"体育设施网络的必要性和可能性。

《关于构建更高水平的全民健身公共服务体系的意见》

中共中央办公厅、国务院办公厅于2022年3月23日联合发布了《关于构建更高水平的全民健身公共服务体系的意见》,要求到2025年,更高水平的全民健身公共服务体系基本建立,人均体育场地面积达到2.6平方米。在打造全民健身新载体中,要求"新建居住区要按室内人均建筑面积不低于0.1平方米或室外人均体育用地不低于0.3平方米的标准配建公共健身设施,纳入施工图纸审查,验收未达标不得交付使用"。该文件由中办、国办联合印发,体现了党和政府加强了全民健身工作的顶层设计。文件中,提出了"新建居住区"这一不同于"社区"和"居住小区"的概念,要求"配建"公共健身设施,体现了要将公共健身设施融入建筑规划同步施工和验收。

3. 国务院职能部委有关建筑规划的"部门规章"

《立法法》第71条将"部门规章"作为一个层次用法律形式加以确认,部门规章规定的事项属于执行法律或者国务院的行政法规、决定、命令的事项。以下包括建筑规划范畴和体育领域的相关规定:《划拨用地目录》、《城市用地分类与规划建设用地标准》(GB137-90简称"90版《标准》")、《城市用地分类与规划建设用地标准》(GB50137-2011主编、批准:住房和城乡建设部)、《城市居住区规划设计规范》(GB50180-93 2002年版)、《城市规划编制办法》、《住宅建筑规范》(GB 50368-

2005)、《城市公共体育运动设施用地定额指标暂行规定》、《城市社区体育设施建设用地指标》、《城市社区体育设施建设技术要求》(国家建筑工业行业标准 JG/T191-2006)。

《划拨用地目录》

《划拨用地目录》首先明确该法规的依据。"一、根据《中华人民共和国土地管理法》和《中华人民共和国城市房地产管理法》的规定，制定本目录。"

其次，规定了划拨用地的内容和审批权限。"二、符合本目录的建设用地项目，由建设单位提出申请，经有批准权的人民政府批准，方可以划拨方式提供土地使用权。""建设用地项目目录"中共有十项，其中与体育用地有关的"(七)非营利性体育设施用地第3款、全民健身运动设施(住宅小区、企业单位内配套的除外)"和"(十)非营利性社会福利设施用地第1条、福利性住宅"，两款均与本研究有关，因此我们给予了高度关注。

令我们百思不得其解的是"(七)之3"款："全民健身运动设施"既然归为"非营利性体育设施用地"，为什么单单"(住宅小区、企业单位内配套的除外)"？直至在对《城市用地分类与规划建设用地标准》的梳理过程中似乎找到了答案，但是"答案"未必合理。

关于《划拨用地目录》"(十)之1"款推理，"福利性住宅"属于"非营利性社会福利设施用地"，其中的配套设施用地包括"体育用地"当然理应归为同一类。当时思考的主要问题是对"福利性住宅"的理解并弄清楚其中内容所指；对此，我们在网上找到可供参照的依据。

2002年末，《北京日报》曾以《八类福利性住宅用地可无偿划拨》为题，做了有参考价值的说明：本市实施国土资源部《划拨用地目录细则》，根据国家和北京市的法律、法规规定，将"福利性住宅"归纳为经济适用住房项目、实行政府限价的康居(安居)住房及廉租住房项目……这里所指的"福利性住宅"的内容正是国家住建部提出"保障性住房"所涵盖的项目。

"保障性住房"① 是保障公民基本民生需求的政策性住房，与"福利性住宅"具有同一性质，是政府提供的具有公益性的公共产品，体现政府的主要责任，起到了维护社会公平正义、缩小社会分配差距的作用。同理，可以把"福利性住宅"和"保障性住房"的体育用地列入"公益性质"，为"划拨"体育用地提供法理和法源的依据。

《城市用地分类与规划建设用地标准》（以下简称《标准》）

《标准》是规划建设的法规，专业性强，用词用语严谨规范，直接指导城市用地规划；现在的1990版、2008版（讨论稿）和历经三年修改完善的2011版（GB 50137-2011）三个版本，是同一个法规在时间纵向上的延续，2008版讨论稿作为本书比较研究时的参考依据之一，目前1990版《标准》使用21年后于2012年施行的2011版《标准》实行而废止。

《标准》相对于本课题而言，体育用地的划拨和使用涉及几个关键用语，即关于规模的有：居住区及居住区级以上、居住小区及小区级以下；关于类别和性质的：居住用地（包括公建配套）、公共设施用地、体育用地等。两个《标准》关于体育用地问题的规定有一定的变化，在此做以下接续比较。

《城市用地分类与规划建设用地标准》（GB137-90）（以下简称"90版《标准》"）

"本标准适用于城市中设市城市的总体规划工作和城市用地统计工作。（1.0.2）"；"城市用地分类和代号必须符合规定。（2.0.5）注：城市用地分类代号可用于城市规划的图纸和文件。"

---

① 保障性住房：是指政府为中低收入住房困难家庭所提供的限定标准、限定价格或租金的住房，由两限商品住房、经济适用住房、廉租房和政策性租赁住房构成。（1）两限商品住房，即"限套型、限房价、竞地价、竞房价"。（2）经济适用住房，是政府以划拨方式提供土地，免收城市基础设施配套费等各种行政事业性收费和政府性基金，实行税收优惠政策，以政府指导价出售给有一定支付能力的低收入住房困难家庭。（3）廉租房是政府或机构拥有，用政府核定的低租金租赁给低收入家庭。低收入家庭对廉租住房没有产权，是非产权的保障性住房。廉租房只租不售，出租给城镇居民中最低收入者。（4）政策性租赁住房，指通过政府或政府委托的机构，按照市场租价向中低收入的住房困难家庭提供可租赁的住房，同时，政府对承租家庭按月支付相应标准的租房补贴。

①居住用地（Residential）

居住用地（R）根据居住区设施、布局、环境、楼层的差别分为四类（R1、R2、R3、R4），与"公共服务用地"（R12、R22、R32、R42）的表述一致："居住小区及小区级以下的公共设施和服务设施用地。如托儿所、幼儿园、小学、中学、粮店、菜店、副食店、服务站、储蓄所、邮政所、居委会、派出所等用地"。

②公共设施用地（Commercial Land Public Facilities）

公共设施用地（C）是指"居住区及居住区级以上的行政（C1）、经济（C2）、文化（C3）、体育（C4）、卫生（C5）以及教育科研（C6）设计等机构和设施的用地，不包括居住用地中的公共服务设施用地"，以及文物古迹用地（C7），其他公共设施用地（C8）。

③体育用地（C4）是指"体育场馆和体育训练基地等用地，不包括学校等单位内的体育用地"。细分为体育场馆用地（C41）："室内外体育运动用地，如体育场馆、游泳场馆、各类球场、溜冰场、赛马场、跳伞场、摩托车场，以及水上运动的陆域部分等用地，包括附属的业余体校用地"；体育训练用地（C42）为"各类体育运动专设的训练基地用地"。

从90版《标准》中看出两个问题：其一，居住用地（R）中"居住小区及小区级以下"的公共设施和服务设施用地，尚未顾及文化体育公共服务设施用地的选项，仅以保障居民基本的生活需求为目标，这与当时经济、社会发展的基本国情相适应，同时也表现出计划经济的某些特征；其二，"居住区及居住区级以上"的公共设施中的体育用地是以服务于竞技体育为基本功能定位，其设施建设为比赛、训练提供支撑。

总体结论是，当时尚未将大众健身的体育场地设施纳入城市用地范围内加以规范。

《城市用地分类与规划建设用地标准（讨论稿）》[①]**（以下简称《标准》08版（讨论稿））**

前言中即明确，这部《标准》的讨论稿是在90版《标准》的基础上制定并修订了主要技术内容，着重强调"本标准全文为强制性条文，必

[①]《城市用地分类与规划建设用地标准（讨论稿）》2008年，住房和城乡建设部、国家质量监督检验检疫总局联合发布。

须严格执行",这一点与90版《标准》比较进一步提高了法规强制力和法律效力。

《总则》第1.0.2条,在90版《标准》条款中增加了"城市用地分类同时适用于城市的控制性详细规划与专项规划"的内容,如果此《标准》实施,那么城市的规划设计用地均应参照执行。

08版《标准》(讨论稿)居住用地(R)中根据市政设施布局、环境、层高等综合标准分为四类(R1、R2、R3、R4),这四类中的"社区服务设施用地"相对应四类(R12、R22、R32、R42),其表述无差别:"居住小区及小区级以下的主要公共设施和服务设施用地,包括幼托、文化体育设施、商业金融、社区服务、市政公用设施等用地,不包括中小学,该用地应归入中小学用地(P33)"。

虽然,《标准》2008版只是讨论稿,但是,与90版《标准》进行比较,可以发现,城市体育用地相关规定的提法已经做了相应的调整,将前后两版同条款间的对应比较,大体发生了三点变化:(1)从以具体的建筑物表示,如幼儿园、托儿所、粮店、菜市场、邮政所、中学、小学,到2008版用功能做概括性归类,如商业金融、社区服务、市政公用等;(2)"居住小区及以下主要公共设施和服务设施"中增加了"文化体育设施";(3)去除了中学、小学用地,将其归为公共管理与公共服务类(P)中的中学、小学等用地。

除此之外,08版与90版《标准》比较还有两处变化:

其一,"公共管理与公共服务用地"(P)中的"体育用地"(P5)是指:"基本的体育场馆和体育训练基地等用地,不包括学校等单位内的体育用地。"并在说明栏里明确:"保龄球馆、台球厅、健身房、高尔夫球场、赛马场、溜冰场、跳伞场、摩托车场、射击场以及水上运动的陆域部分等用地划入康体设施用地(C15)"。此归类除仍坚持"体育用地"(P5)的竞技体育基本定位之外,显然把这些用地列入商业服务设施用地(C),即以营利为主要目的的商业服务设施建设用地,这一点反映了体育市场发生的新变化。

其二,08版《标准》(讨论稿)2.4.1城乡用地分类表又附加五项大类,其中第一大类即"保障性居住控制区"分三小类,经济适用房、廉租房、其他保障性住房。这属于"政策性住房",主要是由政府负责规划建设。这正是今天为保障民生、平抑房价，政府建设的保障性住房，与《划拨用地目录》"（十）非营利性社会福利设施用地之1、福利性住宅"之规定的精神是一致的。

另外，08版《标准》（讨论稿）同时列出可供选择的第二方案。在住宅用地（R）的分类时，以容积率为参照系区分四类住宅用地，"社区服务设施用地"的表述与第一方案无异，在此不赘述。

《城市用地分类与规划建设用地标准》（GB50137-2011）

由住房和城乡建设部主编、批准，于2011年12月24日以第880号公告批准发布，2012年1月1日施行。这是08版《标准》（讨论稿）历时三年多反复斟酌的结果，[①] 其中遇到的问题和难度不是我们能了解到的。根据新《标准》"修订说明"做以下补充。

本《标准》是在《城市用地分类与规划建设用地标准》（GBJ137-90）的基础上修订而成，原（90版）《标准》作为城市规划编制、审批的一项重要技术规范已经施行了19年（2008年止），它在统一全国的城市用地分类和计算口径、合理引导不同城市建设布局等方面发挥了积极的作用。但是，随着我国城乡发展宏观背景的变化，原标准也凸显出了许多不足，特别是与当前城乡规划的多重目标导向、体现公共政策属性、城乡统筹发展、协调控制市场运行、利于地方灵活发展等诸多方面很不适应。同时，原国标与土地规划及其管理制度的相对分离，长期以来忽视对非建设用地的控制，均与2008年1月实施的《中华人民共和国城乡规划法》中所要求的城乡统筹、改善生态环境、保护耕地等新要求不相适应。此外，国家对新时期的城市发展提出"节约集约用地，从严控制城市用地规模"的新要求，应在规划人均城市建设用地指标、用地结构等控制标准中进一步体现（1.0.1）。

本次修订的主要技术内容是：增加城乡用地分类体系；调整城市建设用地分类体系；调整规划建设用地的控制标准，包括规划人均城市建设用地标准、规划人均单项城市建设用地标准以及规划城市建设用地结构三部分（1.总则）。

---

① 该《标准》出台，与08版讨论稿相比较对本课题没有变化，故仍保留以上学术比较的讨论，另作对新《标准》的补充。

为统筹城乡发展，集约节约、科学合理地利用土地资源，依据《中华人民共和国城乡规划法》的要求制定、实施和监督城乡规划，是《中华人民共和国城乡规划法》和《城市规划编制办法》的配套标准。

居住用地（R）（residential）按照现代居住区的规划理论和方法，将住区及服务于基本生活需要的道路、绿地、日常性生活服务设施等看作一个整体，因此，居住用地应包含住区、住区内的城市支路以下的道路、绿地、配套服务设施等四项用地，其他社区级及以下级别的配套服务设施用地仍然属于居住用地。这是考虑到《标准》"住宅用地"的内涵发生变化，将住区内的城市支路以下的道路用地、绿地以及配套的公用设施用地划入住宅用地，主要由于这些用地与住宅密不可分，除修建性详细规划外，其他类型规划很难也没必要分开，同时考虑到《物权法》的要求，难以确定边界的配建设施不列入用地分类。"社区服务设施用地"指住区及以下的主要公共设施和服务设施用地，包括幼托、文化体育设施、商业金融、社区服务、公用设施等用地，中小学除外。这样的分类更能适应市场经济，方便公共服务设施用地布局考虑服务人口和服务半径，适应不同规模、不同区位的要求，也便于控制公益性设施的规划建设。我们需要考虑到的是如果实现体育用地划拨，所涉及的产权、使用权、管理维修等一系列相关问题。

这次修订结合我国的实际情况，仍按层数、布局、公共设施、公用设施、环境质量等综合因素，把居住用地分为高端的低密度、中高密度和需要加以改造的简陋住区为主的居住用地，包括公用设施、交通设施不齐全，公共服务设施较欠缺，环境较差的危改房、棚户区、临时住宅等三个中类；在二类居住用地中增加"保障性住宅用地"小类，以体现国家关注中低收入群众住房问题的公共政策。对本书的意义是有所侧重地考虑不同居住社区体育用地供给的形式和差别，实现"底线公平"理想目标。

《城市公共设施规划规范（GB50442 - 2008）》中对于原版国标中每类公共设施用地的人均指标均作了详细的规定：行政办公用地最低 $0.8m^2/$人，商业金融用地最低 $3.3m^2/$人，文化娱乐用地最低 $0.8m^2/$人，体育用地最低 $0.6m^2/$人，医疗卫生用地最低 $0.6m^2/$人，教育科研设计用地最低 $2.5m^2/$人，社会福利用地最低 $0.2m^2/$人，并规定公益性文化娱乐设施规划用地比例不得低于文化娱乐设施规划用地比例的 80%。此次颁布《标准》修订对公共管理与公共服务用地人均标准的提出，基于该标准的研究成果。就目前体育用地一般情况而言，城市的管理者往往注重形象工程，会加大对大型场馆设施建设的投入，如，一个城市有大型体育场馆设施、再建几个高尔夫场地，势必会拉高城市人均体育用地面积，达到人均最低标准，如我国第五次场地设施普查情况；另外，康体用地（B32）单独设置的高尔夫练习场、赛马场、溜冰场、跳伞场、摩托车场、射击场，以及水上运动的陆域部分等属于商业用地所占比例也是人均用地是否合理的重要选项；问题的关键在于布局是否合理、使用率是否高、惠及面是否广等。

综合上述比较之后，可以结合城市居民的实际需求对居住社区体育用地利用现状进行分类，进而根据 08 版《城市用地分类与规划建设用地标准（讨论稿）》，从体育用地性质的角度分析新的分类标准中合理的部分对体育用地认定的影响，涉及体育用地范畴的新的用地类别扩大的必要性和可能性。具体而言，讨论建立"城市居住社区公益性体育用地"类别独立于其他分类的必要性和可行性；为保证政策实施的连贯性和权威性，根据《土地管理法》《房地产管理法》的相关规定，通过地方人大立法程序并以政府规章的形式加以确认，即按一定的条件规定，根据设计规模、人口、区位直接划拨体育用地。这正是本书研究的内容和主要观点之一。

《城市规划编制办法》（建设部令第 146 号）

《城市规划编制办法》依据是已废除的 1991 年 9 月 3 日建设部颁布的《城市规划编制办法》；其相关法律法规有《城乡规划法》。

"城市规划是政府调控城市空间资源、指导城乡发展与建设、维护社会公平、保障公共安全和公众利益的重要公共政策之一。（第三条）""编制城市规划，应当考虑人民群众需要，改善人居环境，方便群众生活，充分关注中低收入人群，扶助弱势群体，维护社会稳定和公共安全。（第五条）"

"城市基础设施和公共服务设施。包括：城市干道系统网络、城市轨道交通网络、交通枢纽布局；城市水源地及其保护区范围和其他重大市政基础设施；文化、教育、卫生、体育等方面主要公共服务设施的布局。

第二十三条之（四）"

《城市社区体育设施建设用地指标》[①]

《城市社区体育设施建设用地指标》是由国家体育总局联合建设部、国土资源部共同制定的具有部门规章性质的技术指标。依据《公共文化体育设施条例》，"公共文化体育设施用地定额指标，由国务院土地行政主管部门、建设行政主管部门分别会同国务院文化行政主管部门、体育行政主管部门制定"。

该指标确定了居住社区分级规模和人均用地双重指标体系，并就用地的统计计算规则、用地类别的归属等问题进行了规定；提出了19个社区体育的"基本项目"，并根据竞赛规则和社区体育活动的特点，确定了其相应的场地面积指标。这是一个体育专业性的法规，其意义仅在于对单体的体育场地设施规划建设有技术性的指导作用，并没有对本书研究体育用地划拨相关规定产生实质性影响。

《城市居住区规划设计规范》（GB 50180-2018）包括住区、住区内的城市支路以下的道路、绿地、配套服务设施等四项用地的细节尚有待研究。

经过以上对这些法律法规文件的逐一梳理，根据职能分权，大致可区分为土地利用、城乡规划、体育等3—4个领域的规范文本。客观地说，这些文件间不具同质性，因此并不适用法律位阶确定相互间的关系，纵向的隶属关系讨论似乎更有实际意义。

分权体制下，分权的目的就是确定不同权力主体的专属性、内容的专业性、范围的确定性，以此确定权力之间的指涉范围。"权力的同质性"虽与"权力的等级性"都是就"权力"来划分法律位阶，但上、下级权力所要求的"权力的同质性"则是对"权力等级性"的必要补充；如果说权力的等级性注重从法律地位上来考察不同机关所创制的规范性法律文件的高低，那么，权力的同质性则是从管辖范围的共同性上来说明下级服从上级，或者下位法服从上位法的必需。因此，对于并不存在"权力同质性"的几类不同权力，则不能因地位的高低而决定其权力的大

[①] 国家体育总局、建设部、国土资源部：《城市社区体育设施建设用地指标》，中国计划出版社2005年版。

小，它们所创造的规范性法律文件之间也难以用上、下位的法律位阶来进行确定。同理，"事项的包容性"也仅仅是区分法律关系的另一个视角而已，事项包容也必须在一个前提下，即只有在同一职能的分权体系中制定具有纵向特征的、相互隶属关系的法律法规才具有内容与规范的包容，否则，即便是内容相似或相近，也不具相互间的制约效力。

尽管《体育法》以《宪法》为上位法，但是，用地供给则并非《体育法》所涉权限，即使体育法律法规在体育用地供给上有所规定，但与土地、城市规划等法律各自体系独立且互不隶属，所以，对城市规划、设计、建设、工程验收均不具有约束力。在对城市规划设计部门实地调查时得到一个明确的回复，即他们并不了解体育法及其相关法规，在规划设计及审批过程中，依据的是规划领域的建筑标准、技术规范、实施细则（GB、JG）等等。这一点给我们的启示是，制定或完善体育用地规划实施细则，直接作为供城市社区建设规划的执行依据。

4. 城市居住社区体育用地相关法律法规存在问题分析

在对居住社区体育用地法规的梳理过程中，就相关法律法规具体的条款的疑虑、困惑和问题做了初步的讨论和分析，就主观感觉和共性而言大致可以归纳为以下两个方面的问题：

第一，就法律法规行文而言，将体育部门颁布的政策法规与规划设计领域的"规范""标准"做一比较，体育部门的相关法规存在欠缺或不足：其一，体育部门出台的基本上属于文件性质，以原则性的、定性的表述为主，缺少可量化的规定；其二，多为倡导性的要求，以柔性的提法为主，刚性不足、约束作用不强；其三，尽管现行法律法规及行政规章层级较高，但少有位阶的差别和法规间的隶属关系，即缺乏低位阶法规配套，因此缺乏可操作性。

第二，就工作性质和特点而言，设计院、规划局是操作、执行部门，城乡设计规划并不以体育部门的法规为依据；他们所依据的均为经过细化的、可参照执行的"实施细则"、"技术规范"和"设计标准"等。这些法规虽为低位阶但可以直接指导并规范规划设计工作，且对城市居住社区的审批和验收过程等具体的操作环节具有直接的参考价值和指导作用。

客观地说，多年来，国务院及所属体育职能部门曾相继出台了一系列综合性的法规文件，但是关于居住社区体育用地和场地设施的表述几乎没有变化，多停留在官样文字的重复上，对具体的规划设计乃至建设和验收指导意义不大。

因此，我们所要做的就是，把体育的法制精神通过对居住社区体育用地和设施建设政策法规进行全面的梳理，并从法源、法理上作出清晰的阐释，辨析某些具有定性功能的用语，再进一步将体育法规的原则要求和倡导性条款细化到可指导操作层面的法规中，从而对不同规模、不同性质的居住社区所需要的体育用地标准作出明确规定，修改或补充提出新的有法理根据的条文，再通过正当程序充实到规划设计实施细则的具体规定之中，督促政府及相关职能机构贯彻执行，以此确保城市居住社区划拨体育用地有法可依、有章可循。

四 城市居住社区体育用地"划拨"正当性缺失分析

经过对相关法规进行有针对性的梳理后，可以认为，造成城市居住社区（居住小区）体育用地法规混淆以致正当性缺失主要有三个问题需要厘清。

首先是居住小区体育用地"公益性"的法理认定。《划拨用地目录》是与本书有关的主要法规文件，规定了划拨用地的审批权限和划拨"建设用地项目目录"。这个划拨用地目录中包括"非营利性体育设施用地（七）"之"3. 全民健身运动设施（住宅小区、企业单位内配套的除外）"。令我们百思不得其解的是为什么"住宅小区配套的除外"？直至在对《城市用地分类与规划建设用地标准》的梳理过程中似乎找到了答案，但是未必合理。[①]

其次是"居住社区"与"居住区"用语的社会学与建筑规划学解析，以及"公共文化体育设施"词义的逻辑辩证。

三者之间看似相对独立，但在解释"居住小区"体育用地问题上，

---

① 将"居住小区及居住小区以下"的"文化体育设施"列入"配套公建"，其性质仍属于"居住用地"项目。

三者存在着密切的联系,并构成"规制失灵"由法理到法条理解及执行的一系列不确定性。"公益性"是城市居住社区体育用地性质判别必须解决的首要问题,接下来才好展开社会学"居住社区"与规划设计领域"居住区"的差别比较以及"文化体育设施"用语谬误等技术层面具体问题的讨论。

(一) 整体的公益性:居住社区体育用地性质的法理辨析

实现居住社区体育用地划拨的要件是对该类用地公益性质的法理认定。

《土地管理法》对建设用地作出一般性规定,"建设单位使用国有土地,应当以出让等有偿使用方式取得;但是,下列建设用地,经县级以上人民政府依法批准,可以以划拨方式取得:……(二)城市基础设施用地和公益事业用地;……(四)法律、行政法规规定的其他用地。(第五十四条)"依据此条款,我们必须首先将"居住社区体育用地"明确为"公益事业用地"并列为"法律、行政法规规定的其他用地"范围,以找到法源和法理支撑,寻求法律保障的合理性和正当性;然后,才有可能遵循正当程序"经县级以上人民政府依法批准"并贯彻执行。

1. 群众性体育事业属于公益性事业

我国体育工作以《宪法》为基础,坚持体育事业公益性,《体育法》[①] 开宗明义"为了发展体育事业,增强人民体质,弘扬中华体育精神,推进体育强国和健康中国建设,根据宪法,制定本法",第五条明确"公民依法平等地享有参与体育活动的权利"。第十六条明确"国家实施全民健身战略,构建全民健身公共服务体系,鼓励和支持公民参加健身活动,促进全民健身与全民健康深度融合"。同时要求,"地方各级人民政府应当为全民健身活动提供必要的条件,支持、保障全民健身活动的开展(第二十条)"。"必要的条件"中包括为老百姓建身边场地。提供并且明确"群众性体育事业属于公益性事业……"[②];《关于构建更高水

---

① 2022年新修订的《中华人民共和国体育法》。
② 中共中央2002年8号文件,《中共中央国务院关于进一步加强和改进新时期体育工作的意见》。

平的全民健身公共服务体系》指出，我国已开启全面建成社会主义现代化国家新征程，全民健身既是顺应人民对高品质生活期待的内在要求，也是推动全体人民共同富裕取得更为明显的实质性进展的重要内容，[1] 这进一步体现了党和政府推动全民健身治理体系改革的决心和扎牢全民健身服务网络的良苦用心。在"公益性"前提下，构建更高水平的全民健身公共服务体系，公共健身设施和社区15分钟健身圈实现全覆盖，"增加健身设施有效供给，补齐群众身边的健身设施短板，有效解决制约健身设施规划建设的瓶颈问题"[2]。"政府重点支持公益性体育设施建设"[3]，这是应该予以准确把握的核心，也是提出"居住社区"划拨体育用地重要的法理依据。

健康权是人的基本权利之一，是由环境安全卫生、医疗卫生保健、运动休闲健身、疾病控制与预防、饮食与营养卫生等一系列权利的权利束；因此，每一项权利都应该得到充分的尊重与保障。政府决策对影响健康的其中任何一项权利的限制或剥夺，都必须受到正当规则的约束。建立在这样的健康权观念基础上，我们的立法者就应该设计必要的规则，保护这一系列各自独立而有价值的权利。权利体系的内部结构非常复杂，许多权利因其价值地位的非确定性而处于相应的不确定的位阶之上，往往需要通过个案来把握。

城市的现代化应与民主化结合在一起，而城市化必然带来民主化的要求，如果民主化到位，那么即使不好界定公共利益，由民主程序达成的、不同利益群体能够充分表达的机制形成的公众意志，我们也可以假设它是公共利益。[4]

居住社区体育设施建设以经济为基础，也是一种公平分配经济收益的形式。不同居住社区的体育设施主要为本社区居民服务，因而拒绝或

---

[1] 中共中央办公厅、国务院办公厅：《关于构建更高水平的全民健身公共服务体系》，2022年。

[2] 国务院：《全民健身计划（2021—2025年）》，2021年。

[3] 中共中央2002年8号文件：《中共中央国务院关于进一步加强和改进新时期体育工作的意见》。

[4] 刘中显：《北京体育设施结构失衡中的机会》，《中国投资》2006年第8期，第95—97页。

提高收费标准限制他人使用,这种"排他性"是局部管理的需要,并不影响体育用地整体上的公益性质。因为城市居住社区体育用地的性质,可以从土地使用上作出准确判定,即土地的使用权是"划拨"的,是政府提供的体育公共产品和公共服务的物质载体。

2. 非营利性体育设施采用划拨方式提供用地

土地是我国宝贵的稀缺资源,依法管理土地意义重大。原则上,"国家依法实行国有土地有偿使用制度。但是,国家在法律规定的范围内划拨国有土地使用权的除外"。所谓"除外",就是有的用地尚未列入现行"法律规定的范围",或因为种种原因还没有明确的,如为居住社区大众健身提供服务的体育用地。"建设单位使用国有土地,应当以出让等有偿使用方式取得;但是,下列建设用地,经县级以上人民政府依法批准,可以以划拨方式取得:……(二)城市基础设施用地和公益事业用地;……(四)法律、行政法规规定的其他用地。"[①]

在建筑规划设计部门的相关法律规范中,常用"居住区及居住区级以上"和"居住小区及居住小区级以下"作为配套公益设施的区分标准。在新版的《城市居住区规划设计标准》(GB50180 – 2018)中用"生活圈居住区"代替了原有划分,即分为15分钟生活圈居住区,对应人口规模50000—100000人;10分钟生活圈居住区,对应人口规模为15000—25000人;5分钟生活圈居住区,对应人口规模5000—12000人,仔细对比旧版标准,并无实质性改变。城市居住社区体育用地从一般意义上讲,"居住区及居住区级以上"和"居住小区及居住小区级以下"[②] 公共体育设施用地性质是相同的。如果区分二者间的差别,即前者是以服务于竞技体育为基本功能定位,其设施建设主要为比赛、训练提供支撑;而后者是直接为老百姓服务、惠及更多社区居民。尤其是后者使用频率最高,直接为老百姓服务、惠及更多社区居民,应该说,其公益性更加强烈。因此,"居住小区及小区级以下"公共体育设施用地的"公益性质"更明确,且用地量更大,不将其列为"公益性体育用地"并从法规、制度、

---

① 引自《中华人民共和国土地管理法》。
② 建筑规划的主要以人口规模为标准的区块划分,分别为30000—50000人和10000—15000人。

政策予以确认，恐怕于情、于理、于法都难以解释；解决这个问题的主要途径是将居住社区体育用地列为"可以以划拨方式取得"的"法律、行政法规规定的其他用地"。

"新建的非营利性体育设施，地方政府可以采用划拨方式提供用地。新建居民小区、经济开发区和学校必须配套建设相应的体育设施。"[①] "居住社区体育场地设施"以服务于居民体育锻炼为目的，是非营利性的，按照土地利用性质与作用和功能界定为集体福利或者社会公共利益所提供的体育用地。据此，城市规划设计应该采用"划拨用地"方式提供土地。

3. 城市居住社区体育用地是基本的公共产品

许多健康问题的最终根源，都是来自物理、社会环境的影响，环境比人的行为对于健康的影响更具普遍性。健康城市十分强调社会环境的支持，这种支持包括了影响行为并直接影响健康的各种政策和规章制度以及生存环境。[②] 小区环境正越来越成为居民选择房地产或购买房屋的重要影响因素。从中国质量协会、全国用户委员会组织开展的连续多年的全国住宅用户满意度指数测评结果来看，用户购买房屋时最为看重地理环境，其次是价格，再次就是小区环境。大众期待建成环境品质和自身健康水平的提升，建成健康城市、健康社区已成为迫切需求。

从公共经济学理论上讲，社会产品分为公共产品和私人产品。萨缪尔森定义纯粹的公共产品或劳务是指每个人消费这种物品或劳务不会导致别人对该种产品或劳务的减少。公共产品有三个显著特征：效用的不可分割性、消费的非排他竞争性和受益的非排他性。体育锻炼消费行为因具有竞争性和排他性属于典型的私人产品。但是，当公民的体育锻炼行为一旦成为保证公民自身劳动能力和健康权益的手段时，也就具有了公共产品的特性；同理，居住社区服务于大众健身的体育设施及必不可少的用地，也是公共产品。

依照我国国家体育总局公布的标准，社会体育公共产品是指以社会

---

① 中共中央 2002 年 8 号文件：《中共中央国务院关于进一步加强和改进新时期体育工作的意见》。

② 陈柳钦：《健康城市建设及其发展趋势》，《中国市场》2010 年第 33 期，第 50—63 页。

为服务对象,以满足社会对体育的共同需要和共同利益为目的,社会成员共同拥有并可能享用,对社会具有整体功效的公共性质的体育产品。

政府对体育用地供给"量"的把握,应该本着公共服务均等化的基本原则,保证最低的或最基本的体育用地供给。然后,在设施建筑面积和运动项目的选择上尊重城市或区域的个性化、多样化的不同需求。公共服务均等化不是"平均化",体育用地公益性实质应对不同居住社区加以区别,即:高档豪华居住社区、一般商品房居住社区和"保障性住房"社区的体育用地,应该坚持"高端找市场、中端寻支持、低端靠保障"的基本方针,即市场能做的,交给市场;市场做不了的,政府要承担起来。低收入者、社会弱势群体住房靠政府,生活环境的改善、体育与发展权利的实现也要靠政府;政府的责任就是要缩小差距、保证社会的公平与正义。

(二)"居住社区"与"居住区":社会学与建筑规划用语的差别及其规范

关于"城市居民居住区域"的称谓出现了诸多些微差别的用语:居住区、居民住宅区、居住社区、居住小区、组团等,这些词的使用在不同范畴其内涵及外延存在一定区别,大体可以归纳为社会学和建筑规划两类;在体育用地划拨和使用的规定上几乎是各说各话,使体育方面的相关政策法规始终处于务虚的尴尬状态,对"居住小区及以下"居住用地中公建配套体育设施用地的规划、施工、验收毫无约束力。究其原因,在法律层面,除不同领域政策法规的衔接与互补尚待严密外,也存在着这些相关规定用语间的词义混淆和概念互换,造成执行和理解较大的模糊空间。相对于法理的讨论,这是个技术层面的问题,但对法规、法条的细化和严谨具有直接的规范和指导意义。

1. "居住社区"及其相似用语的梳理

1995年版的《体育法》较早使用"居住区"概念,"城市在规划企业、学校、街道和居住区时,应当将体育设施纳入建设规划(第四十五条)"。可以认为,这个"居住区"与"企业、学校、街道"并列提出,显然是以用途及性质为参照系的分类,即是泛指的概念——不同居住人口规模的居民生活聚居地①、居住区②，与居民住宅区③、居民小区④、社区⑤，和建筑规划领域最新"住区"⑥ 的使用有相似之处。

《公共文化体育设施条例》（2003 年、国务院令 第 382 号）第十五条使用"居民住宅区"。这类称谓是社会学泛指的概念，即"居民住宅区"无论规模大小，也不论是"新建、改建或扩建"的，都"应当按照国家有关规定规划建设相应的文化体育设施"。且"任何单位或者个人不得擅自改变文化体育设施的建设项目和功能，不得缩小其建设规模和降低其用地指标"。可以说，法律效力和具体规定都十分明确。

《全民健身条例》（2009 年国务院令 第 560 号）用第一、二条款说明：建设公共体育设施，是公共服务的内容之一；明确要求"县级以上地方人民政府"应当"有计划地建设公共体育设施"，特别要加大"基层公共体育设施建设的投入，促进全民健身事业均衡协调发展"；并突出"居民住宅区的设计应当安排健身活动场地（第二十九条）"。

《全民健身计划（2021—2025 年）》（2021 年 7 月，国务院第 11 号文件）提出明确具体的"主要任务"，要求"盘活城市空闲土地，用好公益性建设用地，支持以租赁方式供地，倡导土地复合利用，充分挖掘存量建设用地潜力，规划建设贴近社区、方便可达的场地设施"。《关于加强全民健身场地设施建设发展群众体育的意见》（2020 年 10 月，国务院办公厅 36 号）开篇点明，"加强全民健身场地设施建设，是各级人民政府的重要公共服务职能"。在"制定行动计划"部分，强调"聚焦群众就近健身需要，优先规划建设贴近社区、方便可达的"健身设施。在"落实社区配套要求"部分，提出"新建居住小区要按照有关要求和规定配建

---

① 《城市居住区规划设计规范》（GB50180-93 2002 年版）（2.0.1）关于"居住区"一般泛指概念的解释。

② 《全民健身计划纲要》国务院 1995 年也使用"居住区"一词。

③ 《公共文化体育设施条例》国务院令（第 382 号）第十五条，2003 年 8 月 1 日起施行。

④ 2002 年 7 月 22 日，《中共中央国务院关于进一步加强和改进新时期体育工作的意见》第二十六条。

⑤ 《全民健身计划（2021—2025 年）》和《关于加强全民健身场地设施建设发展群众体育的意见》均使用"社区"一词。

⑥ 《城市用地分类与规划建设用地标准》（GB50137-2011）由住房和城乡建设部主编、批准，于 2011 年 12 月 24 日以第 880 号公告批准发布，2012 年 1 月 1 日施行。

社区健身设施,并与住宅同步规划、同步建设、同步验收、同步交付,不得挪用或侵占"。"社区健身设施未达到规划要求或建设标准的既有居住小区,要紧密结合城镇老旧小区改造,统筹建设社区健身设施。"上述文件提及了"社区""居住小区""老旧小区"三个概念,仔细审视可知,"居住小区"和"老旧小区"应属于同一范畴的概念,前者表示"新",后者表示"旧"。"社区"应该是大致等同于基层居委会范畴的概念。

2021年4—6月,中国法学会体育法学研究会将相对成熟的《体育法(修改征求意见稿6月版)》发至全体理事内部征求意见。该征求意见稿"第六十九条【居住小区配套体育场地设施建设】新建、改建、扩建居民小区,应当按照国家有关规定,同步规划、设计、建设用于居民日常健身的配套体育场地设施;未完成建设的,不得竣工验收和交付使用"。并加注:新增条文;附说明:居住小区是日常健身的主要场地。法条正文用"居民小区";而提示和说明词均用"居住小区"。此处的"居民小区"其所指应该与原《体育法》第四十四条"居住区",亦即"居民住宅区"作同等解释。

新修订的《中华人民共和国体育法》第八十三条将这一条款的称谓做了仅一个字的调整:"新建、改建、扩建居住社区……"该条款明确范围"居住社区",明确类型"新建、改建和扩建",明确用途"用于居民日常健身",明确内容"体育场地设施",明确标准"按照国家有关规定",明确规范强度"应当"。应该说,这是一个巨大的进步,首次将社区体育场地设施的问题上升到法治的高度。这个"居住社区"修改其实质是"居住小区"或"居民小区"层级的提升和区域范围的扩大;判断依据是,政府在《住房和城乡建设部等部门关于开展城市居住社区建设补短板行动的意见》《完整居住社区建设标准(试行)》等两个时效性较强的文件中针对"居住社区"规模、服务半径、行政隶属等予以明确。"乡镇、街道"是指基层行政机构,"乡镇"下辖行政村、自然村,"街道"直接对应若干"居委会"以及数量不等的居民住宅区。我们更为关注的是,"乡镇、街道""新建居住区"的范围限定和"多层级健身设施网络"深度以及"城镇社区15分钟健身圈"覆盖人群和适用群体等仍值得做进一步的论证探索。

"居住社区"是个适宜的提法,在目前我们所梳理过的有关法规中是第一次出现,在低位阶的建筑规划行业法规中,其范围和规模是不确定的。"新建居住社区"要按照国家有关"居住区规划设计规范标准",无疑是规划设计规模限定的专业用语。"新建"应该理解为可以成片开发建设的"新地块","改建和扩建"应理解为在既有建成环境下的"更新"。仅就一般城市而言,能以"居住社区"规模成片开发的居住社区毕竟不多,而且一般为了便于管理都将"居住区"拆分成若干"居住小区",化整为零,第八十三条的这一条款究竟还有多少实际意义不禁让人提出疑问。同时,"应当按照国家有关规定"的规定并没有任何新意,仅仅是简单的重复而已。

2. "居住社区"有关法律法规用语比较

新修订的《中华人民共和国体育法》是最新最高位阶的一部体育基本法律,就法律行文意义上说,规范相关用语是必要的,关于城市居住社区体育设施建设如果能提出明确具体的规定就有可能对建筑规划设计的《规范》《标准》的修订产生直接影响。然而,这部法律却没有做到这一点。

建筑规划有以限定规模的专业用语——在《城市居住区规划设计规范》(2002年版)中为"居住区、居住小区、居住组团",有以限定时间的专业术语——《城市居住区规划设计规范》(2018版)中为"十五分钟生活圈居住区、十分钟生活圈居住区、五分钟生活圈居住区。现行《城市用地分类与规划建设用地标准》(GB137-90)中规定,"居住区及居住区级以上"的公共设施用地(C)中的体育用地(C4)是以服务于竞技体育为基本功能定位,其设施建设为比赛、训练提供支撑;[1] 而居住用地(R)中"居住小区及小区级以下"的"公建配套",尚未顾及文化体育公共服务设施用地的选项。虽然《城市用地分类与规划建设用地标

---

[1] 《城市用地分类与规划建设用地标准》(1990年原城乡建设环境保护部主编,建设部批准 标字第322号文件 GB137-90)公共设施用地(Commercial Land Public Facilities)、体育用地(C4)为"体育场馆和体育训练基地等用地,不包括学校等单位内的体育用地"。细分的体育场馆用地(C41)为"室内外体育运动用地,如体育场馆、游泳场馆、各类球场、溜冰场、赛马场、跳伞场、摩托车场,以及水上运动的陆域部分等用地,包括附属的业余体校用地";体育训练用地(C42)为"各类体育运动专设的训练基地用地"。

准（讨论稿）》2008 年版仍在待审批之中，但是，与 1990 年的《标准》进行比较，可以发现，居住用地（Residential）"居住小区及以下主要公共设施和服务设施"中增加了"文化体育设施"，这是一个值得期待的进步。

另据了解，许多城市的居住小区规模的社区相应地配置了文化体育设施，其参照执行的《城市居住区设计规划规范》（GB50180 - 93 2002 年版）为强制性国家标准；特别是经 2002 年修改后的 14 项条款"为强制性条文，必须严格执行"，其中，"居住区公共服务设施（也称配套公建），应包括：教育、医疗卫生、文化体育、商业服务、金融邮电、社区服务、市政公用和行政管理及其他 8 类设施（6.0.1）"。该《规范》在部分内容的规定上是介于《城市用地分类与规划建设用地标准》90 版和 2008 版（讨论稿）的中间接续和过渡性的法规，对分级控制规模、指标体系和公共服务设施的部分内容进行了适当调整。居住社区各级的规模，以及"居住区及居住区级以上"的"体育用地"和"居住小区及居住小区级以下"的"配套公建"的规定有一定的连续性。这是目前我们掌握的关于城市居住区规划设计的较具适用性和约束力的行业规章。

《城市居住区设计规划规范》（GB50180 - 2018）（以下简称 2018 年版《标准》）相较于传统规范最大的改变是以人的步行时间作为设施分级配套的出发点，突出了居民能够在适宜的步行时间内到达相应的配套设施，满足相应的生活服务需求，便于引导配套设施的合理布局。不同于传统规范以设施点为核心，强调"同心圆"式的空间布局模式，2018 年版《标准》以居民为核心，强调以人的基本生活需求和步行可达为基础，开展相应的社区生活圈居住区建设工作，充分体现了"以人为本"的城市发展理念。

不过，2018 年版《标准》虽然从概念上明确了社区生活圈的定义和空间范围，但关于划分社区生活圈空间单元的方法并没有给出具体的、可操作的实施办法。相较于旧版标准，不同时间尺度的生活圈居住区对应的人口规模也是非常庞大的。将该标准应用于实践，受限于居民日常步行网络的错综复杂、交错纵横，考虑"步行可达性"的配套设施覆盖范围将远比旧版标准复杂得多。

新修订的《中华人民共和国体育法》关于"居住社区"和"居住

区"的区分似乎已经很清楚了，以前我们曾揣测建筑规划领域的标准规范体系模糊或偷换了体育政策法规有关"社区"概念。现在可以认为，《中华人民共和国体育法》关于"新建居住社区"的条款相比较之前的几部法规，不仅规定和提法没有突破，甚至又返回到计划经济年代的原点——"居住区及居住区级以上"划拨体育用地的规定。

以上有选择地列出几部规范居住社区体育用地的政府法规文件，包括国务院令和国务院文件，以及执政党和政府联合出台的文件，并讨论了包括时间、位阶和表示约束力几个要素。在这些法律、法规、文件的讨论中一直有一种困惑，如何理解体育场地设施配置中的"社区"？差别是什么，出现不一致怎么判定？《立法法》似乎也难以厘清其中的关系。如果位阶不存在差别，时间的先后是否可作为要件适用，法规文件的性质能否比较出不同？而且表示执行力度的用语多以倡导性、柔性的"应当"为主要表达形式，只有2002年中共中央八号文件使用了强度较高的"必须"。

其顾虑源于对《中华人民共和国体育法》第八十三条提法的质疑，即如何将体育的法制精神和国务院令的原则要求在规划建筑的《规范》《细则》《技术标准》中体现出来，形成可操作实施的、有约束力的文字规定。如果《中华人民共和国体育法》的相关表述影响建筑标准规范的修订，那么现行建筑设计的标准规范体系就没有变化，对解决大众体育用地不足的作用不大。

为此，应该结合城市居民的实际需求对居住社区体育用地利用现状进行分类，并根据《城市用地分类与规划建设用地标准（讨论稿）》（2011年版）从体育用地性质分析新分类标准中合理部分和对体育用地认定的影响，其中涉及体育用地新的类别扩大的必要和可能——"居住小区体育用地"合理性的论证。

3. 公共服务"下沉"：建设"五级"体育设施网络构思

《全民健身条例》（[2009]国务院令 第560号）用第一、二条款说明了两层含义：其一，建设公共体育设施，是保证全民健身运动顺利开展的必要条件，是公共服务的内容之一；其二，要加大基层公共体育设施建设的投入，相比较而言，直接惠及广大普通老百姓的公共体育设施建设相对薄弱、亏欠较多，差距进一步拉大，已经造成了事实上的全民健身事业发展的不均衡。因此，必须扭转局面，在硬件设施建设方面改变现状，明确要求"县级以上地方人民政府"特别要加大"基层公共体育设施建设的投入，促进全民健身事业均衡协调发展"。

《全民健身计划（2021—2025）》要求五年内体育健身设施有"较大发展"，提出公共体育设施和15分钟健身圈实现全覆盖；《关于构建更高水平的全民健身公共服务体系的意见》提出，"到2025年，更高水平的全民健身公共服务体系基本建立，人均体育场地面积达到2.6平方米"，"到2035年，与社会主义现代化国家相适应的全民健身公共服务体系全面建立"，"构建多层级健身设施网络和城镇社区15分钟健身圈"。为实现这个目标必须对用地标准、项目选择、设计规格等具体指标进一步细化，形成有一定约束力的"规范"和"技术标准"，使各级体育健身设施的规划、建设和使用有可供参照执行的依据。同时，有鉴于体育用地供给的不平衡和实现公共服务重心"下沉"的原则要求，着眼点应该由"居住区及以上"向"居住小区及以下"转移；有一个与此相对应的提法——"城市社区"。

城市社区即街道办事处辖区，经过体制改革后做了规模调整的居民委员会辖区，或城市规划中确定的有一定数量城市居民聚集的区域。社区是城市的"细胞"，行使城市最基层的管理职能，承载着健康城市建设的多项功能；城市的经济收益必须公平地分布于社区服务以满足所有人的基本需要。对本书研究的启迪和可资借鉴的实际意义在于，管理重心由街道下移到居委会，思考将划拨体育用地的"界限"放宽至"居住小区及居住小区级以下"，在"四级"体育设施基础上，探讨构建"第五级"大众健身设施体系的必要性和可行性，使体育设施规划更细、更具体、更贴近民生、更人性化，形成布局合理、互为补充、覆盖面广、普惠性强的网络化格局，力求从根本上解决大众健身设施不足的矛盾。

对此，党和政府十年前就提出了明确的具体要求："新建的非营利性体育设施，地方政府可以采用划拨方式提供用地。新建居民小区、经济开发区和学校必须配套建设相应的体育设施。"[①] 其中使用了"必须"一

[①] 中共中央2002年8号文件：《中共中央国务院关于进一步加强和改进新时期体育工作的意见》。

词，是我们所掌握的相关法律法规中表示强度最高的用语。如果今天对这个规定做一个客观评价，可以说，学校配套体育设施建设有一套完整严格的技术标准和监督程序作保证，"经济开发区"相对抽象且数量有限，而"新建居民小区"的情况则乏善可陈。

2023年2月25日，国务院新闻发布会上的资料显示，全国有近6亿栋房屋；来自住房和城乡建设部的最新数据显示，截至2019年底全国城镇存量住房面积约330亿平方米；这意味着，我国城镇化率达到一定程度、住房存量面积超出预期、老龄人口占比高、城镇老旧小区改造是当前城市发展的主要任务，关注"新建小区"意义不大，应该聚焦于历史欠账较多、存在问题较多的"现状居住小区""既有居住小区"。

城市居住社区体育场地设施建设补短板，核心是"统筹划定和调整"，并根据具体情况确定补短板行动实施单元。借鉴我国防控重大突发卫生公共事件的经验，考虑到流行病和大规模传染病防疫的实际需要，以及对"未成年人、老年人、妇女、残疾人"弱势群体的特殊照顾，可以认为，相对独立和易于封闭管理的"现状居住小区""既有居住小区"作为增设或完善全民健身场地设施基层网络较为适宜。

20年前，我国社会学学者通过学习和借鉴考证我国城市居民日常生活行为特征，提出"生活圈"概念。作为一种创新理念，受到体育学术界的关注，依据城市居民体育生活行为时空特征提出都市体育"生活圈"概念并引申出"健身圈"的设想和建议。2014年国务院46号文件正式确立"15分钟健身圈"提法，得到了各级政府和社会各界的广泛关注。"15分钟健身圈"的表述符合当时的基本国情，有一定的现实基础。今天，政府为加强社会治理提高公共服务效率，确定以"居住社区"为基本单元，"与15分钟生活圈相衔接"。应该说，这是着眼于一般人群的基本公共服务。同时，为落实全民健身战略，针对基层健身场地设施不足补短板工作提出"构建多层级健身设施网络和城镇社区15分钟健身圈"的指导性意见。

考虑到我国城市居住社区住房高低密度及人口数量巨大的客观现实，在体育用地划拨和规划的操作层面，"居住小区"可以不以人口规模为标准，也不以"城市社区"（居委会）为单位，如果从管理亦即体育场地设施后续效应考虑，应该着眼于相对封闭、相对独立管理的居民聚居区，就是规划设计审批程序所称的"项目",实现公共服务"下沉",构建"第五级"大众健身体育场地设施,就是在现有四级体育场地设施的基础上进一步"下沉"至"现状居住小区""既有居住小区",其着眼点是弱势群体体育权利的实现。

(三) 清晰与混沌并存:"公共文化体育设施"词义的逻辑辩证

词语,作为人与人之间交流的语言符号,在长期使用中"约定俗成",可谓"存在"就是道理。笔者不是在做学究式的训诂研究,而是因为在调查和研究过程中逐渐意识到,"文化体育"一词在不同领域中使用,产生了清晰与混沌并存的理解;而在"居住小区及居住小区级以下"的"配套公建"8类中的"文化体育"出现互换和相抵的情况,因此影响了体育设施规划建设法规的严谨和执行。

《体育法》将"体育场地设施"作了独立规定,而不是《公共文化体育设施条例》泛指的"文化体育设施",也不是建筑规划"配套公建"中的"文化体育"或"文体活动"。

仔细推敲,对"公共文化体育设施"概念的认知和理解有几分令人困惑。

"公共文化体育设施"有两个定语修饰词。"公共"有较一致的社会共识,解析《条例》相关规定,即公共文化体育设施建设主体是"政府"但不排除"社会力量",定性为以"向公众开放"为主要形式的"公益性"的……;"文化体育"是"设施"的第二定义,其实质是"文化"和"体育"的"设施",即应该是建筑学范畴中所指的两种不同类型的设施,其功能、作用和建筑要求均有很大区别。

仅从社会学、管理学抑或是政治学意识形态的视角,人们约定俗成地将"文化体育"作为具有同一特质、相似性较大并具有共性特征的社会文化、社会活动来认识,所谓"文体不分家";国家行政机关的市、地区、县及以下机构均设置"文化体育局",以及广泛见诸媒体与社会舆论的用语,更强化了人们对这一概念认知的思维定式。

《公共文化体育设施条例》作为国家管理高位阶的专项行政法规,将"文化体育"作为泛指某一具有共性特质的社会领域或管理范畴的内容加以界定尚可;但是具体到下一位阶的、具有指导或规范行为性质的"技术规范""技术指标""设计标准"时,如果仍用高位阶概念的宽泛理解来把握的话,势必造成操作层面相对的认知混淆,一定程度上会削弱下位法规条例的严密程度和严肃性。长期以来,"居住小区及以下"配套公建执行的设计指标就是"文体不分家",体育用地指标尚不是独立的"硬指标"。①

"公共文化体育设施"仅仅是一个概念性的范畴;如果具体到对单体建筑的规划设计环节乃至施工和使用过程,我们就不难区分这些建筑功能特殊要求以及建筑结构上的差异。一般意义的"体育场(馆)",其功能是为了适应开展各类体育运动的需要,因此,规划建设上要求相对开阔的空间,这一点与其他文化建筑空间局限性比较,有明显区别。因此,"公共文化体育设施"中的"图书馆、博物馆、纪念馆、美术馆、文化馆(站)、青少年宫、工人文化宫等建筑物、场地和设备"不具备替代"体育场(馆)"的可能。因此,"文化体育"这一用语,在不同领域、不同层面,应有区别地加以使用;特别是在法律法规的条文用语中更应力求严谨准确。也许正是由于这个概念不加区别地在不同范畴运用,才发生了下位法规的细化、特别是在操作层面以及执行过程中出现了较大的模糊空间和随意性。

"公共文化体育设施用地定额指标,由国务院土地行政主管部门、建设行政主管部门分别会同国务院文化行政主管部门、体育行政主管部门制定。(第十条)"对此,2005年《城市社区体育设施建设用地指标》确定了居住社区分级规模和人均用地双重指标体系,并就用地的统计计算规则、用地类别的归属等问题进行了规定;提出了19个社区体育的"基本项目",并根据竞赛规则和社区体育活动的特点,确定了其相应的场地面积指标。这是一个体育专业性的法规,其意义仅在于对单体的体育场地设施规划建设有技术性的指导作用,并没有对体育用地划拨产生实质性影响。

简而言之,在建筑领域尤其是规划设计环节,"体育"从"文化体育"的习惯用语与概念中分离出来,成为独立完整的"体育设施"体系

---

① 《城市居住区规划设计规范》(GB50180-93 2002和2018年版),提出体育设施"应配建"和"宜设置"的概念。

是必要的，对于制定技术指标、设计规范细则具有建筑学、法学方面的指导意义。

（四）"新建、改建与扩建"：居住小区体育健身场地设施建设的类别与侧重

为进一步落实全民健身战略，2022年3月中共中央办公厅、国务院办公厅印发《关于构建更高水平的全民健身公共服务体系的意见》提出"打造群众身边的体育生态圈"的概念，具体指出全民健身设施不足，要"实施全民健身设施补短板工程，加强乡镇、街道健身场地器材配备，构建多层级健身设施网络和城镇社区15分钟健身圈"。所指问题和内容明确具体、针对性强，对"新建居住区"规定了具体和可参照执行的人均标准；在实施程序中，特别使用了政府文件中少有的刚性用语"不得"。

这部时效性较强的政府文件对"新建居住区"规定的用意和作用是显而易见的，亦即，从即日起、从现在始，不允许再有新的"欠账"。《体育法》新增第八十三条关于"新建居住社区"规定的实际价值仅局限于此。如果客观分析当下我国经济规模和城市住房需求及现有存量，规模化"新建居住区"受到一定程度限制，因此，该法条设定的研究视角应该符合国家整体设计和社会公平均衡发展的需求，将关注点聚焦于"旧城区改造""老旧小区更新改造"才更有现实意义。

在国家经济建设和城市发展进程中，住房一直是亟待解决的主要问题之一。同时，其他问题需同步解决的客观情况也普遍存在，如居住社区人口规模不合理，公共活动空间明显不足，公共服务设施亟待完善，与人们的需求还有较大差距。基于权利公平正义的法治精神，在当前大规模城市旧城区改造中，政府也应该一并解决健身场地设施不足的问题，贯彻落实习近平总书记关于"及时为社区居民提供精准化精细化服务"的重要指示精神，建设高品质的体育友好型的完整居住社区。

城镇老旧小区改造内容可分为基础类、完善类、提升类3类；其中文化休闲设施、体育健身设施归属于完善类。《国务院办公厅关于全面推进城镇老旧小区改造工作的指导意见》（国办发［2020］23号）提出，养老、托育、体育等涉及城镇老旧小区的各类设施增设或改造计划，应该主动与城镇老旧小区改造规划和计划有效对接，同步推进实施。2019—2022年，全国范围内累计新开工改造城镇老旧小区16.7万个，覆盖2900多万户，惠及逾亿人。

我们关注的是，有关法规确立之后立基于此的制度设计和措施的可操作性；亦即，法条设置的规定和相应措施是否具有参照执行的可能。为此，首先明确两个节点，居住小区体育场地设施建设服务群体确认和土地使用性质认定；二者存在着必然的内在联系。即谁使用，谁出地、建什么、谁监督、谁管理，进而对该项条款厘清细节，使之可参照执行。

"新建"居住小区规划人均用地标准，项目申报和审批时宗地总平图明确体育用地范围；"改建"老旧小区利用存量"金边银角"或闲置空间置换等进行体育功能化改造，根据城市差异和具体情况自行设定可行标准；"扩建"并不具有典型意义，一般可参照前两者执行。

（五）"国家有关规定"：城市居住小区体育用地划拨正当性缺失

《体育法》第八十三条中，"国家有关规定"是指用于指导和规范"居住社区"体育场地设施"规划、设计、建设"的限定，均属于国务院和所属职能部门的行政法规类文件；大致包括国务院位阶较高的指导性意见，以及国家体育总局和住建部等部委各自从隶属关系、不同层级或职责侧重提出相应要求和规定，如《意见》《条例》以及规划建设的《规范》《标准》等三类法规文件。

1. "国家有关规定"梳理与分析

有关指导性意见或倡导性规定，常见于党和国家层面的行政法规文件之中。国家体育总局作为职能部门为贯彻执行国务院意见，有针对性地提出较为具体的配套方案和实施意见。就职能范围和责任而言，体育总局与规划建设部门互不隶属，法规文件的指向范围、对象、措施等与规划建设领域的规定和标准相对应的配套体系以及表述方式和相关用语尚存在专业上的差距，一定程度上影响了执行和运作的实际效果。

法律语言应该为所有人能准确理解，既要做到表述的专业性和简明化，也要做到受众的职业化和大众化。① 至于用语的使用和规范，当不同职能部门出现不一致时，当以高位阶法规用语为准，除非技术性较强的专业领域使用专业术语外，法规法条的制定当以更广泛的人能懂、能明白、能理解为宜。

体育公共服务精准到居住小区。聚焦居住社（小）区配套体育设施建设用地供给的核心问题是要明晰土地管理、规划设计等城市建设职能部门与之配套的、具有约束力和可参照执行"标准"和"规范"等，及其与体育相关政策法规衔接的紧密程度；就目前我们掌握的相关法规文件的确有需要推敲和修正之处，也有部分规定尚待进一步细化和完善。操作层面技术性问题的讨论，事先做制度性安排是必要的也是必需的；否则，仍然是各说各话。

2. "住宅小区"体育用地基本属性与合法性正名

划拨与出让并举是居住小区体育用地供给的基本形式。建在哪里、有没有地方建，这是居住小区体育设施建设的前提条件。

城市居住小区体育用地供给缺乏明确制度安排，其根本原因在于《划拨用地目录》中将"住宅小区"的"全民健身运动设施"排除在"非营利性体育设施用地"之外，从而否定了"居住小区"划拨体育用地的合法性，这个规定既没有法理依据，也造成了事实上的不公平、不合理。

问题在于不应以居住人口规模为参照系和执行标准，而应该以"住宅小区"性质确定体育用地供给方式，即"划拨"抑或"出让"。这也是有关研究提出不同居住小区体育用地差异化供给的出发点，即高档小区利用市场有形的手调控、普通商品房小区政府给予一定支持、保障性小区依靠政府保障。

对此，《中共中央、国务院关于进一步加强和改进新时期体育工作的意见》（2002 年）就提出了明确而具体的要求："新建的非营利性体育设施，地方政府可以采用划拨方式提供用地。新建居民小区、经济开发区和学校必须配套建设相应的体育设施。应该说，"必须"意味着没有例外

---

① 兰薇：《〈中华人民共和国体育法〉"社会体育"章修改的历史渊源与现实进路》，《体育科学》2021 年第 10 期，第 26—32 页。

和特殊，是立法语言中极具强度和刚性的表达。用今天的现实情况来评价这一规定，学校配套体育设施有着严格的标准和程序作保证；经济开发区内涵宽泛，多强调产业属性；新建居民小区配建体育设施的成绩则乏善可陈。关键问题是"必须"有无明确规定和具体措施予以保障，这一点对今天仍有现实的参照和指导意义。

3. "现状居住小区""既有居住小区"体育用地标准缺失

从现行法规梳理，城市居住小区（除新建外）体育用地供给标准缺乏可参照指标。仅就规划和操作层面的问题而言，以人口规模标准建构"居住小区"属于事前的城市规划，现已被生活圈规划所取代。"城市社区"（居委会）则多是城市规划落地建设后的行政性管理地域空间范畴。如果从我国城市高密度的集合式居住样态及体育场地设施建设后的使用和管理考虑，应该着眼于相对封闭、独立管理的"现状居住小区"和"既有居住小区"，构建距离人民群众最近的健身体育场地设施网络。城镇老旧小区改造是重大民生工程和发展工程，大力改造提升城镇老旧小区，改善居民居住条件，让公共服务"下沉"，让群众生活更方便、更舒心、更美好。

新建的非营利性体育设施，地方政府可以采用划拨方式提供用地。地方政府根据属地具体情况制定《规范》和《标准》；同理，参照新建标准提出旧城区改造的实施方案。目前看，后者更具现实意义和应用价值。就整体而言，城市之间不可强求一致，应该因地制宜，量力而行，尽力而为。

在城市稀缺资源土地的分配、供给和利用问题上，涉及多方利益的博弈和多元主体的行为规范，地方政府主导制衡作用至关重要，其途径和行之有效的手段就是完善法治。

五　时不我待：城市居住社区体育用地法规正当性补救

综上所述，城市居住社区体育用地法规正当性缺失主要源于三个环节：将"居住小区及以下"体育用地排除在"公益性""非营利性""全民健身运动设施"之外，使之"划拨"缺乏法源法理的正当性；混淆了

"居住社区"和"居住区"的概念，使体育相关法规在规划设计领域失去合理性和有效性；把居住小区"配套公建"中的"文化体育"混为同一个指标，使二者在规划设计时可以互换和替代。

当然，对"居住小区及以下"能否实现"体育用地划拨"应该充分估计到实施的难度和复杂性；毕竟公共服务"下沉"、构建"五级"健身设施网络的用地总量，对地方和城市政府而言是一笔不小的投入，体育还不是民生之亟待解决的主要问题。所以，一要"量力"，二要"落实"。"量力"是实事求是，即根据城市和"项目"（居住社区）制定出体育用地供给原则，参照法规制定符合城市实际情况的"人均"用地面积或另行提出最低标准；"落实"就是要科学论证、程序规范、以求实效。根据讨论的内容，围绕着体育用地的供给，从法理确认、法规建立以及法条修改与完善等提出建议。

（一）明确居住社区体育用地性质是"公益性"的"全民健身运动设施"

因此，应列为"公益事业用地"中的"大众体育用地"，至少在"居住用地"的"公建配套"中"体育"独立分类，并以"法律、行政法规规定的其他用地"加以确认，实现"非营利性体育设施采用划拨方式提供用地"的立法目标。

（二）研究"居住社区体育用地"专项立法（规）的必要性和可行性

《中华人民共和国体育法》新增第八十三条中的"国家有关规定"具体所指诚如上述分析，尚有待进一步明晰。体育用地供给涉及城市稀缺土地的再分配与有效利用涉及多方利益的博弈，必须在专项立法范畴予以规制，缩减"自由裁量权"的幅度并规避选择和决策的主观随意性，"把权力关进制度的笼子里"。基于此，根据2023年《中华人民共和国立法法》修正草案的基本精神，"国家有关规定"也可视作"专项立法"或"授权立法"允许的一种表述。

有学者曾经对"专项立法"解决居住小区体育用地供给的路径做了

探索。① 但是，相较于国家层面亟须解决的立法项目，这毕竟是局部性问题。其中必须考虑到问题是否具有普遍性、紧迫性，能否进入立法程序，其过程的时间成本、人力成本是否可行等均需要进一步论证并统筹安排。从体育用地"小切口"讨论法律意义上的"专项立法"也许有些书生意气，但是，从学术研究的视角对解决问题的路径与方法未尝不是一种有益的尝试。

为保证党和政府体育政策实施的连贯性和权威性，可以根据居住社区设计规模、人口结构、区位特点等，分析新的建设规划分类标准中合理的部分，探讨体育用地新的用地类别扩大的必要和可能，通过地方人大立法程序，用政府规章约束体育用地的划拨、规划设计、施工验收的全过程。

（三）贯彻体育法制精神，参与建筑规划法规、标准、规范的修改过程

就政府管理某一具体的社会事务而言，凡是具有行政隶属或与该事务有关的同一级别、不同职能部门之间的法规对应衔接是必要的前提条件。2020 年《住房和城乡建设部等部门关于开展城市居住社区建设补短板行动的意见》系由住建部等十三部委联合颁发文件的模式可资借鉴。即国务院提出要求，加强组织领导和部门协调，建立协同机制，统筹整合涉及居住社区建设的各类资源和力量，体育部门要加大对社区健身场地设施建设的指导支持力度，协调有关资金向居住社区倾斜；通过政府采购、新增设施有偿使用、落实资产权益等方式，推动社会力量参与，支持社会力量建设"百姓健身房"。

居住小区体育用地供给必须建立由国务院相关职能部门的协调机制并形成指向性清晰的行政法规，如果一般性倡导文件与专业规定契合度不够，无异于各说各话。现有行政法规的细化主要是指体育与建设职能部门文件、规范、标准的对接，形成就居住小区体育场地设施配套建设贯通一致的法规文件。规范体育政策法规及文件的用语，提高刚性要求

---

① 骆映、邓婧、谢洪伟等：《城市居住小区"划拨"体育用地专项立法研究——基于〈健康中国 2030 规划纲要〉的思考》，《体育学刊》2018 年第 1 期，第 82—88 页。

和可操作性；提出对《划拨用地目录》、《城市居住区规划设计标准》（GB50180-2018）、《住宅建筑规范》（GB 50368-2005）、《城市用地分类与规划建设用地标准》（GB50137-2011）的修改意见；将体育的法制精神和国务院令的原则要求在规划建筑的《规范》《细则》《技术标准》中体现出来，形成可操作实施的、有约束力的规定。

（四）科学论证，制定客观的"城市居住社区体育设施用地定额标准"

体育方面的法律法规当务之急是对建筑规划标准体系的修改施加影响，完善相关技术规范和实施标准。而对于"公共文化体育设施用地定额指标"，特别是提出客观的、有参考价值的、可量化的"定额"则尚需要经过科学的论证。

（五）"全民健身"配套立法中设置独立章节

《体育法》第二章"社会体育"已修改成"全民健身"，第八章保障条件中有8条关于体育场地设施的法律规范，但是《体育法》是体育领域基本法，决定了其调整内容的原则性、概括性，而不能对体育领域所有内容作出事无巨细的规定。我们可以考虑在以"全民健身"为核心议题的《体育法》配套立法中增加居住小区体育用地有效供给的系统规范。

其一，在《全民健身条例》中设置独立章节，增加相关条款，以对《体育法》第八十三条法律规范实现细化补充。根据2023年6月对外公布的《全民健身条例（修订草案）》第五十七条表述与《体育法》第八十三条无异。显然，居住小区体育用地供给还未引起足够的重视，建议增加"现状居住小区""既有居住小区"体育场地设施建设的标准和规范。其二，将《全民健身条例》升格为《全民健身法》。目前，学界加强了对"全民健身法"立法的关注，[①] 力图以国家立法的形式，确认全民健身的国家责任和政府义务。在庞杂的全民健身工作体系中，体育用地有效供给是重要的内容之一。将居住小区体育设施配套建设的标准规定纳入全民健身法规体系并上升为法律，有利于建立多元主体齐抓共管、协

---

① 马宏俊：《试论我国体育法律体系的建立与完善——以〈中华人民共和国体育法〉修改为视角》，《体育科学》2021年第1期，第7—20页。

同发力的长效机制，有利于发挥市场对资源配置的杠杆作用，提高政府政策供给的协调、制约与监管职能。

六　结语

当前，首先要做到的是，必须以城市"新建项目"和"保障性社区"为节点，并且"保障性社区"按规定完善"公建配套"，包括体育用地设施建设，警惕把保障性住房建成"现代贫民窟"，不能"老账"未还又欠"新账"；其次，实现"居住小区及以下"划拨体育用地，建立"五级体育设施"网络，实现体育公共服务"下沉"；最后，"居住小区及以下"具体到"项目"，可实现"同时设计、同时施工、同时交付使用"的原则要求。

第七章

市场失灵:城市居住社区体育场地设施供给及其实践路径

一 探究的缘起与意义

《全民健身条例》开宗明义,开展体育活动是人的一项基本权利(国务院560号令,2009),提供必要的体育场地设施是保障这项基本权利的首要条件,这明确了我国政府开展群众性体育活动的主体地位和法律责任。

居住社区体育场地设施是居民开展经常性体育锻炼活动必不可少的物质条件。当前,居住社区缺乏体育场地设施是一个具有普遍性的、人所共知的事实,也是制约我国群众体育发展的瓶颈。造成居民社区缺乏体育场地设施的原因是多方面的,但体育场地设施的缺失会影响人民群众追求健康的生活方式、锻炼身体的迫切要求。[1] 这是政府应予以关注和亟待解决的现实问题。

基于经济学视角,解决城市居民健身场地设施不足的问题,可从两点考虑:一是"存量",二是"增量";任何资源均可通过存量结构调整和增量资源的配置实现功能结构的变化,以满足相应的需要。"存量"盘活是现有资源有效利用管理层面的技术性问题,"增量"是加大"供给",是规模的扩张。客观上讲,无论是存量供给还是增量供给都有其优缺点,可以解决这些问题,但不能解决那些问题,所以采用怎样的供给方式或

---

[1] 赵克:《"建老百姓身边场地"问题的政府法律责任》,《体育科学研究》2010年第3期,第25—28页。

者两种方式如何分配实行，取决于我国体育发展所要达到的各种目标的优先顺序和国民经济发展水平所决定的现实条件，以及是否有合意的制度安排。

2003年8月1日实施的《公共文化体育设施条例》第十五条指出："新建、改建、扩建居民住宅区，应当按照国家有关规定规划和建设相应的文化体育设施。"《全民健身条例》（2009）和《全民健身计划（2021—2025）》进一步突出了"建老百姓身边场地"的时代意义和具体要求。因此，国家扩大公益性和基础性公共体育服务供给，推动基本公共体育服务均等化，逐步健全全民覆盖、普惠共享、城乡一体的基本公共体育服务体系是新修订的《中华人民共和国体育法》的主要任务和目标，是服务型政府的主要责任，是实现社会公平和公民体育权利的内容之一。

鉴于此，本书基于经济学论域相关理论展开讨论，遵循"是什么、为什么、怎么办"的思考逻辑，首先，对城市居住社区体育场地设施的"身份"进行甄别；其次，对城市居住社区体育场地设施供给的必然与合理性进行有益探讨；再次，确定城市居住社区体育场地设施供给主体、生产模式及制度安排；最后，从社会分层的视角，坚持"底线公平"理念，关注弱势群体，主张以保障性社区体育场地设施需求为公平的底线，并提出"低端靠保障、中端寻支持、高端找市场"的实践路径，构建判别城市居住社区体育场地设施提供的底线规模模型。研究目的力图提高城市居住社区体育场地设施供给决策的科学性、合理性和可操作性。

二 城市居住社区体育场地设施性质判别

（一）"公共物品"传统界定的理性思考

有关公共物品理论的分析雏形可以追溯到休谟（Hume, 1739）[1] 和亚当·斯密（Smith, 1776）[2]，但相对正式的形式，一般认为是始于萨缪

---

[1] ［英］大卫·休谟：《人性论》，关文运译，商务印书馆1980年版，第577—579页。
[2] ［英］亚当·斯密：《国民财富的性质和原因研究》（下卷），郭大力、王亚南译，商务印书馆1996年版，第272页。

尔森（P. A. Samuelson, 1954）[①]的《公共支出的纯理论》一文。该文首次正式地给出了公共物品的经典定义，并提出了公共物品在消费上"非排他性"的技术特征。其后，马斯格雷夫（Musgrave, 1969）[②]在进一步讨论中提出了公共物品在消费上的"非竞争性"，这成为后来为学界所广泛接受的"非排他性"和"非竞争性"公共物品二元特征。按照二元特征的强弱关系，所有物品被分为三类：纯公共物品、准公共物品和私人物品。基于此，体育学术界许多学者依据二元特征把居住社区体育场地设施都划归到"公共物品"或"准公共物品"行列，但稍作分析，我们会发现，用传统公共物品理论来认定居住社区体育场地设施身份时仍遭遇难以解释、不能自圆其说的尴尬。

1. 居住社区体育场地设施划为公共物品的边界不清晰

目前，无论是在欧美发达国家还是在发展中国家，居住社区体育场地设施普遍是由政府提供的公共物品。这种观点已被广为接受，但是细究可以发现，如果严格地用消费上"非排他性"和"非竞争性"来评判，居民社区体育场地设施包含这两类特征都较弱，并不符合经典意义上的公共物品。比如，要对居住社区体育场地设施实现"排他"，这在技术上并不困难。从欧美国家社区提供的体育活动中心实例来看，一道门禁、一道栅栏轻而易举实现排他且成本低廉。另外，对于任何一个体育场地设施而言，可同时进行锻炼的人员极为有限，在边际意义上，A在使用时则B就无法使用，竞争性是显而易见的。

面对这种尴尬，现有文献是这样对其解释的：其一，居住社区体育场地设施是准公共物品；其二，居住社区体育场地设施作为公共物品具有正外部性。

对此，我们也可以这样反诘问之：首先，准公共物品是具备非竞争性和非排他性中的任一种特征的物品，如俱乐部物品和公共资源。从上述分析可知，居住社区体育场地设施并不直观具有上述特征。其次，客

[①] P. A. Samuelson, "The Pure of Theory of Public Expenditure", *The Review of Economics and Statistics*, Vol. 36, No. 4, 1954, pp. 387–389.

[②] R. A., Musgrave, "Provision for Social Goods", *Public Economics*, McMillen, Vol. 87, No. 4, 1969, pp. 60–80.

观上，很多私人物品也具有正的外部性。居住社区体育场地设施的提供能使居民得到锻炼，提高健康水平，具有正外部性，但是，像粮食之类的私人物品也有正外部性。一个人吃饱了，身体健康了，对个人和社会来说也有正的外部性，但似乎并没有人把粮食归为公共物品之列。

2. 居住社区体育场地设施具有私人物品的基本属性

实际上，按照经典公共物品的定义，许多著名经济学家也把诸如社区体育场地设施之类的物品划归到私人物品之列。比如，马斯格雷夫（R. Musgrave, 1959）[1]指出，教育和健康保健等应归为私人物品性质的"有益物品"[2]。哈维·罗森（Harvey S. Rosen, 2000）认为，"在某些场合，保健、医疗和住房是由公共部门提供的私人物品"[3]；英吉·考尔（Inge Kaul, 2006）把基础教育、卫生保健归为关键性的私人物品。[4]霍华德·格伦内斯特（Howard Glennerster, 2003）一语中的，"尽管我们关注的服务有一些公共物品的性质，但本质上还是私人物品"[5]。另外，还有学者从私人物品公共生产的角度进行了研究，如 Epple & Romano（1996）[6]。

以上文献表明，西方学者已承认按照经典定义，教育、医疗、保健、住房等是私人物品。居民社区体育场地设施是为保障居民健康服务的，按此逻辑，理所当然涵盖在健康保健的私人物品之列。

但是在实践中，我们面对的问题却是：政府该不该、能不能提供居住社区体育场地设施？在传统逻辑下，公共物品由政府提供，私人物品由市场提供。一旦明确了居住社区体育场地设施属于私人物品，它们就

---

[1] R. A., Musgrave, *The Theory of Public Finance*, McGraw-Hill, 1959, pp. 109 – 154.

[2] 一种极为重要的物品，当权威机构对该物品在市场机制下的消费水平不满意时对该物品的消费进行干预。

[3] [美]哈维·S. 罗森：《财政学》（第四版），赵志耘译，中国人民大学出版社2000年版，第78页。

[4] [美]英吉·考尔编：《全球化之道：全球公共产品的提供与管理》，张春波、高静译，人民出版社2006年版。

[5] [英]霍华德·格伦内斯特编：《英国社会政策论文集》，苗正民译，商务印书馆2003年版。

[6] Dennis Epple & Richard E. Romano, "Public Provision of Private Goods", *The Journal of Political Economy*, Vol. 104, No. 1, 1996, pp. 57 – 83.

失去了由政府提供的合理理由,而这又与世界各国实践、与人的需要、社会观念是相违背的。因此,我们需要对居住社区体育场地设施的性质重新认识,公益性和公共性则是判断居住社区体育场地设施性质的重要约束条件。[1]

(二) 城市居住社区体育场地设施性质的现代认知

人们对事物的认识往往经历一个由浅入深、由表及里、去粗取精、去伪存真的辨别过程。理论来源于实践并为解决实际问题服务,一般性的阐释都会侧重某一理论或基于解决争端的不同立场,力图获得最佳的求证效果。对公共服务、公共产品的认知也是如此。当人们的争论摒弃对这一事物的表象关注之后,开始聚焦于解决问题的实质讨论,特别是以依法治国为基点,开始思考权利和权力的博弈、责任和义务的实现、以公平和正义为旨归等议题时,经济学研究的意义则更在于人人都可以分享社会、经济发展的成果——包容性增长。对此,许多著名学者做了大量有现实指导意义的研究。

诺贝尔经济学奖得主布坎南(J. M. Buchanan, 1993)认为,不论出于什么原因,只要是任何由集团或社会决定,通过集体提供的物品都可以称之为公共的。[2] 之后,布坎南(2009)在《公共物品的需求与供给》一书中,在"何种物品应当是公共的"(第9章)中作了进一步阐释,"……我强调物品实际被供给的方式,而不是物品按其描述性特征被分类的方式";同时,他还回答了"何种物品和服务应由政治—政府过程公共地提供,而不是通过市场过程私人地提供?"的问题。[3] Malkin 和 Wildavsky(1999)认为,公共物品不能由自身固有的某种属性来定义,而应由社会公共选择来决定。[4] Marmolo(1999)采用法经济学的分析方法,

---

[1] 汤际澜、徐坚:《公共体育服务的公共性研究》,《天津体育学院学报》2010年第6期,第510—514页。

[2] [美]詹姆斯·M. 布坎南:《民主过程中的财政》,唐寿宁译,生活·读书·新知三联书店上海分店1992年版。

[3] [美]詹姆斯·M. 布坎南:《公共物品的需求与供给》,马珺译,上海人民出版社2009年版。

[4] W. Vereecke, "Public Goods: An Ideal Concept", *Journal of Social-Economics*, Vol. 28, No. 2, 1999, pp. 139–156.

提出了法律意义上的公共物品理论。他认为，所谓"公共"和"私人"只是指不同的供给方式，而与物品本身无关。[①] 史卓顿（H. Stretton）和莱昂内尔·奥查德（L. Orchard, 2000）则进一步论述道，"把出于政治目的、由集体的政治选择所决定的物品，即把政府决定免费或低价提供的物品和服务看作公共物品"[②]。

与固守"非排他性"和"非竞争性"的二元消费属性特征来定义公共物品相比，布坎南等人则是从供给主体和决策机制来确定该物品是否为公共物品——是谁、通过什么途径提供的，显然，他们把研究视角从对消费特征的关注转向了对供给主体及供给目的的思考。

尽管两种确定公共物品的着眼点不尽相同，但布坎南等人并不是对经典定义的否定，相反是将经典公共物品理论纳入其理论研究框架，并将其引申放大、赋予更合理的思想内核，更有利于人们对公共物品本质和价值的认识。根据布坎南等人对公共物品的界定，看一种产品是否是公共物品，根本标志在于是否经过确定的政治选择并由政府来提供。而由政府来提供时自会考量两种情形：一是经典定义的纯公共物品，具有非排他性和非竞争性，出于技术和成本原因只能依靠政府供给。二是虽不存在技术或成本困难，但出于某种价值观念或伦理理念，经集体选择程序确定由政府提供的物品。

城市居住社区体育场地设施固然具有消费上的排他性和竞争性，但是，在经济发展与社会进步到一定阶段，出于公民健康保健、全面发展的需要和社会伦理的需要，每一个公民能在锻炼的时候自由享受体育场地设施被视为人的基本的体育权利，被视为文明社会、和谐社会所应有的仁慈和人道关怀。因此，城市居住社区体育场地设施消费不能完全遵循一般商品或服务"有支付能力的有效需求原则"和申张"消费者主权"，还应遵循"人人享受生存、发展、健康和自由权"。从这一意义上说，居住社区体育场地设施具有显著的公益性和公共性，在道德与伦理

---

① E. A. Marmolo, "A Constitutional Theory of Public Goods", *Journal of Economic Behavior & Organization*, Vol. 38, No. 3, 1999, pp. 27 – 42.

② ［澳］休·史卓顿、莱昂内尔·奥查德：《公共物品、公共企业和公共选择》，费昭辉、徐济旺、易定红译，经济科学出版社 2000 年版，第 68 页。

上与一般私人物品具有显著差异的标准。如果这种价值观被社会广为接受，经过集体选择确定转化为社会政策，居住社区体育场地设施则顺理成章地列入政府公共物品供给的清单中，因为生存权、发展权、健康权和自由权原则最终高于经济原则。

（三）城市社区体育场地设施存在的依据和本质属性

现实中，城市社区体育场地设施的供给存在着市场失灵的现象，这种市场失灵现象与当前社区居民的消费支出能力和市场机制的完善程度有关。消费支出能力不足使得私人没有内生驱动力去提供这种生活"非必需品"。尽管它有显著的正的外部性，且对社会发展和居民福利提升有莫大益处，但社区体育场地设施对弱势群体或中下阶层而言有较强的正外部性，可是这种正外部性难以在现有市场经济体制下使私人预期收益得到有效内化。市场机制的不完善使得市场和政府去追寻更有比较收益的方面，而忽视体育场地设施的供给。这时，只能由政府出于政治伦理需要，通过制度安排把具备私人物品属性的体育场地设施作为公共物品来提供，目的就是通过机制设计来弥补和矫正市场失灵现象，切实履行以维护社会的公平正义和提高社会整体福利水平的政府职能。社会公平和社会公共需要的实现，当前所依赖的一条路径就是包容性增长下的"基本公共服务均等化"战略，而这不需要财政税收均等和成员身份认证为前提。

城市社区体育场地设施的本质属性不在于公共性的强弱，也不在于消费上的非竞争和非排他，它是适应了一定社会经济发展水平和体育发展价值取向的制度设计，国家和政府需要通过这种制度设计来供给这种具有较强正外部性关乎全国国民身心健康水平和幸福指数的物品。因此，城市社区体育场地设施的本质属性是社会性，即以社会公平为基础理念来实现全体公民的共同需要，进而实现社会良性运行的发展目标。不可否认，居住社区体育场地设施的提供的确有助于满足公民的体育锻炼诉求，贯彻社会公平公正的理念，同时还对全社会带来了正的外部性和公益性，即健身、健心和益群。我国执政党和政府对这个问题的重要性有清楚的认识，《中共中央国务院关于进一步加强和改进新时期体育工作的意见》（2002）明确指出，"体育事业是社会主义物质文明和精神文明建设的重要组成部分"。《中华人民共和国国民经济与社会第十四个五年规划和二〇三五年远景目标纲要》（2021）第四十四章第五节明确提出"广泛开展全民健身运动，完善全民健身公共服务体系……提高健身步道等便民健身场所覆盖面……"《"十四五"体育发展规划》（2021）中也明确指出，"以体育立法引领体育改革，用法治方式推动体育发展……推进全民健身场地设施建设"，这充分说明居住社区体育场地设施是出于公民的体育权利和社会伦理需要，在一定经济社会发展条件下的阶段性"选择"（注意：不是最终选择），成为政府政治选择决定供给的一种特殊的公共物品。①

三 城市居住社区体育场地设施供给必要性的讨论

（一）享用体育场地设施是人的基本权利

近代启蒙运动的思想家洛克、卢梭和孟德斯鸠等人认为，在没有政治社会产生以前，人类在"自然状态"中，受自然法的约束而处于一种自然和谐的状态，每个人都有保有生命、健康、自由等自然权利。随着社会的进步，人类的需求不断增加，个人享受各种社会福利的权利或各种受益权利，亦即自然权利的范围不断扩大。从人类漫长的发展历程来看，不论是从自然的、社会的、生理的还是心理的任一角度来审视，人类从体质和文化都需要身体运动，因而人人都具有体育权利。

体育权利是人们通过参加体育活动，对体育的健康、教育和社会等功能的认识逐渐深入而产生的自身利益诉求。体育权利的产生不同于社会与经济权利产生于人类对物质的追求，也不同于基本的公民权利产生于对自由的向往，而是出于人类对自身生存与发展的忧患意识，目的在

---

① 这种特殊公共物品，从政治上看具有强烈的基于人道的社会公益性和公共性，但经济性质上基本上属于私人物品，即从经济学意义上看，城市居住社区体育场地设施是"既具有私人物品性质又具有社会公益性的特殊公共物品"。实际上，关于这种界定，鲍明晓在《群众体育：公益还是私益？》、胡鞍钢在《我国体育改革与发展方向》和中国社会科学院医改课题组对医疗卫生服务也作过相类似的界定，还有许多对传统公共物品界定批判与反思的文章中也有类似的观点，这里不再一一赘述。

于提高健康水平，实现人的自由全面发展。实际上，体育权利作为人的基本权利早在1966年联合国《经济、社会和文化权利国际公约》中就已明确规定了健康权（第12条），开创了从人权角度看待健康问题的先河。同年，国际人权文书也意识到健康是人之所以为人的幸福和尊严的重要条件，各签约国政府对于健康的责任在这些人权文件中都作出了明确规定。[①] 1978年联合国教科文组织大会通过了《体育运动国际宪章》，该宪章开宗明义，规定"参加体育运动是所有人的一项基本权利"。我国宪法第二十一条第二款之规定，"国家发展体育事业，开展群众性的体育活动，增强人民体质"，依据宪法制定的《体育法》（1995年和2022年修订版）及相关法律法规都对体育权利作了相应规定，并明确政府在保障体育权利时的主体责任。

时至今日，城市居住社区居民的体育权利的满足与实现程度已成为衡量社会进步与文明的重要标志。[②] 每位居民的体育需求，共同构筑成了表达和满足体育权利的基本起点，但是，在不同的经济社会发展阶段，人们的体育需求并不相同。借用马斯洛需求层次理论，我国人均GDP已突破1万美元，在这个发展水平上，人们对体育的需求则会趋向于更高层次，相应地，对身边的体育场地设施有了更高要求，对体育权利表达的愿望更加迫切。发达国家的政治主张也告诉我们，居民享有体育场地设施的多少不取决于自身的物质财富的多寡，它是公民不能被剥夺的基本权利。保障居民的体育权利的前提是居民的体育需求与偏好能得到正确表达，通过对上海[③]、乌鲁木齐[④]、河南[⑤]三省市区城市居民体育需求调查表明，"体育制度保障"和"体育场地设施"成为影响公共体育服务满意度的主要因素。应该认识到，居住社区体育场地设施有效供给不仅是为了满足居民的体育需求，更是保障居民公共健康利益和体育权利的基本

[①] 陈颖健：《公共健康全球合作的国际法律制度研究》，上海社会科学院出版社2010年版，第37页。

[②] 范宏伟：《公共体育服务均等化》，博士学位论文，北京体育大学，2010年。

[③] 沈建华：《上海市体育公共服务的需求》，《体育科研》2008年第2期，第38—41页。

[④] 刘卫东：《乌鲁木齐市城市社区居民体育服务需求分析》，《绵阳师范学院学报》2008年第11期，第131—133页。

[⑤] 蔡景台、樊炳有、王继帅：《城市体育公共服务居民满意度调查分析：以河南省10个城市为例》，《北京体育大学学报》2009年第6期，第31—34页。

途径。

(二) 人的全面自由发展需要体育场地设施

马克思年轻之时受到费尔巴哈人本主义影响,他在继承人本主义理论体系中关于人的自由和全面发展等人道主义理想的基础上,进一步指出,未来的社会目标就是实现人的体力和智力得到全面、充分的发展与运用。马克思和恩格斯在《共产党宣言》中关于理想社会的描述令人神往,理想社会就是"……在那里,每一个人的自由发展是一切人的自由发展的条件"[1],这高屋建瓴的概括,是指引人类自我完善的经典论述。每一个人的发展自然包括身体的发展,而这离不开体育。[2]

马克思从宏观视角为我们实现人类健康的审美理想作了精彩论述,诺贝尔经济学奖得主阿玛蒂亚·森(Sen,2002)则在马克思理论的影响下,从经济学视角对发展观作了进一步的拓展,即将"发展"加入了伦理的价值体系,使得发展更具"包容性"的特征。森从可行能力和自由[3]两大视角看待发展,认为自由发展是一个人选择有理由珍视的生活的实质自由——可行能力的全面扩展。[4] 这种发展向我们昭示了经济人向自由人发展的未来趋势,既不同于马克思的发展观,也不同于传统经济学领域的发展观。基于全面自由的持重,追求 GDP、收入、财富、技术进步等传统发展指标只是为了促进人的全面发展的手段,在一定经济阶段必然要考虑,但绝不是经济增长的目的。

从全面自由的观点出发,发展是消除那些造成经济不自由因素的过程,这些不自由因素包括专政、公共设施的缺乏、医疗保健的不足等。事实上,许多经济学家也一直强调以自由衡量发展,如世界银行在其报告中(1991)曾指出,"健康与强壮、体能、智能和道德情操……是社会

---

[1] 《马克思恩格斯选集》第1卷,人民出版社1995年版,第9页。

[2] 胡小明:《分享运动:体育事业可持续发展的路径》,《体育科学》2010年第11期,第3—8页。

[3] 按森的观点,自由是人们享受他们有理由珍视的那种生活的可行能力。可行能力又指人有可能实现的、各种可能的功能性活动组合。功能性活动指一个人在生活中能成功地去做的事情或达到的状态,前者如从事体育锻炼,后者如锻炼后达到身体健康。

[4] [印] 阿玛蒂亚·森:《以自由看待发展》,任赜、于真译,中国人民大学出版社2002年版。

发展的基础，而经济财富最根本的重要性在于如何明智地促进健康"①。为此，森建议发展中国家不必一味追求高速的经济增长速度，在社会发展的不同阶段，都应突出安排合理的社会政策与制度保障人们享受的自由，从而实现自由而全面的发展。

当前，居住社区体育场地设施是居民更贴近、更方便的体育生活场所，无论是从马克思的发展观，还是阿玛蒂亚·森的主张来看，居住社区体育场地设施的供给都是满足人们自身发展的一种不可或缺的物质条件。

（三）居住社区体育场地设施供给的政治伦理诉求

2010年9月16日胡锦涛在第五届亚太经合组织会议上，提出了"包容性增长"这一引人关注的新理念，其内涵是通过追求包容、协调的增长方式，在可持续发展中实现经济社会协调发展，强调公平合理分享经济增长成果，充分实现个体成长。2020年5月十三届全国人大二次会议上，李克强所作的政府工作报告中明确要着力保障和改善民生、更加注重社会公平正义、加快实现公共服务均等化，让社会财富的创造者成为社会财富的享受者，让更多的人享受社会发展的成果，并逐步建立以权利公平、机会公平、规则公平、分配公平和人道主义公平为主要内容的社会保障机制，完善利益冲突的调节机制。政府关心民生问题，突出体现了政府职能已由追求经济增长转向解决民生问题，从而实现由增长型政府向公共服务型即民生型政府的转型。

发展体育事业是贯彻落实党的方针政策与精神的重要组成部分，同样存在着待解决的体育事业中的民生问题，其重点是优化体育公共资源，逐步实现体育公共服务均等化。根据国家体育总局公布的2023年全国体育场地统计调查数据，全国体育场地达459.27万个，体育场地面积达40.71亿平方米，全国人均体育场地面积2.89平方米，与发达国家人均15平方米相比，差距较大。马克思曾指出，"批判的武器不能代替武器的批判，物质的力量只能用物质力量来摧毁"②，保障居民体育权利，实现

---

① 世界银行：《1991年世界发展报告》，中国财政经济出版社1991年版，第53页。
② 《马克思恩格斯选集》第3卷，人民出版社1995年版。

人的全面自由发展,执行宪法中"国家发展体育事业,开展群众性的体育活动,增强人民体质"、全民健身条例中"……保障公民在全民健身活动中的合法权益……"的规定需要物质条件。否则,居民如何开展体育活动?体质如何增强?权益如何保障?实现习近平总书记提出的构建更高水平的全民健身公共服务体系的目标需要物质条件,否则,靠什么去完善?实现提高人们的幸福指数①的愿景也需要物质条件,否则,怎么去提升?

必须指出的是,在我们抱怨居住社区体育场地设施供给不合理、不公平,呼吁政府作出政策调整的时候,存在着一个不言自明的事实,就是在社会上已有一些人先行享受了被视为每个人都应当享受的体育权利,他们把体育休闲作为豪华享受而占据大量社会体育资源。只有少数人的"体育",是社会的不公正。因此,不论是贯彻政府政策精神还是出自伦理需要,体育权利的普及对象事实上是那些体育权利还没有得到切实保障的社会弱势群体。

注意到这样一个事实,有助于我们精确锁定居住社区体育场地设施此刻重点供给的对象,即那些不由自身控制因素决定的中低收入群体。正如公共政策专家迈克尔·希尔(2003)所说,现代发达国家,在历史上的公共物品或服务都是优先向最迫切需要得到帮助的贫困人口,然后再在此基础上逐步实现均等化。② 据此,居住社区体育场地设施供给是社会发展到一定程度时的必然,其应予以重点投入的对象也是明确的,即以经济适用房、廉租房为主的保障性住房,以及棚户区改造、外来务工人员和中低收入阶层集聚的居住社区。

四 城市居住社区体育场地设施的供给主体、生产模式与制度安排

我们对城市居住社区体育场地设施性质进行了判别,并从人的基本

---

① 亚里士多德也认为幸福的要素包括健康、强壮、身体魁梧、良好的竞技道德等12种。显然,从这些要素上看,幸福缺少体育是不全面的。

② [英]迈克尔·希尔:《理解社会政策》,刘升华译,商务印书馆2003年版。

权利、人的全面自由发展，以及政治伦理诉求三个方面讨论了城市居住社区体育场地设施供给合理性与必要性；至此，接下来需要考虑的是可行性，即由谁来提供——供给主体、如何提供——生产模式，以及提供多少——适度规模等操作层面的技术问题。

（一）城市居住社区体育场地设施的供给主体

供给是经济学上的一个基本概念，在《经济学大辞典》中，"供给就是在一定时期，某种价格水平上生产厂商愿意且能够提供的一定量的商品或劳务"①。对此，首先要明确供给主体，从国家产生的理论和国家或政府的职能看，必须由国家或政府来作为主体承担居住社区体育场地设施的供给。政府从以下三个方面行使职权。

1. 公共利益实现：政府的责任主体地位

社会契约理论认为，人天生就有非常广泛的权利，这就是"天赋人权"，只不过是人们在行使各自权利的同时会产生权利冲突。为解决这一问题，每一个社会成员必须放弃自己的一部分权利，大家将各自放弃的权利交给一个大家公认的、具有公信力、执行力的组织来行使，这个组织就是"政府"。"从逻辑上说，所谓'政府'，在一定意义上正是依据这样的公共需要而产生的——更严格一点说，政府本身的'合法性'，正存在于这样的公共需要当中——政府本身是被公众创造出来保护公众利益、调节社会纠纷的社会仲裁人"②。居住社区体育场地设施事关老百姓的公共利益和权利，其供给自然就是政府的责任。

2. 公权力介入：政府干预调控交易成本

科斯定理告诉我们，在存在交易费用的社会中，不同产品通过不同的供给渠道会产生不同的交易成本，合理的制度安排就是为了降低交易成本。居住社区体育场地设施作为公共物品的交易费用包括为什么生产它、如何生产它和怎么生产它等进行社会选择的费用、交易收费等；在市场机制条件下，这些费用是非常高的，因此，受经济、社

---

① 梁小民主编：《经济学大辞典》，团结出版社1994年版，第424页。
② 樊纲：《作为公共机构的政府职能》，载刘军宁等编《市场逻辑与国家观念》，生活·读书·新知三联书店1995年版，第16页。

会、政治条件限制的人或集团一般不会参与这个过程。从这个意义上说，通过国家的制度设计与创新来降低交易费用是很有必要的。只要现代市场制度中存在交易费用，那么国家提供体育场地设施就成为题中应有之义。

在人类社会发展过程中，体育曾是贵族阶层休闲享乐的特权，由私人为其提供服务；但是，随着经济发展和社会进步，今天的体育事关人的健康、发展与幸福以及人的基本权利，发展大众体育已成为国家意志和政府职责。此时，如果仍以私人提供体育产品和服务必须支付很高的成本，而且随着社会的发展会不断增加，使得私人生产难以为继。别无选择，私人生产只能利用独占权要求消费者支付高昂的费用，这对一般消费者来说则是一种掠夺。在市场机制作用下，私人生产只能为少数人服务。当服务型政府确立之后，体育社会化、市场化成为必然，那么，维护正常秩序"一种替代办法就是政府的直接管制……强制性地规定必须做什么或不得做什么，并要求服从之"[1]。政府对市场、对社会的管理的手段多样，主要依靠积极的财政政策、税收政策、土地政策和价格调节政策扶持培育体育市场，同时，政府利用法律强力介入，维护市场与社会正常秩序。

3. 土地所有权：政府对体育场地设施供给

众所周知，体育场地设施是建立在一定范围的土地的基础上的，因此，土地的划拨是关键问题。而土地是最重要的自然生成资本，也是政府所掌控的最重要的战略资源。《中华人民共和国土地管理法》第八条已明确"城市市区的土地属于国家所有"，既然最重要的自然生成资本为国家所掌控，其收益归国家所有，故作为公共物品重要组成部分的居住社区体育场地设施就应当由国家负责供给。2002年《中共中央国务院关于进一步加强和改进新时期体育工作的意见》指出"各级政府要重视体育设施建设，加强城乡公共体育设施规划"；2003年《公共文化体育设施条例》规定"新建、改建、扩建居民住宅区，应当按照国家有关规定规划和建设相应的文化体育设施"；2009年《全民健身条例》倡导"居民住

---

[1] [美] R. 科斯、A. 阿尔钦、D. 诺斯：《财产权利与制度变迁——产权学派与新制度学派译文集》，刘守英等译，上海人民出版社、上海三联书店1994年版，第22页。

宅区的设计应当安排健身活动场地"。2022年新修订的《中华人民共和国体育法》第八十一条至第八十三条规定"优化配置各级各类体育场地设施，优先保障全民健身体育场地设施的建设和配置；县级以上地方人民政府应当将本行政区域内公共体育场地设施的建设纳入国民经济和社会发展规划、国土空间规划，未经法定程序不得变更；新建、改建、扩建居住社区，应当按照国家有关规定，同步规划、设计、建设用于居民日常健身的配套体育场地设施"这些法律法规的出台更是明确了政府应该承担的责任。

令人遗憾的是，土地财政使得地方政府在行使用地审批权时，一定程度上出现了社会责任与财政收益的价值偏差，甚至为数不多的人为一己之私而进行权力"寻租"，从而导致逆向选择，使得这些原本柔性的法律法规更难以发挥对弱势群体应有的救济作用。

（二）城市居住社区体育场地设施的生产模式

国家政府作为体育场地设施供给的主体并不否认其多元化的生产方式（多方的投融资形式），同理，多元化的生产方式也不可能否定国家政府作为供给的主体地位。

在此，我们必须清楚公共物品的提供与生产是供给过程的两个不同环节，正如2009年诺贝尔经济学奖得主埃莉诺·奥斯特罗姆（E. Ostrom, 2000）所讲，"在公共领域，供给与生产的区别是相当重要的。有时提供设备与服务的政府单位也是相应设备和服务的生产者，即供给者与生产者是同一的，但通常的情况是，一个机构会依靠一个私人企业甚至另一个公共机构来建造或经营设施"，并进一步指出，"提供"主要指就提供者、数量和质量、资金安排、生产安排等内容通过集体选择机制作出决策。"生产"则是指将投入变成产出的技术化的过程，强调怎样进行具体的产出活动。[①] 所以，国家作为体育场地设施的供给主体，并不是说国家必须进行生产，也不是说国家供给体育场地设施就是有效率的。在现实中，经典公共物品的生产方式一般有政府生产、私人生产、第三部门生产三种

---

① ［美］埃莉诺·奥斯特罗姆、拉里·施罗德、苏珊·温等：《制度激励与可持续发展》，陈幽泓、谢明、任睿译，上海三联书店2000年版，第86—87页。

生产方式。① 萨缪尔森、戈尔丁和张五常等著名经济学家也曾有类似的观点阐释,即公共物品不一定由政府生产,也可以由私人部门提供。

从前文的论述可知,居住社区的体育场地设施是具有私人物品特征的特殊公共物品,出于人的权利、发展和幸福的伦理观念,社会意识的总体倾向是,它应该为所有人平等地享用。因此,只能按照政治伦理需要进行分配,让全体公民平等地消费体育场地设施。但体育场地设施本身的特征,既可排他也具竞争性,且在一定时间内对它的消费总量等于所有消费者之和,说明享用体育设施的效用是可分割、受益主体可识别、受益多寡亦可计量,应该说完全具备收费的条件。② 关于体育场地设施能否为私人生产且规模适度,德姆塞茨(H. Demsetz, 1970)认为,只要能排除不付费者,私人就能有效提供公共物品;并且通过歧视定价策略对待不同消费者,可以达到收益最大化和数量合适的公共物品。③ 关于公共物品的提供者,应首先把公共物品定位于社会发展所必需的一种客观存在的商品或服务,而作为一种商品或服务,可能的提供者无非就是政府、市场或者两者兼有。④ 基于政府财力不足、生产效率缺乏、外部性等已被反复证明的原因,早就出现了非国家生产公共物品的可能和需要。人的社会需要主要通过法定途径、商业途径、非正式途径和志愿途径等来满足。⑤ 同样,人们对于居住社区体育场地设施这一公共物品的需求也会通过多元的途径得到满足,即体育场地设施的生产模式可以多元化。

在经典公共物品理论语境下,公共物品具有非排他性而无法由私人生产,居住社区体育场地设施具有的私人物品属性特征则不存在私人介入生产困难的问题。因此,不论从理论还是现实可能性来看,都为私人

---

① 吕恒立:《试论公共产品的私人供给》,《天津师范大学学报》(社会科学版)2002年第3期,第36—41页。

② 这一点我们可以从现有的经营性场馆找到例证,如果不是我们所说的"效用可分割、受益主体可识别、受益多寡亦可计量",根本无法市场化经营。

③ H. Demsetz, "The Private Production of Public Goods", *Journal of Law and Economics*, No. 13, 1970, pp. 293 – 306.

④ 金红磊、王守宽:《公共物品提供主体的多元化:兼谈政府职能的让渡与拓展》,《浙江工商大学学报》2005年第6期。

⑤ 王传伦、高培勇:《当代西方财政经济理论》,商务印书馆1995年版,第161—172页。

介入体育场地设施的生产打开了大门。

其实,居住社区体育场地设施的生产不管是私人生产还是政府生产,重要的是避开这样的误区,即政府生产代表着免费或低价,[①] 生产低效,具有公益性,而私人生产代表着高价,生产高效,则失去公益性或公共性。实际上,在生产和消费之间横亘着政府这一中介体,政府根据现实情况对私人生产进行必要的约束和规制,私人生产是有助于其公益性的,因为它可以动员社会资源参与生产,形成规模经济和竞争生产的局面,从而提高生产质量和数量,增进了社会总体福利水平(如图7-1)。由此,在"消费"的一端,回答的是应该有哪些、该不该享受体育场地设施,其依据就是涉及公正的政府政治伦理和普遍社会价值观;在"生产"的一端,考虑的则是能不能的问题,应该从市场、社会、政府中选择由"谁"来生产,其依据则是"效率"这一纯经济问题。正是考虑到私人生产的益处,公私合作模式(Public-Private-Partnership,PPP)已迅速成为公共物品生产实践中的前沿创新方式。[②]

图7-1 体育场地设施的生产与消费及政府间关系

据此,居住社区的体育场地设施生产模式呼之欲出,即政府生产模式、私人生产模式、公私合作模式等。体育场地设施的生产主体多元化、竞争式,并不否认国家作为体育场地供给的唯一地位和主体责任,这是因为:(1)土地作为体育场地设施建设的承载体为国家所有,县级及县级以上政府有权"划拨"土地,只能由国家供给。(2)私人生产模式、公私合作模式也只能说是国家利用社会资源实现国家职能的表现,而不是国家责任的转嫁,政府要为体育场地设施生产提供适当制度安排和制度激励,而且作为理性经济人,私人生产定会追求利益最大化,这时政

[①] 实际上,税收是政府用来分摊公共物品成本的一种机制,可以说税收就是公共物品的价格。在这个层面上,公共物品并不是免费供给的。

[②] 郑志强、陶长琪、冷毅:《大型体育设施供给PPP模式合作博弈分析》,《体育科学》2011年第5期,第27—32页。

府有责任对其生产者进行必要的调节与规制。(3) 在其他主体生产时，政府有责任提供信息以及必要的支持，如土地"出让"或"划拨"以及相应的法律法规保障等。比如，科斯（1994）分析早期"灯塔"这种公共物品的供应情况时指出，政府仍然是其供给主体。[1] 因为私人收费是在政府特许的前提下进行的，只不过政府采用间接的方式，利用了市场机制来提供。在政府供给中，既有政府直接生产体育场地设施，也有政府通过财政支持、政策保障等方式间接地提供体育场地设施，这种多元生产模式已在欧美实践中得到证实。[2]

（三）城市居住社区体育场地设施供给的制度安排

至少在可预见的时期里，居住社区体育场地设施都是有限的，而且，与一般商品和服务不同的是，老百姓身边的体育需求并不完全受"有支付能力"的约束。所以，几乎各国政府都创制了特定的制度来解决居住社区体育场地设施的供求矛盾。但是，任何制度安排都有其局限性和交易成本，尤其是以公益性目标或非市场方式提供体育场地设施服务，往往会产生竞争无效或激励不相容的问题。从制度的有效性和可行性来看，只有形成有效的激励机制，让各类生产主体所受激励与制度目标的方向趋于一致，且激励适当，才能使城市居住社区体育场地设施供给沿着正确合意的方向发展。

在我国现阶段体育发展方式下和当前经济社会发展现实中，城市居住社区体育场地设施的有效供给必须要有合理的制度安排，即构建激励相容的机制和主体，关键在于解决好以下两个问题：

1. 供应增长激励：增加体育场地设施的供应

解决增加体育场地设施的供给激励主要体现在三个方面：

其一，要在适宜的激励机制下，激励现有体育场地设施所属部门有动机提供更多数量和更好质量的服务，也就是让提供更多更好的体育服

---

[1] [美] 罗纳德·哈里·科斯：《论生产的制度结构》，盛洪、陈郁译校，上海三联书店1994年版，第215—240页。

[2] 刘玉：《发达国家体育公共服务社会化改革实践及启示》，《成都体育学院学报》2011年第3期，第1—5页。

务的部门获得更多的利益，同时，也要约束其因追求利益而弱化公益性的行为。

其二，政府根据体育发展目标更加合理配置体育资源，实行竞争导向的制度安排，减少行政性配给的制度安排。

其三，降低进入壁垒，允许并鼓励更多的社会资源进入居住社区体育场地设施生产领域。激励不同生产者无论选择营利组织还是非营利组织的形式都能体现公益性，且能发挥积极生产的作用。只是对于营利组织主要利用利润驱动机制，辅以必要的管制。

2. 适度供需激励：实现体育场地设施的供需均衡

其一，要形成能够激励各类生产者提供适度体育场地设施的机制，应该在制度上辅以合理安排，即政府管制和利益诱导双管齐下。如果说，生产者做到既不过度也不敷衍地生产体育设施，而且还能实现更多的自身利益，这时供给处于最佳状态。

其二，要形成能够激励体育场地设施消费者选择适度的体育服务的机制，既不放弃必要的基本体育服务需求，也不主张过度的体育服务需求。这时，应该遵照个人支付预算约束，最低限度地限制消费者使用体育场地设施的选择权，达到激励消费者选择适度的目标。

其三，应该引入第三方监督管理机制，形成"政府、居民消费者和第三方"相互制约和平衡的机制，保障体育场地设施的健康长效运行。

五　城市居住社区体育场地设施供给的路径选择

（一）贫富差距：转型期社会分层视野下的多样社区

自改革开放以来，我国社会阶层结构发生了巨大变化。转型期经济社会发展导致的职业、收入等要素决定的社会分层取代了单位制下政治身份分层。目前，转型期我国社会分层大致有三种不同的判断，一是以陆学艺（2002）为代表的"十阶层"理论；二是以孙立平（2002）为代表的"社会断裂"理论；三是以李强（2002）为代表的"碎片论"。"十阶层理论"具有包容性，基本纳入了转型期新出现的阶层；"社会断裂"理论则较为沉重，揭示了当前社会贫富差距过大的现实，由此造成阶层间的鸿沟；"碎片论"指出了庞大的底层群体的存在。无论是以三种理论中哪一种标准,从不同的角度对转型期中国社会分层结构的现状做了描述和分析,都在一定程度上能够揭示社会分层现实,反映了一种社会不平等。据统计,2023年胡润财富报告指出,中国拥有亿元资产的"超高净值家庭"数量达到了13.3万户,拥有千万资产的"高净值家庭"数量达到208万户,拥有600万资产的"富裕家庭"数量有514万户。这些富人财富资产达146万亿元,相当于全国GDP的1.5倍,相当于全国财政收入的6.73倍。与之形成鲜明对比的是,一个庞大的底层社会也已形成。根据万得数据库数据显示,2021年包含约3亿人的低收入家庭,人均可支配收入为8333元,折合每月694元,中等收入偏下家庭,人均可支配收入为18446元,折合每月1537元。月收入在5000元以下的人口占据了我国总人口的约90%,而月收入在2000元以下的人口占比约62%。这意味着,在我国的大部分地区,大部分人的生活水平并不高,他们可能还在为基本生活而努力,这不得不让我们反思,如何在经济高质量发展的同时,让更多的人感受到发展的温度,共享发展成果?

如果把这些贫富不均、地位不等的人群投影至城市地理空间上,我们可以发现,社会分层实质上是社会空间不平等的体现。转型期,地价机制引入城市土地利用,不同区位背后隐含的级差地租开始显现,加之社会分层下的人群分层为居住空间的分异提供了准备,各种类型的住房相继出现。高档社区、普通社区、保障性社区等已形成区隔,富人社区、中间阶级社区和贫民窟式的居住社区开始成片集中出现,[①] 单体均质而整体异质的社区空间正成为当前中国城市的典型特征。

(二) 底线公平:转型期城市社区体育公共服务供给理念转变

生活方式是社会分层和阶层再造的重要标志。著名社会学家布尔迪厄(Bourdieu, 1984)和凡勃伦(Veblen, 1992)认为,体育是一种生活方式。在人类社会发展过程中,体育曾是贵族阶层休闲享乐的特权,他们总是通过参与与众不同的体育运动来彰显与底层社会的不同。当这种体育运动变得越来越普及的时候,尤其是中下阶层参与较多的时候,他们便会主动寻找能显示优越的文化资本和职业地位的运动项目。这似乎

---

① 于永慧:《社会分层视野下的中国足球》,《体育与科学》2012年第1期。

隐含着这样一种逻辑,即富裕阶层和贫困阶层所追求的体育公共服务在内容和形式上并不一致,富裕阶层更容易获得体育服务。

城市居住社区体育场地设施作为政府政治选择决定的一种特殊公共物品,其特殊性就在于体育公共服务消费不能完全遵循"有支付能力的有效需求"和伸张绝对的"消费者主权"原则,而是要遵循"人人享受生存、发展和健康权利"原则。然而,体育公共服务需求在转型期常常表现为"缺乏支付能力而又必须满足",所以必须有合意的制度安排予以解决。同时,城市社区体育场地设施主要服务于本社区居民,虽然整体上具有显著的公益性,但局部也存在排他性。如果按照传统的公共物品理论,根据财政公平和成员身份(社区类型、单位、户籍等身份)来设计的排他性,那么富裕阶层在对体育公共服务的消费能力和获益能力上存在显著差异,通过货币价格很容易垄断体育服务消费权。这显然容易把弱势群体挤出受益范围,损害弱势群体的利益,进而阻碍体育公共服务均等化目标的实现。现代发达国家发展经验表明,公共服务的供给基本上优先向迫切需要得到帮助的贫困人口倾斜,然后再在此基础上逐步实现均等化。发达国家充分考虑了保护弱势群体获取公共服务的能力是一种允许并保护弱势群体分享经济发展成果的机制。相比发达国家,我国政府2010年才提出要"包容性增长"的发展目标,即要在经济增长的同时保证财富和效应惠及全体国民,实现社会公正。这当然也包含体育领域中的社会公正。

然而,什么是社会公正?罗尔斯回答说,"作为社会公平的公正"。落实到操作性的层面就是基本权利保证、社会机会平等、经济利益调节和补偿、社会差距缩小等。其基本价值取向就是,第一,让全体社会成员能够共享社会经济发展成果;第二,使每一个人都能拥有充分的自由发展空间。其基本立足点就是,应当站在社会整体利益的立场上,维护每一个人或群体的合理利益(吴忠民,2008)。那么,什么是适合我国国情的城市社区体育场地设施供给的社会公平水平?这决定着我国城市社区体育场地设施的供给理念。从我国城市群众体育发展的历史经验看,过去的平均主义理念下单一供给的实践路径已行不通,现在发达国家高福利模式下的体育公共服务供给不可取。体育是基本的人权,不容漠视。

因此，以底线公平理论①为理念的城市社区体育场地设施供给实践路径才是可行的选择。

底线公平描述的是社会公平度的概念。如何确定这个"度"呢？就是从转型期我国基本国情出发，从老百姓最急需、最基本的体育需求出发，划出一条线。这条线就是人人绕不开、社会又公认的，而政府责任不能含糊、不能推卸、必须做到的"底线"。底线划分了城市居民体育权利的一致性和体育服务需求的差异性。底线公平强调政府体育发展战略转型的责任，底线就是政府责任的底线，即"政府要管该管的事情（邓小平语）"。②但需要指出的是，转型期国家实行财政分权，财权和事权的分离，使得每个城市之间划出的底线并不完全一致。从这一点上说，也不同于计划经济时期的大体相同（千人指标等）的标准和实践理念。

（三）因区而异：底线公平理念下城市社区体育场地设施的供给路径

在我国各级政府致力构建体育公共服务体系，推行体育公共服务均等化过程中，不是从城市社区体育场地设施水平高低的意义上确定"底线"，而是由政府的社会政策、经济发展水平和体育发展价值取向共同决定的。底线公平不是最低水平的公平，它是有重点的公平。在转型期，重点就在于政府和社会要守住"公平的底线"，以确保每个公民都有基本体育服务保障，过着有尊严的生活，即优先解决在社会转型期处于弱势地位群体的体育需求；那些为了现在和将来人的全面自由发展所必须重视的体育需求。这部分是必须的、刚性的。根据弱者优先的原则，其重点投入的对象也是明确的，即以经济适用房、廉租房、棚户区等构成的保障性社区。

注意到这样一个事实，结合我国城市社区空间分异的事实，可以以保障性社区最基本的体育场地设施需求为底线，所有公民在这条底线面前具有体育权利的一致性，这就是底线公平。这是否意味着底线以上的部分政府就没有责任了呢？答案是有。但政府的责任是财政和税收上的双重制衡，调节贫富差距。因而，底线也可以称之为政府责任和市场机制之间的界限，即政府和市场的结合点。就市场机制而言，底线以下的

---

① 景天魁：《底线公平：和谐社会的基础》，北京师范大学出版社2009年版。
② 本报评论部：《人民观点：放要真放，管要真管》，《人民日报》2014年4月3日第5版。

部分不是市场机制发挥作用的领域,而是政府公共财政的责任领域。因为体育场地设施供给不是市场经济制度下的"自然产物",而是政府出于人的健康、政治伦理需要的一种"自觉结果"。如果按照市场机制的逻辑,体育场地设施绝不可能成为自动形成而为全民所享。底线以上的部分强调的是体育权利的差异性,主要靠市场调节,满足中高端阶层的多样化需求。因为他们具备的经济实力,可以选择"用脚投票",高收入者可以通过区位选择来获得更好的体育场地设施。通过市场、社会、个人组合承担,差别化满足需求,因而是柔性的(如图7-2所示)。

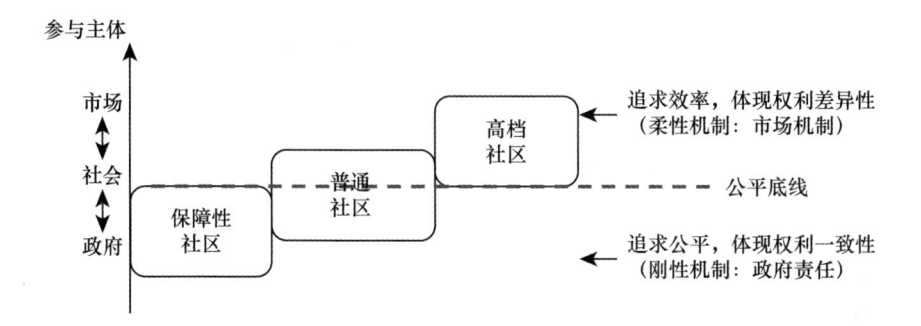

图7-2 底线公平理念下城市居住社区体育场地设施供给实践路径

正如罗尔斯(John Rawls,1988)所指出的,合理的差别就是公平。采用刚柔相济的供给机制,在转型期社会收入差距、贫富差距日益扩大的背景下,政府进行资源、财富的二次分配,甚至是三次分配,优先向中低收入阶层倾斜,以实现社会补偿,彰显社会公平正义。为此,研究秉持底线公平理念,主张这样一种实践路径,即"低端靠保障、中端寻支持、高端找市场"。前文所探讨的转型期城市社区体育场地设施供给模式:政府生产模式、私人生产模式和公私合作模式等多元多中心供给模式,具体到不同社区时的实践路径是这样的:保障型社区,政府生产模式。普通社区,公私合作模式。政府提供最基本的体育场地设施需求,其他部分政府与市场合作去做,政府主要起监督、规制的作用。高档社区,私人生产模式,完全交由市场。

六　城市居住社区体育场地设施投入的底线分析

上文已论证城市居住社区体育场地设施投入的必然及其供给主体与生产模式，那么它的底线到底多大才是适度的呢？众所周知，随着我国工业化、城市化进程，城市土地价格不断飙升，可谓寸土寸金。如果体育场地设施提供过多，不仅造成土地资源利用不合理，国家负担加重；若体育场地设施投入不足，则无法满足居民体育基本需求，造成供给不足等问题。如何解决体育场地设施供给不足，我们可以从两个方面来确定：一是从需求的角度分析投入多大的规模为适度；二是从生产可能性角度分析体育场地设施投入规模。

（一）城市居住社区体育场地设施适度规模的评判标准

1. 帕累托效率的初始条件

在经济学家看来，对资源配置效率含义最严谨的解释，是由意大利经济学家 V. 帕累托作出的。按照帕累托的理论，帕累托效率（Pareto efficiency）是指这样一种资源配置境界：能够使社会成员境况变好而不使另一些社会成员境况变坏的商品或投入品的重新分配所增进的社会福利。

要达到有效配置需要满足以下条件：[1]（1）交换最优：任意一对物品之间的边际替代率对所有消费这两种物品的消费者来说必须相等；（2）生产最优：对运用任意两种生产要素从事生产的单位来说，两种要素之间的边际替代率必须相等；（3）最高级最优：对任何可以再生产的一对物品来说，通常边际替代率必须等于边际转换率。同理，在城市居住社区公共物品的提供中，如果提供体育场地设施后，能使居住社区居民的福利水平提高，而并未损害到某些居民的利益，实现了帕累托改进，趋向帕累托最优状态，则说明居住社区体育场地设施的投入便满足了帕累托效率。

---

[1] ［英］C. V. 布朗、P. M. 杰克逊：《公共部门经济学》，张馨主译，中国人民大学出版社2000年版，第14—15页。

2. 成本最小原则的基本要求

私人产品主要是根据"看不见的手"来调节，遵循的是最小成本获取最大收益的原则。居住社区体育场地设施具有的双重属性，使得它的投入同样可以遵循最小成本最大收益原则，如通过招标形式确定成本最小的生产商，从而实现体育场地设施投入的成本最小化。如果不能实现成本最小化，即使其规模是适度的，但是，从整体上看还是存在帕累托改进的可能，不符合帕累托效率的要求，也就不是最优方案。

3. 满足未来发展需要的标准

由于经济社会处于不断变化发展过程中，居住社区人口规模、密度和地域范围可能也会随之扩张，居民们对体育场地设施的需求则会进一步增加，到那时，以前认为合适的规模现在就会显得不足。不过，以现阶段的水平确定居住社区体育场地设施规模作为参考标准是具有现实意义的。利用现代科学技术预测手段与方法对未来需求作出科学预测，结合现在规模的标准就可以确定未来一段时期内居住社区体育场地设施的适度规模。

（二）城市居住社区体育场地设施投入规模的确定

1. 从需求角度分析居住社区体育场地设施投入规模

现假定城市居住社区居民对体育场地设施的边际收益用 MV 表示，MV_1、MV_2……表示每个居民对体育场地设施的边际收益，$\sum MV_i$ 表示所有居民对体育场地设施的合成边际曲线。城市居住社区体育场地设施投入的边际成本曲线为 MC。居住社区体育场地设施作为公共物品，其供应的帕累托最优条件可表示为 $\sum MRS^i = MRT$，即所有人的边际替代率之和等于边际转换替代率（C. V. 布朗、P. M. 杰克逊，2000）。[1] 居民社区体育场地设施一旦提供，社区内所有居民均可享用。帕累托最优要求居民社区体育场地设施必须让所有人的边际收益之和与体育场地设施供应的边际成本相比较。MRS 和 MRT 则分别是按照边际收益（价值）和边际

---

[1] ［英］C. V. 布朗、P. M. 杰克逊：《公共部门经济学》，张馨主译，中国人民大学出版社2000年版，第14—15页。

成本来度量的。

为简单起见，我们暂不考虑收入效应、替代效应等因素的影响。个人边际收益曲线的垂直总量与边际成本曲线相交于 M 点，即 $\sum MV_i$ 与 MC 的交点 M 所确定的城市居住社区体育场地设施投入规模便是所要求的适度规模 Q_m（如图 7-3 所示）。

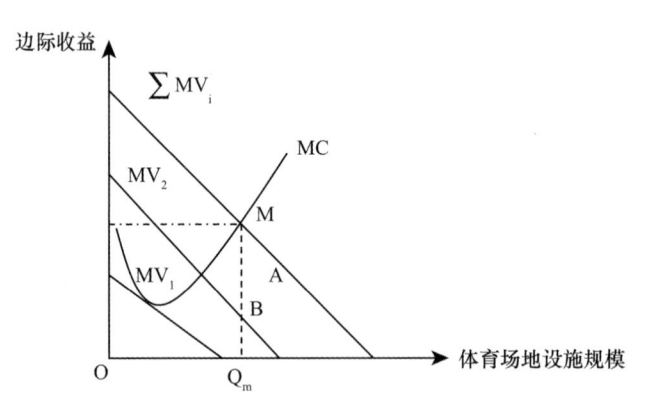

图 7-3　由需求与供给决定的居民小区体育场地的适度规模

注：根据王桂胜①和黄有光②研究成果改编。

2. 从生产角度分析居住社区体育场地设施投入规模

实际上，对于任意居住社区而言，一般生产着诸如基础设施（纯公共物品）、体育设施（特殊公共物品）等公共物品和私人物品两类。因为，目前城市居民社区建设中，有关基础设施、道路交通建设都是国家强制的、最基本的公共物品，其占用社区土地面积波动很小，而体育场地设施是人们开展文化体育活动必需的物质载体，它随社区人口的体育需求、体育人口的数量而变化。为简单起见，这里只考虑体育场地设施这一公共物品的供给，即居住社区仅生产体育场地设施（公共物品）和私人物品两类，于是得到了居住社区土地上生产私人物品与体育场地设施的所有可能的组合形式，即生产可能性曲线 XY（如图 7-4）。因此，

---

① 王桂胜主编：《福利经济学》，中国劳动社会保障出版社 2007 年版，第 100 页。

② ［澳］黄有光：《福祉经济学：一个趋于更全面分析的尝试》，张清津译，东北财经大学出版社 2005 年版，第 113 页。

增加私人物品的生产就意味着要放弃体育场地设施的生产，也就是说两种物品的生产都存在着机会成本而且它是递增的，因为每增加一个私人物品的生产所要放弃的体育场地设施生产是递增的，所以生产可能性曲线是一条远离原点的曲线 XY。

现在考虑居住社区在私人物品的生产和体育场地设施的生产间将如何选择分配。从生产可能性曲线上看，即选择就是决定按生产可能性边界上哪一点进行生产。曲线 XY 上所有的点都满足帕累托最优条件，但在这无数的帕累托最优点之中进行选择需要依赖伦理标准。[①] 这类选择通常不属于帕累托最优问题，而是属于社会福利函数，即体育场地设施与私人物品的不同组合给居民带来的效用水平（福利水平）。如图 7-4 所示，用 U_1、U_2、U_3 表示三条效用水平曲线（无差异曲线），由于边际替代率递减规律，三条曲线凸向原点。当生产可能性曲线与效用水平曲线相切于 A 点时，则实现居住社区物品提供的最佳配置规模，实现帕累托最优。由 A 点所确定的体育场地设施的规模便是整个社区体育场地设施投入的适度规模 Q_x。

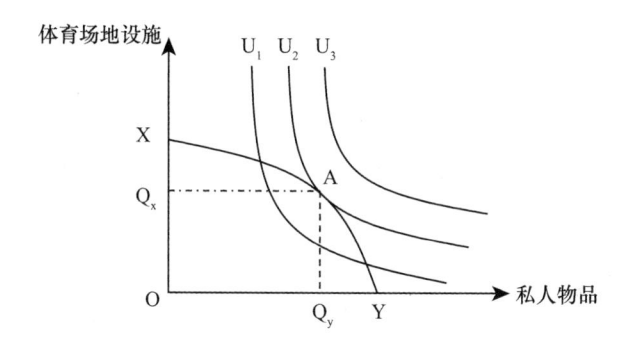

图 7-4 体育场地设施投入的最佳规模

七 结语

居住社区的体育场地设施是老百姓身边进行日常体育锻炼和健身娱

[①] ［澳］黄有光：《福祉经济学：一个趋于更全面分析的尝试》，张清津译，东北财经大学出版社 2005 年版，第 113 页。

乐的重要载体。改革开放40多年来，我国经济、社会和文化等方面取得巨大成就，需要使全体人民共享包括体育在内的改革开放所取得的硕果。然而，改革开放并未使我国体育事业解决公共体育服务短缺、非均等化、共同分享的问题。长期以来，我国体育事业坚持竞技体育优先，带动群众体育发展的发展战略，在取得辉煌的时候理应让大众分享参与体育运动的快乐，从而收获身心的强健，显示体育领域的公平正义。因此，提供老百姓身边的体育场地设施实现体育共享就成为实现人的体育权利和全面发展、社会公平正义和社会分配的最浅显易懂的伦理诉求，也是政府改善民生的最大政绩。

基于对目前城市居住社区体育场地设施建设中存在的基本认识问题的判断，本书认为，根据经典公共物品定义，居住社区体育场地设施的身份是私人物品。但是，根据布坎南等人的理论，居住社区体育场地设施却是基于人的体育权利、全面自由发展、社会公平正义的政治伦理需要，而由政府供给的兼具公益属性和私人属性的特殊公共物品。这种新认识更有利于我们指导实践工作。以满足公众的体育利益和权利为理念指导，居住社区的体育场地设施的生产模式可以有政府生产模式、私人生产模式和公私合作模式，但不论何种模式，政府都是体育场地设施的供给主体，也需要合意的制度安排。同时，从社会分层的视角，坚持"底线公平"理念，关注弱势群体，主张以保障性社区体育场地设施需求为公平的底线；并提出"低端靠保障、中端寻支持、高端找市场"的实践路径。在对居住社区体育场地设施的生产时，要以帕累托准则为指导，从需求与生产可能性两个视角可以确定底线规模的体育场地设施，防止浪费或不足，从而实现利益最大化。

应该强调的是，正如中国经济腾飞的奇迹不容易用现有经济社会发展理论来解释，中国城市居住社区体育场地设施有效供给的理论与实践也需要进行创新。整体看来，它是一个相对完整的体育场馆设施供给、管理使用、后续效应最大化的系统构思。本书作为城市居住社区体育场地设施建设的基础性理论研究，只是实用研究展开的前期铺垫工作的一种思路和提纲。在后续的研究中，将对体育场地设施的存量部分和增量部分的配置关系及实现效益优化的制度选择、体育场地设施的运行机制的选择等议题进行深入探讨。

第八章

利益均衡：城市居住社区体育用地划拨"量"的测算系统

一 前言

扩大大众体育场地设施，缓解群众性体育场地设施不足的矛盾，当前应扩大社会影响引起舆论关注和广泛的社会动员以形成合力，推动公共服务均等化贯彻实施。围绕提高体育用地"总量"这个核心议题，从技术操作层面有两个途径可以考虑：盘活"存量"缓解体育场地设施的迫切需求；扩大"增量"从根本上解决体育用地不足的矛盾。通过"法制"将对居民住宅小区大众体育场地设施建设作出原则性确认。

盘活"存量"，是管理层面提高固定资产使用率的技术问题；扩大"增量"，是从实质上应予以关注的根本问题。当然，"有效供给"不排除方法和途径两者间的辩证统一。其中的"供给"是核心概念，其含义是指产品和服务在特定时期为解决社会比较突出的问题，在一定价格水平上愿意且能够提供一定数量的劳务或产品；理论上基于经济学和社会学论域相关理论展开讨论，围绕"供给"的经济学内涵和社会实际不难作出阐释并达成共识。

城市居住社区体育用地供给有"划拨"和"出让"两种形式，提升到法律位阶较高的《中华人民共和国体育法》中增加相应条款加以确认。"新建居住小区要按照有关要求和规定配建社区健身设施，并与住宅同步规划、同步建设、同步验收、同步交付，不得挪用或侵占。健身设施未达到规划要求或建设标准的既有居住小区，要统筹建设社区健身设施。"① 新修订的《中华人民共和国体育法》第八十三条规定"新建、改建、扩建居住社区，应当按照国家有关规定，同步规划、设计、建设用于居民日常健身的配套体育场地设施"。从法治的高度规定了居住社区的配套体育场地设施的要求。但没有指出明确的体育用地标准。究其实质而言，"新建小区"尚有相关规定可供参照力争落实预留体育用地；而"改建、扩建居民小区"增加体育用地难度很大。这是城市改建中存在的普遍现象，也是困惑学界和业界的实际问题。

中共中央办公厅、国务院办公厅联合印发的《关于构建更高水平的全民健身公共服务体系的意见》中有明确规定，"新建居住区要按室内人均建筑面积不低于0.1平方米或室外人均用地不低于0.3平方米的标准配建公共健身设施，纳入施工图纸审查，验收未达标不得交付使用"。不过，这个配建标准主要是针对"新建居住区"，但事实上"居住区"是大尺度范围的规划建设，较低层级的"居住小区"并未提及具体标准。同时，根据住建部、发改委、财政部联合印发的《关于做好2019年老旧小区改造工作的通知》的要求，全国待改造老旧小区逾17万个，惠及上亿人。由于历史原因，许多城市老旧社区体育空间不足、居民多样化体育需求难以满足、公共体育服务落实不到位等。我们必须警惕在老旧小区更新改造中忽视体育，不能"老账"未还又欠"新账"。

当然，解决基本居住需求固然是今天我国城市化发展进程中的主要问题，但是，住宅是一个使用周期长，满足人际交往、娱乐休闲、文化体育等多种需求的特殊产品。因此，住宅区的规划建设应以人的多样化需求为旨归。如果由于我们今天的短视行为而造成明天将付出更大的社会成本和经济成本是得不偿失的。今天的旧城区改造，迫使我们不得不面对许许多多的"欠债"。经济代价容易理解，社会成本的构成相对复杂，其实质则是发展成果共享的社会公平正义。有鉴于此，与其亡羊补牢，不如未雨绸缪。因此，体育方面的法律法规当务之急是对建筑规划标准体系的修改施加影响，完善相关技术规范和实施标准。而对于"体育用地定额指标"，特别是提出客观的、有参考价值的、可量化的"定

---

① 《国务院办公厅关于加强全民健身场地设施建设发展群众体育的意见》，2020年。

额"则尚需要经过科学的论证。

二 利益博弈下的体育用地供给失衡

(一) 城市社区体育用地供给失灵下的纳什均衡

纳什均衡，是经济学博弈论中的重要术语，即非合作博弈均衡。具体来说，是指各参与方各自选择对自己最优的一个策略组合，其中"纳什均衡"最为经典的案例即是囚徒困境。在现实生活中，纳什均衡为社会经济、政治、军事等领域问题的解决提供了方法论。

居住社区体育用地的供给需要大量的土地资源，土地资源的稀缺性促使各方都不愿意去购买，换句话说就是市场机制在供给城市社区体育用地时是失灵的。这样的问题与囚徒困境有相似之处。在掌握资源的政府和房地产商的博弈中，各方都在追求自己的最大利益从而造成"公共地悲剧"。哈丁说：在信奉公用地自由化的社会中，每个人都追求各自的最大利益。这是灾难所在。每个人都被锁在一个迫使他在有限范围内无节制地增加牲畜的制度中。[1]

现在，我们假定地方政府和市场彼此都致力于居住社区体育用地的供给，这样他们能各获得 5 个单位收益。两者都不提供各方得到是 -10 个单位的收益，因为房地产开发商损失的是房屋的可持续发展及增值潜力，而政府损失的是政府的公信力和国民的健康。如果一方提供体育用地另一方不提供，则提供者有 -14 个单位的收益，而不提供者获得 8 个单位的收益，因为提供者要承担提供所需要的交易成本，而不提供者则搭车享有土地资源带来的效益（如表 8-1）。

表 8-1　　　　　　　　地方政府和开发商的博弈

市场（开发商） 地方政府	提供体育用地	不提供体育用地
划拨土地	A (5, 5)	B (-14, 8)
出让土地	C (8, -14)	D (-10, -10)

---

[1] [美] 格雷特·哈丁：《公用地困境》，《科学》1968 年第 12 期，第 1243—1248 页。

表8-1中双方共同选择的D就是处于纳什均衡。这个均衡点的现实意义在于,如果开发商和政府陷入彼此期望的搭车利益后,就会越陷越深,而在实际中没有任何一个理由让彼此走出困境。既然如此,那么这就需要掌握土地资源的一方,即接受人民权力的政府让渡出既得利益来打破纳什均衡。

(二) 帕累托最优下城市社区体育用地供给改进

帕累托最优是指任何一方的改进都会使其他至少一方的状态变好而不会使任何人的状态变差,即利己不损人。彼此没有约束力的选择是非合作博弈下的纳什均衡,各方的最优解是帕累托最优。在社区体育用地供给上如果能够实现从纳什均衡到帕累托最优,那么就可以克服"市场失灵""政府违宪"等问题,也可以避免各方由于利益的驱使导致的"公共地悲剧"。这也意味着政府和开发商都将积极地供给和购买土地参与体育场地建设,而目前的状态却是:政府负责建设的居住小区体育场地设施欠缺,开发商开发的商品房建设情况则相对较好,尤其是高端住宅小区,而开发商建设体育场地的目的也只是"卖点"并非出于保障公民基本的体育权利。理想的体育用地供给状态是政府保障城市社区最基本的体育用地划拨,开发商在适当的情况下增加所开发社区的体育用地。而要达到这样的目的,至少需要三个基本条件:(1)政府和开发商要形成互利的共同愿望(表8-1中A),而不是期望"搭便车"。(2)要有彼此利益的协调机制,即立法要求各级地方政府必须严格按照要求划拨体育用地。(3)要有第三方进行监督和实行程序上的正义。只有坚持这三点,才能实现从纳什均衡到帕累托最优。

由于社区体育用地的公共性,这块土地也就理应由政府无偿划拨。要做到这点最大的困难是法的确定和执行。在这里,最大的障碍在于说服政府放弃土地财政。而目前土地财政的替代品却没有找到。提供老百姓身边体育场地是政府实现社会公平和社会分配最浅显的伦理诉求。[1] 作为一个"服务型"政府和拥有"可持续发展"眼光的政府不妨从发展潜

---

[1] 谢洪伟、赵克、张红艳等:《城市居住社区体育场地、设施有效供给的经济学分析》,《体育科学》2011年第11期,第12—20页。

在经济和发挥土地经济社会效益最大化的起点出发考量居住社区体育用地的"功利"。

三 土地经济学的理论基础及适用性

我国在经历计划经济时期的集体单位分房到目前的住房商品化两个时期后,人们对居住环境的要求也从基本的生存需求逐渐提高到发展需求的层次。然而,土地资源的稀缺性要求我们合理地分配土地,达到分配土地使用效益最大化的目的。

(一) 土地经济学提出的时代背景

土地经济学是首先由美国威斯康星大学教授 T. 伊利(1922)发表的《土地经济学大纲》中提出的。此后逐渐为各国社会经济和学科发展实践所接受,它是研究土地利用过程中的经济问题的学科,属于土地学科和经济学的交叉学科。

关于土地经济学的内涵和外延,国内外专家学者做了大量的相关研究,具有代表性的论述主要有以下几种:伊利等在其《土地经济学原理》一书中指出:"土地经济学是研究因利用土地而发生的人们之间各种关系的一种社会科学。"[①] 其后伊利在与韦克合著的《经济学基本原理》中对土地经济学也作了定义:"土地经济学是经济学的一个分支,在理论与实用上研究人类因利用土地作为财产和收益来源和自然对人类服务而发生的人与人之间的各种关系。"[②] 张丕介的《土地经济学导论》认为:"土地经济学研究的对象,概括言之,为人与地的关系;具体言之,则为因人类经济行为而造成的人与地、人与人、地与地的关系。"[③] 张德粹在其著的《土地经济学》中认为:"土地经济学是研究人们利用土地时所应遵循的经济原理,亦研究利用土地而发生的人与人之间的经济关系,并探

---

① Ely and Morehouse, *Elements of Land Economics*, Ginn and Company, 1924, p. 10.
② 转引自刘书楷、曲福田主编《土地经济学》,中国农业出版社2004年版,第12页。
③ 张丕介:《土地经济学导论》,中华书局1944年版,第1页。

求改善这些关系的原则和方法，它是理论兼实用的科学。"① 毕宝德（1997）在《关于土地经济科学学科建设的几点思考》一文中提出"土地经济学是一门社会科学"，"是一门生产要素经济学"，"从社会科学的角度把土地作为一项社会生产要素研究人类在利用土地中所发生的人与土地关系及人与人的经济关系"②。

（二）土地经济学应用的研究领域

从以上各种定义中可以概括总结土地经济学的研究领域为两个方面：一是研究土地与人的关系，二是研究土地利用过程中的土地关系即人与人的关系。土地与人的关系的经济问题是从经济学的角度研究人们在利用土地过程中应该遵循的规律，通过对这些规律的发现、认识和传播，协调人与土地的关系，也就是研究土地利用的经济问题。在人们利用土地的过程中，形成了各种各样的关系，即土地关系。在这些关系中，各主体对土地的占有关系是基础，因此，土地使用制度是土地经济学中的重要研究领域。据此，我们也可认为土地经济学的研究对象是为研究土地和人产生的彼此间经济关系的总和以及其内在运行规律的一门科学。

（三）土地供给是体育场地建设的核心问题

体育场地建设的核心问题不在于资金的短缺和技术的落后，制约其发展的根结在于土地供给的问题。长期以来，我国对城市社区体育用地的划拨研究集中在从人的体育需求的角度来探讨划拨土地的必要性。随着研究不断的深入，发现影响划拨城市居住社区体育用地的根本障碍在于存在土地财政。随着快速城市化的不断推进，政府关注的重心只在于居住基本的民生问题而忽视了城市居住社区体育用地的保障问题。同时，保障性住房的建设划拨相应的体育用地作为配套设施的问题是防止"现代贫民窟"的重要举措之一。土地资源作为国家掌控的资源，既要遵循市场规律进行有效的配置，也需要政府积极而合理的干预。政府存在的

---

① 张德粹：《土地经济学》，正中书局1981年版，第13页。
② 毕宝德：《关于土地经济学学科建设的几点思考》，中国人民大学财政金融学院，《中国土地科学二十年——庆祝中国土地学会成立二十周年论文集》，2000年。

目的与合理性就在于合理使用公共权力维护和保障公共利益,[1] 实现社会大众初次分配的公平,必须坚持分配效率与公平的内在统一,依靠市场的基础作用与政府的调节作用,保障公民参与初次分配的基本权利相等的原则。

自1998年住房制度改革以来,出让国有土地使用金获得收益,已经成为众多地方政府主要的财政来源和年终的考核政绩。对于地方政府来说,既然是财政收入,其自然可以在本年度花掉。换言之,地方政府在拿未来的资产透支今天的消费。我们知道,中国的土地出让是一次性收取几十年土地使用费(住宅70年、工业50年、商业40年),[2] 在土地使用权出让的第一年就把未来几十年的收益花掉,这是一种负债。也正是这种短期利益的驱使加之制度考核体制的不完备导致土地的使用不能够可持续发展。

四 土地经济学论域下城市社区体育用地划拨的综合效益

(一) 划拨体育用地是提高用地产出的途径

城市用地产出水平就是单位面积的土地资源投入而获得的效益产出。土地出让会获得财政收入,而土地划拨并非直接获得收入,但是其社会效益、生态效益和相关经济产出的总和在一定情况下可以大于土地出让金带来的收益。

国际经验表明,每增加1平方米的体育设施建设,GDP增长157美元,合人民币1300元。[3] 这说明,我国现阶段的城市用地产出水平仍然处于一个低水平的状态,土地资源潜力还有较大的开发余地,而要使得有限的土地资源收益最大化,增加体育设施建设用地是其中的一个重要

---

[1] 邹海贵:《社会救助制度政府责任的正当性及其限度——基于伦理学视域的分析》,《吉首大学学报》(社会科学版) 2011年第1期,第43—47页。

[2] 黄勇、朱蓉:《基于可持续发展的城市土地经营策略研究》,《法制与社会》2009年第3期,第17—18页。

[3] 刘中显:《北京体育设施结构失衡中的机会》,《中国投资》2006年第8期,第95—97页。

途径。

(二) 划拨体育用地是拉动刺激内需的手段

2023 年，政府加大力度提振消费，优化消费供给，创新消费场景，提振消费信心，对促进消费持续恢复和扩大、激发经济增长新动能具有重要作用。2018 年，我国体育产业实现产业增加值突破万亿元、占 GDP 比重超过 1% 两个关键指标，成为国民经济新的增长点。《关于恢复和扩大消费的措施》鼓励举办各类体育赛事活动，大力发展智能体育装备，加强体育公园建设，遴选确定新一批国家体育消费试点城市等。《全民健身计划（2021—2025 年）》，提出推动体育产业高质量发展，积极培育户外运动、智能体育等体育产业。体育领域新产品、新业态、新模式不断涌现，体育消费迎来重大利好。近年来，篮球、攀岩、滑板、太极拳、广场舞等涵盖各年龄段的体育活动带动更多人群参与运动，引领体育消费蓬勃发展。目前，我国经常参与体育锻炼的人数已超过 5 亿人，全国超过 96% 的县区已开展全民健康生活方式行动，体育消费潜在群体进一步扩大，体育消费市场也将日益活跃，不断激发新的经济活力。2023 年 10 月，国家发展改革委等五部门联合印发《促进户外运动设施建设与服务提升行动方案（2023—2025 年）》，在 6 个方面提出了 28 条措施，高度重视提升户外运动服务质量，从体育公园、国家步道体系、冰雪运动设施、山地户外运动设施等方面加强布局建设，并提出到 2025 年推动户外运动产业总规模达到 3 万亿元。《扩大内需战略规划纲要（2022—2035 年）》提出，促进群众体育消费。体育场馆、体育综合体是带动多元化消费的重要场所，通过承办赛事、开展体育锻炼等活动，积极吸引企业参与体育消费各环节，有效提升体育消费参与人次，并间接带动体育装备、餐饮、交通、住宿等消费实现增长。因此，划拨体育用地，增加体育场地设施，是扩大内需的重要举措。

(三) 划拨体育用地是避免边际递减的举措

边际报酬递减是经济学的基本原理之一，其研究方法和研究思维是基于边际主义。萨缪尔森对此规律的描述是："相当于其他变入量而言，在一定技术水平下，增加某些入量将使总产量增加；但是，在某一点之后，由于增加相同的入量而增加的出量多半会变得越来越少。"① 这对于相关执行部门确定土地利用量以及分配各部门间的土地利益关系具有可操作性意义。② 要掌握土地的开发利用规律，需要考虑到土地的边际报酬变化规律，这也是在居住社区内划拨体育用地可以增加土地综合效益的理论依据之一。城市社区的规模一般是既定的，这就要求在一定规模的土地内合理地丰富用地功能，防止边际报酬递减。

郭志仪教授在《对我国城市土地低效率利用的经济学反思》中研究表明，"在房地产开发中，高档住宅、大型休闲中心、人造景点等设施开发过热，且占地面积庞大，出现供过于求的现象；相反城市居民迫切需要的经济适用房开发不足，绿地、体育场地等公共设施短缺"③。如把土地资源作为一项投入的可变要素来看，保证投入的生产要素边际报酬大于零，就是要在边际报酬递减的拐点前改变土地的使用功能。因为一味地增加某项功能性的土地供给，不仅不会增加土地使用的总效益，而且在达到一定的临界点后，反而会使土地使用总效益下降，违背土地合理利用的原则。而如今，在我国的大部分居住社区内并没有落实体育用地的专门划拨。因此，在人们体育需求加大、群众体育大力发展的今天，丰富土地的用地功能，保障和增加一定的居住社区体育用地供给可以提高土地综合使用效益，防止土地边际效益递减。

（四）划拨体育用地是土地持续利用的选择

可持续发展理论的核心意义是满足当前发展的需求，又要考虑未来发展的需要，不以牺牲后代人的利益为代价来满足当代人的需求。人们利用土地是为了获得生产资料和经济利益，土地资源的有限性要求我们利用土地资源需要可持续发展。除了土地自然属性本身的可持续性，它的经济可行性和社会接受性也应该可持续发展。这种可持续利用需要考虑的经济含义是综合效益，是土地经济产出和外部经济性的综合，并非

---

① ［美］萨缪尔森：《经济学》（上册），高鸿业译，商务印书馆1979年版，第41页。
② 於忠祥等：《基于土地经济学理论的土地出让金研究》，《技术经济》2007年第10期，第113—119页。
③ 郭志仪、隆宗佐：《对我国城市土地低效利用的经济学反思》，《学术论坛》2008年第3期，第125—128页。

土地产品的价值。如果某块土地的利用方式是全部兴建住宅,没有相关配套设施,这具有经济效益,但带来的生态和社会的外部不经济性大于单纯的经济收益,则这样的土地利用方式依然是不可持续的。①

居住社区内体育设施用地的保障,具有满足当代人的健康需求,符合社会经济发展需要、土地效益最大化和造福子孙后代的要求,对国民经济发展具有积极意义,这种公共设施的投入,将使每一个社会成员都受益,它的社会接受性将远远大于土地出让的社会效益。从土地可持续发展的角度来看,居住社区体育用地的保障是土地资源可持续合理利用的重要途径之一。

五　城市社区体育用地供给量预测系统构建

前文从理论上探讨了土地的资本性质,从不同的角度说明了划拨体育用地可以增加经济效益和社会效益,也揭示了在土地红利关闭的未来,我们可以通过多种划拨体育用地延续土地红利。城市社区体育用地供给的最终量化系统构建问题一直是各研究的重心所在,特别是要突出客观的、有价值的可量化的定额。本书也如此,在确定量的前提下,应事先确定方法问题。换言之,就是要确定经济数学模型的选择和分析。经济数学模型绝不是万能的模型,对社会科学存在问题的解决也绝不是什么灵丹妙药,也只是在正确的理论指导下,借助先进的预测手段与方法,在过去和今天的客观事实上,揭示其本质的发展规律,进而提供的一种解决方法和思路。具体实际情况会更加复杂,这也是符合马克思唯物辩证法中理论与实践相互关系的基本观点。因而,本书也从人的基本需求、土地经济产出水平和土地资源可持续发展的利益协调上构建可量化预测系统模型。

（一）城市社区体育用地供给量的原则

2005年建设部、国土资源部曾发布《城市社区体育设施建设用地指标》的通知,在通知的第六章设置规定与控制指标中指出"人均室外用

---

① 张占录、张正峰:《土地利用规划学》,中国人民大学出版社2006年版,第45页。

地面积0.30—0.65平方米，人均室内建筑面积0.10—0.26平方米"。2022年，中共中央办公厅、国务院办公厅联合印发的《关于构建更高水平的全民健身公共服务体系的意见》中有明确规定："新建居住区要按室内人均建筑面积不低于0.1平方米或室外人均用地不低于0.3平方米的标准配建公共健身设施，纳入施工图纸审查，验收未达标不得交付使用。"尽管规则清晰，但是实施的效果并不理想，究其原因无非是脱离了中国国情和没有差别化区分土地利用政策。例如：以厦门岛为例，其中厦门岛拥有思明区和湖里区两个区，根据人口数据公报显示"思明区常住人口106.6万人，湖里区100.1万人"，累计厦门岛常住居民206.7万人，按照人均0.3平方米最低的室外标准来算，则需要约1000亩的土地。而厦门岛面积一共才237237亩，其中一半是山地。这样一比较，可以看出，2005年颁布的标准脱离实际，没有充分地差别化对待区域土地资源特性。因而，我们需要重新审视社区体育用地的供给方法和策略问题。

大众健身体育用地的供给是国家划拨行为，该片土地划拨要坚持"以人为本、科学可持续发展的原则"。在实际操作中一要遵循"量"的把握，避免土地边际报酬递减规律现象的发生。二要把握"远"的目光，满足人们不断增长的物质文化生活和精神文化生活的需要。

1. 规避土地利用边际报酬递减规律

土地利用报酬递减规律，一般是指在技术不变、其他要素均不发生变化的前提下，对这块土地的使用不断追加某种功能所带来的报酬的增量（边际报酬）迟早会出现下降。在城市居住社区内各功能性土地的分配上也同样适用。简单地说，目前大多数居住社区都通过增加绿地面积降低容积率，不可否认绿地面积的增加可以为居民生活提供一个优良的生活环境和给予城市更多的美感。但是这种增加不是万能的，也不是效益最大化的。量变会引起质变，控制好划拨的量的唯一做法是防止边际效益递减，其具体执行点是边际效益等于边际投入，也就是说此时再投入一个单位的土地带来的土地效益收入为零，不会带来总效益的提升。如果再继续追加土地投入，则会产生负效益，拉低土地总效益指数。

如果，我们按照以上的方法来看待我们现实的居住社区规划的土地投入，不难得出结论：一味地增加某项功能性的土地供给，不仅不会增加土地使用的总效益，而且在达到一定的临界点后，反而会使土地使用总效益下降，违背土地利用的原则。因此，在人们体育需求加大、城市社区体育用地无法落实和群众体育大力发展的今天，保障和增加一定的居住社区体育用地供给可以提高土地综合使用效益。

2. 土地效益可持续发展和动态性的原则

经济水平的提升将带动国民体育需求的增加，这已是通论。现阶段设计居住社区的容积率、共建配套设施和划拨体育用地面积大小也将会随着社会的发展而产生不同的需求，前文则从容积率的角度验证了不同时代背景下人们对居住环境的要求变化。今天我们的体育需求也许只是当下小康生活初步建立的需求，随着收入的增加和人口红利的关闭，人们会更加重视自我的发展。因而，今天我们在确定划拨居住社区用地多少的讨论中，不仅要结合各项可以量化的指标数据，更应该突出"以人为本"和"可持续发展"，在划拨体育用地的计量上尽可能地遵循"靠高不靠低"的原则。

城市社区体育用地的需求量会随着时间与外部环境的变化而引起相应的波动。简单地说，在土地利用上要坚持可持续发展的原则，考虑当下和未来人的需求。因此要把握一个不断变化的动态性追踪，可以采取多种组合模型预测当前和预测长期的状态变化，只有坚持把握矛盾的变化，才能更好地服务社会。

（二）城市居住社区体育用地量的供给方案

1. 方案一：城市社区体育用地供给量预测系统

图 8-1 为本系统的构架图。本系统具体而言分为建立基础数据库获得指标、预测模型组合确定预测方法、数据分析系统得出数据和数据纠正偏差等四步。具体分析如下：

（1）建立基础数据库

这部分主要是为后面的计算服务，主要工作是指标数据库的建立，具体而言是指标的筛选和权重的计算。

在指标筛选上，课题组经过讨论和小范围的访谈发现，在居住社区体育用地划拨的指标上国土资源专家、体育学专家、社会学专家、经济

第八章 利益均衡:城市居住社区体育用地划拨"量"的测算系统　　195

```
城市社区体育用地需求量预测系统
├── 建立基础数据库 ── 指标筛选
│                  └── 权重计算 ── 1.经济数据库 2.社会数据库
├── 构建预测系统模型 ── 生产函数模型 → $Y = A \times K^{\alpha} \times M^{\beta} \times L_{\gamma}$
│                   ── 多元回归模型 → $Y = \beta_0 + \beta_1 X_1 + \beta_2 X_2 + \beta_3 X_3 + \beta$
│                   ── 灰色系统模型 → 灰色GM(1,1)模型
├── 数据处理系统应用 → 导入、编辑、分析、输出 → 微分 → 积分
└── 数据纠正偏差 → 约束条件展开
```

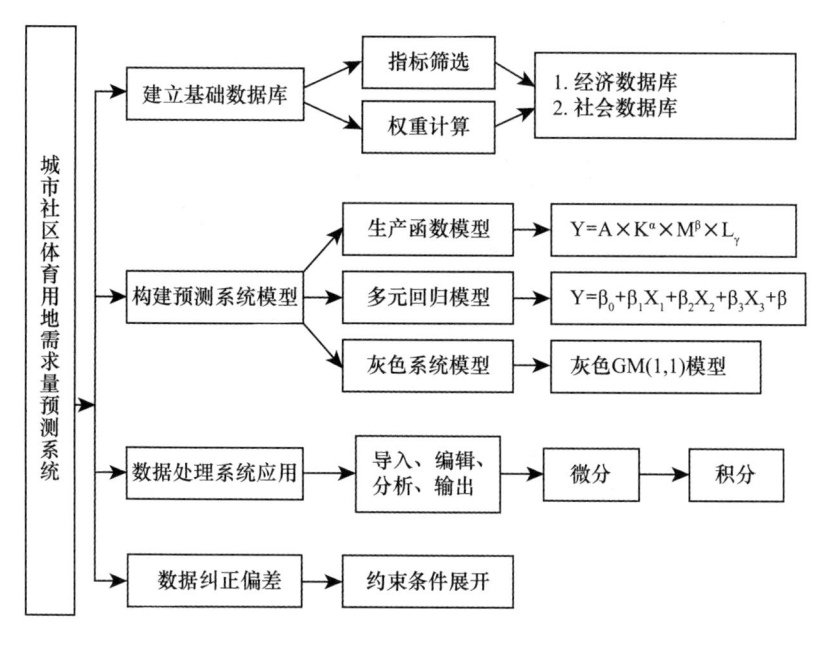

图 8-1　城市社区体育用地供给量预测系统构建

注：根据罗华艳、杨旺彬、吴晓颖《土地需求预测信息系统的设计研究》，《钦州学院学报》2010 年第 3 期；杨龙菊、连丞龙：《社区体育设施规划的供求平衡体系：英格兰模式与借鉴》，《国际城市规划》2013 年第 2 期，等成果绘制。

学专家会对这样同一个问题有不同的观点。由此可知，城市社区体育用地需求量指标的影响因素和权重差异关系复杂，绝对准确需求量预测取决于诸多因素的科学预测，合理的预期和准确的判断取决于精确指标数据和各数据间的关系，这是难以做到的。为了避免指标选取差异过大不好协调等问题，课题组本着土地经济学中使用效益最大化和满足人们基本权利为出发点，并结合中国实际情况和统计工作的特点，确定以社会经济发展和土地集约利用为中心，本书根据国土资源部 2008 年 11 月 8 日发布并于当年 12 月 1 日实施的《中华人民共和国土地管理行业标准》（TD/T1018－2008）中建设用地节约集约利用评价规程——区域用地状况评价指标体系并结合课题组多次讨论的三级指标后初步筛选确定影响居住社区体育用地面积大小预测值的指标体系，其中一级指标 5 个，每个一级指标后有二级指标和三级指标（见表 8－2）。尽管这样的指标体系还未经过大范围的专家问卷选择，可能指标还不具备操作的价值，但我们

做一个尝试提供思路上的解放与试验,希望能够为下一次的研究做一个铺垫。

表8-2　　城市社区体育用地状况评价指标体系

一级指标	二级指标	三级指标
X1 用地弹性指数	B1 人口用地弹性指数	C1 人口与城乡建设用地弹性系数 C2 民族宗教信仰差异 C3 体育文化差异 C4 生活方式差异
	B2 经济自然用地弹性指数	C1 地区生产总值与建设用地增长弹性系数 C2 气候差异 C3 地理环境差异
X2 贡献比较指数	B1 人口贡献度指数	C1 人口与城市建设用地增长贡献度 C2 城市人口与体育人口数量 C3 人口幸福指数
	B2 经济贡献度指数	C1 地区生产总值与建设用地增长贡献度 C2 人均收入与支出水平 C3 产业结构及布局
X3 管理绩效指数	B1 城市用地管理绩效指数	C1 城市土地供应市场化比率 C2 城市闲置空闲土地与供应量比率 C3 城市批次土地供应比率
X4 利用强度指数	B1 人口密度指数	C1 城乡建设用地人口密度 C2 人力资源潜力（年龄结构、文化程度） C3 土地资源潜力（存量、增量） C4 居住环境（体育用地）承载能力
	B2 经济强度指数	C1 建设用地地均固定资产投资 C2 建设用地地均生产总值
	B3 建设强度指数	C1 城市综合容积率 C2 居住社区容积率
X5 增长耗地指数	B1 人口增长耗地指数	C1 单位人口增长消耗新增城市建设用地量 C2 体育人口增加数量 C3 人口流动量
	B2 经济增长耗地指数	C1 单位地区生产总值耗地下降率 C2 单位地区生产总值增长消耗新增建设用地量 C3 单位固定资产投资消耗新增建设用地量

在权重的计算上，目前确定指标权重的代表性方法有层次分析法、特尔斐法和主成分分析法、层次分析法与特尔斐法的联合应用法、网络层次分析法等。其中适合于本课题指标权重计算的是网络层次法（ANP），它是层次分析法（AHP）的延伸，其理论基础也是层次分析法（AHP）。通过特尔菲法确立入围指标，再根据重要性程度进行赋值，赋值数值见表8-3。

表8-3　　　　　　　　　重要性程度标度 a_{ij} 取值表

标度 a_{ij}	代表含义
1	i 因素与 j 因素相同重要
3	i 因素与 j 因素比略重要
5	i 因素与 j 因素比较重要
7	i 因素与 j 因素比非常重要
9	i 因素与 j 因素比绝对重要
2, 4, 6, 8	为以上两判断之间的中间状态对应的标度值
倒数	若 j 因素与 i 因素比，得判断值为彼此倒数

接着进行各相关组的判断矩阵两两比较，并利用 Super Decision 软件计算各个指标的权重。计算流程见图8-2：

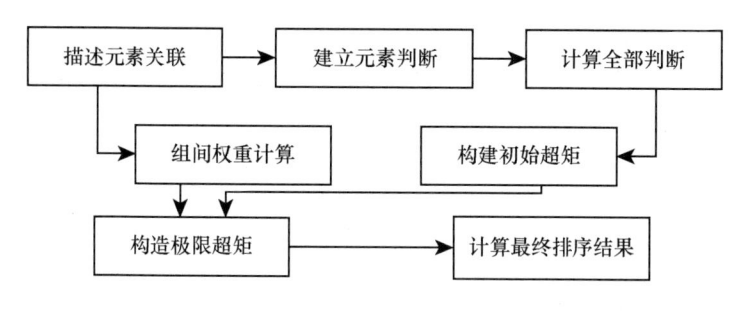

图8-2　ANP 计算流程

运用计算机手段，经过以上程序的运算，我们即可得到相关指标在城市社区体育用地量预测系统中的权重值，为后面的计算提供基础数据。

(2) 构建预测系统模型组合

在当今的中国，社会各种利益的交集都集中在土地利益上。群众、市场、政府的利益均结合在此。在城市社区体育用地需求量的预测模型上，一个模型不能够全面地体现各种利益关系，更不能完全地科学制定需求量。因而，需要从系统论的角度，构建一个体现各方利益和维护公平、发展的模型组合。在此，课题组分别提出：

①投入产出模型构建体育产业增长与城市社区体育用地关系，这里间接考虑到政府财政与社会协调发展，促进经济利益与社会利益协调发展。

②多元线性回归函数模型的构建，这部分是基于城市社区体育用地数量关系的复杂性和无参考资料，从大量的数据中可以推算出大致的可以达到土地集约利用下体育用地的需求量。

③灰色模型主要是针对"贫信息、小样本"等数据的预测，这主要是符合我们不能充分掌握各数据间的关系及获取数据困难的特点，为此，我们借助此预测方法探究城市社区体育用地量的数量关系，因而本预测系统模型组合将灰色模型考虑到其中。

投入产出模型的构建

经济增长理论认为，一国或地区的经济增长是自然资源、人力资源、资本积累和技术进步等因素的不同比例组合的函数。[①] 前文也以阐述体育用地可以带来第三产业增加值和提高用地产出水平等特性。在城市化和人地矛盾逐渐突出的今天，土地的资本属性也就更加突出地表现出来，因而在此模型的构建中不再忽略土地资源要素，究其原因正是前文所提及的"中国所有的问题都是土地问题"。前文已经阐述了划拨体育用地可以增加带动相关产业发展的效用，那么这种带动效应的关系究竟如何？我们可以构建一个经济增长的函数，并将社区体育用地投入量（M）作为增长函数的自变量因素。我们可以通过探究这样的关系构建一个社区体育用地预测模型。

20世纪30年代数学家柯布和经济学家道格拉斯根据历史资料，研究了美国1899—1922年间资本和劳动这两种生产要素投入量对产量的影响

[①] 李力、白云升、罗永明：《土地供求分析与实证研究——基于县域建设用地的规划与控制》，中国经济出版社2004年版，第93页。

后提出的生产函数。并借鉴 C－D 函数，在 C－D 生产函数的基础上增加一个投入因素，构建社区体育用地量（M）、投入的资本量（K）和投入的劳动力（L）与相关产业生产总值之间的函数模型：

$$Y = A \times K^\alpha \times M^\beta \times L_\gamma \times e^v$$

A：经济增长不全是物质投入的产出，也有智慧才能的产出。根据 C－D 函数的经济意义，A 是一个正值，为综合效率参数或包括管理水平在内的技术进步参数。

M：城市居住社区体育用地量的大小

K：资本存量

L：劳动力，即相关从业人员

υ：是随机波动项

这样的模型可以测出城市相关产业发展与城市社区体育用地的关系。直接地说就是政府在考虑本区域划拨量的多少上多一个经济效益的参考指标。这样的模型构建对于政府官员把握量的问题上协调社会效益与经济效益有一个直接数量参考。

多元线性回归模型的构建

多元回归分析预测法是通过对两个或两个以上的自变量与一个因变量的相关分析，建立预测模型进行预测的方法。① 在城市社区体育用地划拨需求量多少的选择上，利益方涉及众多，每一个指标都关乎一个群体的需求。我们无法简单地确定其与体育用地需求量的关系。可以做到的是搜集大量的数据，基于对数据的统计分析去建立多元线性回归模型。当然这种关系有可能是线性的，也有可能是非线性的。一般来说，非线性模型可以通过转换成线性的来处理。

将表 8－2 中的 5 个一级指标，即 X_1、X_2、X_3、X_4、X_5 作为投入因素，可以构建简单、实用、易于控制的多元线性预测模型。其模型一般的形式为：

$$Y = \beta_0 + \beta_1 X_1 + \beta_2 X_2 + \beta_3 X_3 + \beta_4 X_4 + \beta_5 X_5 + \varepsilon$$

上式右端的 X_1、X_2、X_3、X_4、X_5 称为回归变量（自变量），β_0 +

---

① 王婷、丰景春：《EPC 模式下设计—采购—施工任务并行执行的多目标联合优化模型——基于 z 标记的多参量灰色 GERT 网络》，《系统管理学报》2023 年第 4 期，第 687—700 页。

$\beta_1 X_1 + \beta_2 X_2 + \beta_3 X_3 + \beta_4 X_4 + \beta_5 X_5 + \varepsilon$ 是给定 X_1、X_2、X_3、X_4、X_5 时，社区体育用地 Y 的平均值，其中的参数 β_1、β_2、β_3、β_4、β_5 称为回归系数，影响 Y 的其他因素作用都包含在随机误差 ε 中。如果模型选择得合适，ε 应大致服从均值为零的正态分布。

经过计算，我们即可以得到相关系数。利用各城市不同的数据就可以得到城市社区体育用地的预测值。当然这样的预测值的准确与否还需要对这个模型进行各种检验，一般这种检验包括：判定系数检验（R 检验）、回归系数显著性检验（T 检验）、回归方程显著性检验（F 检验）。[1]

灰色系统理论建立社区体育用地预测模型

灰色系统是相对于白色系统而言，对于一些数量关系比较明显、发展规律趋势显著的我们称之为白色系统。相反，对于一些数量关系模糊或者我们还未充分掌握其现象规律的我们称之为灰色系统。1982 年，我国学者邓聚龙创立了灰色系统理论。近些年来，灰色系统理论得到迅速发展。它以"部分信息已知、部分信息未知"的"小样本""贫信息"不确定性系统为研究对象，主要通过对"部分"已知信息的生成、开发，提取有价值的信息，实现对系统运行行为、演化规律的正确描述和有效控制。[2] 由于各个城市的自然人文环境各不相同，城市社区体育用地的划拨多少并没有一个可参考的依据，加之统计数据不足，因而我们采用需要数据较少的灰色系统理论来建立预测模型。

灰色系统理论预测方法的主要手段是 GM 模型的建立和求解。GM 模型一般情况下对应一个微分方程，微分方程的求解形成一个预测模型的函数方程。根据方程的性质特征，又可以分为线性 GM 预测和非线性 GM 预测。其中，线性 GM 预测按累加生成次数及指标个数进一步细分为线性 GM（0，H）、GM（1，H）…GM（N，H）等的预测法。[3]

通过计算，对原始数据进行趋势处理后建立一个 GM（1，1）模型，表达式为：

---

[1] 张裕等：《一种新 K-means 聚类算法的多元线性回归台区线损率预测模型》，《电力科学与技术学报》2021 年第 5 期，第 179—186 页。

[2] 党耀国：《灰色预测与决策模型研究》，科学出版社 2009 年版，第 1 页。

[3] 李力、白云升、罗永明：《土地供求分析与实证研究——基于县域建设用地的规划与控制》，中国经济出版社 2004 年版，第 107 页。

$$Y = [X(1) - u/a] e^{-a(t-1)} + u/a \tag{1}$$

公式（1）中 u、a 为估计参数。针对该模型经过状态划分、利用转移概论矩阵 R（m）编制预测表之后，就可以对预测值进行计算，从而获得预测期地区城市社区体育用地需求量的预测数。

预测模型组合的有效性和局限性

柯布－道格拉斯生产函数模型形式简单，能够满足全部生产函数的假设。运用在经济增长、土地使用效益最大化等定量分析中是合理的，该函数的局限性则在于数据获得的困难，以及不能独立解决量的多少问题。

多元线性预测模型的构建形式和计算过程相对于非线性模型更加简便。该模型避免了单因素分析的局限性，充分考虑了城市社区用地需求量取决于多种因素，反映了众多指标对城市社区用地的划拨起到综合作用。

由于灰色模型采取数据和指标较少，淡化了误差积累的影响。在其他方面的实例论证中，证明了该模型在短期预测中与实际情况也非常吻合。但是该模型在运用于城市社区体育用地需求量是否可以取得较高的精度方面，还有待于实践的检验。

（3）数据处理系统应用

土地需求的预测是一个多学科交叉的社会问题，既有社会学的质性，更有计量经济学和土地经济学的量性。在土地经济学本学科内就有关于 GIS 平台设计的土地需求预测信息系统（LDFIS），这个系统操作实用性强、简便，具有多模型预测和扩展性等特点。[①] 借用这一模型最基础的模块，将调研数据输入、编辑、分析、输出即可得到一定的处理数据。但是，课题组最终的目的是要计算出城市社区的体育用地需求量的多少问题，而前文一直是以一个区域，即城市为需求量来计算的，这样我们就需要再做一个技术处理。因而，为了减少误差，课题组借鉴数学思想"微－积"，即我们分别用以上三种模型按三种方法测算出三个值，这三个值不是我们需要的结果，他们三者的关系是相互参考和权衡利益的协调关系。简单点说，这三个值是确定一个值域，提供给城市政策的制定者在这个科学的值域内选择具体的数量。我们建议相关部门依据实际测

[①] 罗华艳、杨旺彬、吴晓颖：《土地需求预测信息系统的设计研究》，《钦州学院学报》2010 年第 6 期，第 23—26 页。

量情况灵活采用数据测出某地区可能划拨的社区体育用地总量值再除以该地区的总人口数,即平均个人分摊到人均社区体育数量,再按照该社区的总人口数乘以平均数,并结合该社区周边环境确定该社区应划拨的社区体育用地数量。

(4) 最终数据纠正偏差

全书的前半部分课题组反复提及土地资源的稀缺性,要求我们科学利用每一寸土地,土地资源的经济学要求最大化地发挥土地本身的价值。在划拨体育用地的原则上课题组提到要防止边际报酬递减,所以在最后的纠正偏差上也要充分考虑该模型的实际运用。虽然每个城市的社区体育需求量不同,但是最直接和微观的差异体现在城市的每个社区周围环境的不同上,其需求量也存在一定的差异。例如:社区周围有学校的存在,可以充分利用学校的场地;社区周围有大型体育场馆,可以利用场馆资源等,这些社区则可以酌量增减划拨体育用地的数量。这需要我们在纠正偏差的过程中充分考虑外部环境的影响,因而在最终的数据上也应该进行再次处理。设该社区按照以上计算方法计算得出体育用地划拨量为 y,那么周围环境设施的影响因子为 ü,则该社区体育用地需求量可以为 $X = a + üy$。这个就是我们最终需要的数据值。

综上所述:城市社区体育用地预测系统模型是一个在现代科学技术水平下复杂的、权衡各方利益并结合实际矛盾的特殊预测系统。具体而言,是在生产函数模型、多元线性回归模型、灰色预测模型的组合使用下,借助计算机手段测算出一个值域,最后因地制宜结合约束值算出不同社区的体育用地数量的应用型理论模型。

2. 方案二:城市社区体育用地存量与增量平衡的供给

(1) 测算指标的筛选

测算某个社区体育场地面积的供给量,需要考虑到社区居民的消费水平、社区的性质、城市规划、社区居民的体育参与情况等社会文化因素。但是在测算过程中无法将这些因素完全考虑在内,在通过专家多轮的指标评价后,筛选出以下几个关键性指标作为测算模型的变量。

①社区居民数量

社区设计容纳的人口数量是相对固定的,人口流动性小。体育场地作为参与体育的必要硬件设施,应当为每个社区居民所享有。因此,社区居民数量是测算体育场地面积的重要指标。

②周边体育场地面积

社区当中可供使用的体育场地有限，社区周边的体育场地也是社区居民重要的体育活动场所，因此，须将社区周边体育场地面积纳入测算指标当中。

③体育场地与社区的距离

体育场地的距离对社区居民参与体育活动的影响很大，距离越远则到该体育场地活动的意愿越低。书中引入"衰减模型"来阐述周边体育场地面积对社区的"效用面积"随距离变化而呈现函数关系。

（2）社区体育场地供给量测算模型的建立

①数学建模的前提假设

第一，社区周边的体育场地是免费开放或者居民能消费得起，并且可供利用的；

第二，体育场地距离社区越远，则该社区居民利用该体育场地的可能性就越小；

第三，土地、场馆、交通等产生的费用都可以用货币进行衡量；

第四，同一社区居民对于体育场地的偏好具有同质性。

②测算模型建立的理论依据

Zipf（1949）通过研究发达国家的城市规模分布，认为城市的位序—规模关系可用如下公式表示：

$$P_r = P_1 \cdot r^{-q} \quad (1)$$

r 代表某一城市在整个城市系统中的位序；P 代表位序为 r 的城市的人口规模；P_1 是等级为首位的城市人口规模；q 是参数，即 Zipf 参数。Zipf 参数因具有明确的分维意义，也被称为齐夫维数（zipf）。

③测算模型的建立

前文中已假设小区周边体育场地对该社区的效用面积与二者之间的距离呈衰减效应。学术界公认较常用的距离衰减模式的数学模式是指数模型。本书以体育场地的"效用面积"衰减模型，参考齐夫定律确立了数学建模的思想。该模型表述如下：

$$S(r) = S_n \cdot e^{-br_n} \quad (2)$$

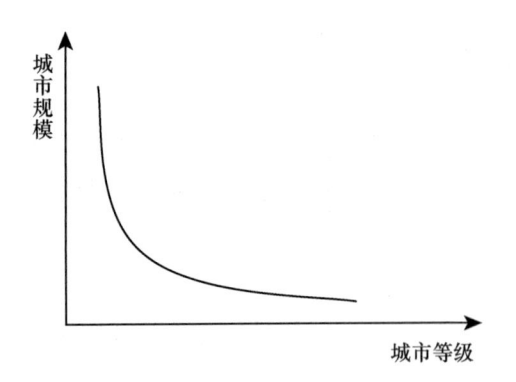

图 8-3　Zipf 定律下城市规模和城市等级关系曲线

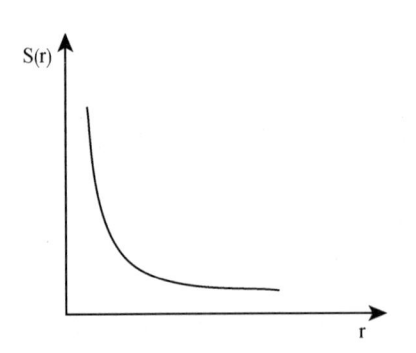

图 8-4　体育场地"效用面积"与距离之间的衰减曲线

其中，S_n 为第 n 个体育场地的面积；r_n 为体育场地与该社区的距离；b 为参数且 b>0。

目前，实行的《城市公共设施规划规范》（GB50442-2008）中规定体育设施规划用地指标根据不同规模的城市实行不同的参考标准。

表 8-4　　　　　　　　　　体育设施规划用地指标

	小城市	中等城市	大城市 I	大城市 II	大城市 III
占中心城区规划用地比例（%）	0.6—0.9	0.5—0.7	0.6—0.8	0.5—0.8	0.6—0.9
人均规划用地（平方米/人）	0.6—1.0	0.5—.	0.5—0.7	0.5—0.8	0.5—0.8

《城市公共设施规划规范》规定体育设施规划用地指标应符合上述表

的规定,并保障具有公益性的各类体育设施规划用地比例。

建设老百姓身边的体育场地,符合广大社区居民的切身利益,让群众更加便捷地利用社区体育场地资源。

均等化不等于平均化,每个城市、每个社区的条件不同,单位体育场地面积的效用对于不同社区来说也有所差异。因此,社区体育场地供给量应当与社区居民生活水平、实际需要等因素相适应。综合以上两点,我们建立一个社区体育场地面积供给量的数学模型:

$$S = a \cdot P - (S_1 \cdot e^{-br_1} + S_2 \cdot e^{-br_2} + \cdots + S_n \cdot e^{-br_n}) \qquad (3)$$

④对模型的解释

首先,变量的说明。

S:某社区应当供给的体育场地面积;a:在一定的区域范围内(城市或居住社区)人均期望划拨的体育场地面积,但是现实中并不能保证这一供给量,只能作为一项参考依据,具体 a 的大小由实际情况而定;P:该社区的人口数;S_1,$S_2 \cdots S_n$ 为该社区周边体育场地的面积;r_1,$r_2 \cdots r_n$ 为体育场地与该社区的距离;b 为参数且 b>0。

其次,变量的限制条件。

对于社区与周边体育场地面积的距离 r 来说,有效的距离 r 一般为"十分钟健身圈"范围内。超出这一范围,社区居民到该体育场地参与活动的意愿就趋于零。公式(3)计算结果 S>0 情况下,说明该社区应当建设体育场地;公式(3)计算结果 S=0 或 S<0 情况下,则说明周边体育场地设施已经能够满足该社区居民的体育健身需求,社区中可以少划拨或者不划拨土地,但应当保证未来社会发展对体育场地增量提出的要求。

(3) 对测算模型的进一步思考

体育场地面积是从空间的角度上来说的,因此,在小区所属的宗地范围内划拨的土地面积并非都等于体育场地面积。可以充分利用现有的体育场地存量,通过改造非体育场地为体育场地;在现有的土地上通过建设多层的场馆来增加体育场地面积,这就需要大量资金的支持;充分利用小区周边的体育场地,以弥补社区中体育场地面积不足的状况。

充分利用社区周边的体育场地,不仅是解决社区当中的体育场地面积不足的有效途径,更是体现政府提供公共服务的公平与效率问题,把财政资金运用到实际当中最需要的地方。然而,事实上社区周边的体育场馆的场地租金较高，社区居民难以支付或者不愿支付如此不经济的费用。这就需要政府与公共体育场馆的运营主体协调适当降低费用，或者通过政府财政补贴、向其购买公共服务的方式让周边居民享受到最基本的体育权利。

小区的设计人口容量是相对固定的，按照现行的国家标准，体育场地面积能够满足人们的体育活动需求，但是随着时间的推移，还需要考虑将来社区当中的体育场地供给的增量问题。因此，社区当中应该预留土地，或者现有设施有改造成体育活动场所的潜力。

与保障性住房小区相比，中高档社区的容积率较低，特别是高档别墅区，无须划拨太多的公益性体育设施规划用地，而是通过社区业主自行承担购买土地、体育设施建设的费用；中档社区则通过政府划拨体育设施用地，社区业主承担建设费用；保障性住房社区是公益性体育设施规划用地的重点，政府不仅要划拨体育用地，还应当承担较大比例的建设费用。但是，容积率相对高的保障性住房社区在规划过程中，把"建更多的住房"的目的放在首位，往往忽视相应的文化、体育配套设施的规划，导致居住人口越多的社区，人均体育场地面积越少。

当然，衡量体育场地面积供给的公平或者是否足够，不能仅仅以人均体育场地面积来计算。还应考虑体育场地设施在时间和空间上的利用效率，以及社区居民对体育场地利用的边际效用等。

六　结语

在城市发展步入存量阶段，地方政府的土地红利迟早要关闭，划拨城市社区体育用地有利于提高经济效益和社会效益，即提高土地使用综合效益。因此，对政府而言，划拨城市社区体育用地，从经济利用和社会利益而言都是利大于弊。但是，每个城市土地状况、社会经济状况差别甚大，因而需要因地制宜地划拨城市社区体育用地的数量。本书只是初步提供了可供参考的预测模型系统，该系统的部分模型组合在其他领域已经得到了很好的验证，因而本书认为这样的方法或者是思路在城市社区体育用地上也是可以的。我们建议，各城市政策制定者应根据自己的情况合理划拨城市社区体育用地，保证居民最根本的体育权利。

参考文献

一 中文文献

（一）中文著作

本书编写组编著：《城乡规划法要点解答》，法律出版社 2007 年版。

陈颖健：《公共健康全球合作的国际法律制度研究》，上海社会科学院出版社 2010 年版。

党耀国：《灰色预测与决策模型研究》，科学出版社 2009 年版。

樊纲：《作为公共机构的政府职能》，载刘军宁等编《市场逻辑与国家观念》，生活·读书·新知三联书店 1995 年版。

国家体育总局、建设部、国土资源部：《城市社区体育设施建设用地指标》，中国计划出版社 2005 年版。

韩保江：《瞭望中国：关于中国发展前途的思考》，中共中央党校出版社 2013 年版。

季卫东：《法律程序的意义——对中国法制建设的另一种思考》，中国法制出版社 2004 年版。

姜明安主编：《行政程序研究》，北京大学出版社 2006 年版。

姜明安主编：《行政法与行政诉讼法》（第七版），北京大学出版社、高等教育出版社 2019 年版。

景天魁：《底线公平：和谐社会的基础》，北京师范大学出版社 2009 年版。

兰小欢：《置身事内：中国政府与经济发展》，上海人民出版社 2021 年版。

李力、白云升、罗永明：《土地供求分析与实证研究——基于县域建设用地的规划与控制》，中国经济出版社 2004 年版。

李龙主编：《法理学》，人民法院出版社、中国社会科学出版社 2003 年版。

李卓：《公益诉讼与社会公正》，法律出版社 2010 年版。

梁小民主编：《经济学大辞典》，团结出版社 1994 年版。

梁晓声：《中国社会各阶层分析》，文化艺术出版社 2011 年版。

刘书楷、曲福田主编：《土地经济学》，中国农业出版社 2004 年版。

马怀德主编：《行政程序立法研究》，法律出版社 2005 年版。

彭澎：《政府角色论》，中国社会科学出版社 2002 年版。

乔耀章主编：《政府理论》，苏州大学出版社 2003 年版。

沈开举主编：《城市房屋拆迁法律规制研究》，中国检察出版社 2009 年版。

世界银行：《1991 年世界发展报告》，中国财政经济出版社 1991 年版。

孙光德、董克用主编：《社会保障概论》（第六版），中国人民大学出版社 2019 年版。

王传伦、高培勇：《当代西方财政经济理论》，商务印书馆 1995 年版。

王桂胜主编：《福利经济学》，中国劳动社会保障出版社 2007 年版。

王名扬：《美国行政法》，中国法制出版社 1995 年版。

王锡锌：《行政程序法理念与制度研究》，中国民主法制出版社 2007 年版。

徐滇庆、尹尊声、郑玉歆主编：《中国社会保障体制改革》，经济科学出版社 1999 年版。

张德粹：《土地经济学》，正中书局 1981 年版。

张宏：《当代中国体育社会分层理论研究》，知识产权出版社 2010 年版。

张丕介：《土地经济学导论》，中华书局 1944 年版。

张维迎、林毅夫：《政府的边界：张维迎、林毅夫聚焦中国经济改革核心问题》，民主与建设出版社 2017 年版。

张占录、张正峰：《土地利用规划学》，中国人民大学出版社 2006 年版。

中共中央文献研究室编：《习近平关于全面依法治国论述摘编》，中央文献出版社 2015 年版。

中共中央文献研究室编：《习近平关于社会主义社会建设论述摘编》，中央文献出版社 2017 年版。

周旺生：《立法学》（第二版），法律出版社 2000 年版。

周永坤：《法理学——全球视野》，法律出版社 2004 年版。

（二）译著

［印］阿马蒂亚·森：《以自由看待发展》，任赜、于真译，中国人民大学出版社 2002 年版。

［英］C. V. 布朗、P. M. 杰克逊：《公共部门经济学》，张馨主译，中国人民大学出版社 2000 年版。

［英］大卫·休谟：《人性论》，关文运译，商务印书馆 1980 年版。

［德］哈贝马斯：《公共领域的结构转型》，曹卫东、王晓珏、刘北城、宋伟杰译，学林出版社 1999 年版。

［德］哈特穆特·毛雷尔：《行政法学总论》，高家伟译，法律出版社 2000 年版。

［美］哈维·S. 罗森：《财政学》（第四版），赵志耘译，中国人民大学出版社 2000 年版。

［英］霍华德·格伦内斯特编：《英国社会政策论文集》，苗正民译，商务印书馆 2003 年版。

［澳］黄有光：《福祉经济学：一个趋于更全面分析的尝试》，张清津译，东北财经大学出版社 2005 年版。

［美］英吉·考尔编：《全球化之道：全球公共产品的提供与管理》，张春波、高静译，人民出版社 2006 年版。

［美］R. 科斯、A. 阿尔钦、D. 诺斯：《财产权利与制度变迁——产权学派与新制度学派译文集》，刘守英等译，上海人民出版社、上海三联书店 1994 年版。

［美］罗纳德·哈里·科斯：《论生产的制度结构》，盛洪、陈郁译校，上海三联书店 1994 年版。

［美］埃莉诺·奥斯特罗姆、拉里·施罗德、苏珊·温等：《制度激励与可持续发展》，陈幽泓、谢明、任睿译，上海三联书店 2000 年版。

［美］罗尔斯：《正义论》，何怀宏、何包钢、廖申白译，中国社会科学出

版社 2009 年版。

［英］迈克尔·希尔：《理解社会政策》，刘升华译，商务印书馆 2003 年版。

［法］孟德斯鸠：《论法的精神》，许明龙译，商务印书馆 2009 年版。

［美］尼尔·K. 考萨摩：《法律的限度——法治、权利的供给与需求》，申卫星、王琦译，商务印书馆 2007 年版。

［日］千叶真、小林正弥：《日本宪法与公共哲学》，白巴根译，法律出版社 2009 年版。

［葡］若泽·若阿金·高美士·卡诺迪略：《宪法与宪法理论》，孙同鹏、李寒霖、蒋依娃译，社会科学文献出版社 2022 年版。

［美］萨缪尔森：《经济学》（上册），高鸿业译，商务印书馆 1979 年版。

［日］桑原洋子：《日本社会福利法制概论》，韩君玲、邹文星译，商务印书馆 2010 年版。

［澳］休·史卓顿、莱昂内尔·奥查德：《公共物品、公共企业和公共选择》，费昭辉、徐济旺、易定红译，经济科学出版社 2000 年版。

［英］亚当·斯密：《国民财富的性质和原因研究》（下卷），郭大力、王亚南译，商务印书馆 1996 年版。

［古希腊］亚里士多德：《政治学》，吴寿彭译，商务印书馆 1981 年版。

［英］约翰·洛克：《政府论》（下篇），叶启芳、瞿菊农译，商务印书馆 1993 年版。

［英］约瑟夫·拉兹：《法律体系的概念》，吴玉章译，中国法制出版社 2003 年版。

［美］詹姆斯·M. 布坎南：《公共物品的需求与供给》，马珺译，上海人民出版社 2009 年版。

［美］詹姆斯·M. 布坎南：《民主过程中的财政》，唐寿宁译，生活·读书·新知三联书店上海分店 1992 年版。

（三）中文论文

毕宝德：《关于土地经济学学科建设的几点思考》，中国人民大学财政金融学院，《中国土地科学二十年——庆祝中国土地学会成立二十周年论文集》，2000 年。

蔡景台、樊炳有、王继帅：《城市体育公共服务居民满意度调查分析：以河南省10个城市为例》，《北京体育大学学报》2009年第6期。

曹艳秋：《公共服务均等化供给的作用、障碍和对策分析》，《辽宁大学学报》（哲学社会科学版）2012年第2期。

陈家刚、陈凌宇：《坚持人民至上是中国共产党百年奋斗的宝贵经验》，《岭南学刊》2022年第4期。

陈柳钦：《健康城市建设及其发展趋势》，《中国市场》2010年第33期。

陈胜：《对全民健身出现的"中间冷"、"两头热"现象分析》，《教育与职业》2004年第5期。

程天权、丁荣生：《制度建设是带有根本性全局性大事——邓小平制度建设理论与中国制度建设实践》，《复旦大学学报》（社会科学版）1995年第3期。

仇赟：《程序正义：理论、内涵与独立价值》，《学理论》2021年第12期。

董传升：《走向主动健康：后疫情时代健康中国行动的体育方案探索》，《体育科学》2021年第41卷第5期。

董世彪：《科学发展观指导下竞技体育与群众体育的新发展》，《哈尔滨学院学报》2012年第2期。

杜志娟、侯力健、于宝明：《关注弱势群体的体育参与以促进全民健身运动的普及》，《山东体育学院学报》2006年第5期。

范宏伟：《公共体育服务均等化研究》，博士学位论文，北京体育大学，2010年。

冯强明：《社会分层理论视域下我国弱势群体体育参与现状研究——以北京市农民工为研究个案》，《体育与科学》2012年第2期。

高小平：《行政体制改革关键是转变政府职能》，《人民日报》2008年2月27日。

高振岗：《政治伦理的价值诉求及其实现方式》，《求索》2008年第9期。

郭成乐、张欣宇：《基于GIS的社区体育设施空间布局评价研究——以上海市虹口区为例》，《城市建筑》2024年第21卷第4期。

郭小聪、刘述良：《中国基本公共服务均等化：困境与出路》，《中山大学学报》（社会科学版）2010年第5期。

郭志仪、隆宗佐：《对我国城市土地低效利用的经济学反思》，《学术论坛》2008 年第 3 期。

韩保江：《全力补足政府职能转变"短板"》，《瞭望新闻周刊》2011 年第 3 期。

何斌、蒋怀志、周晓敏等：《推进基本公共服务均等化改善民生问题研究》，《市场论坛》2012 年第 3 期。

何殿英：《〈体育法〉修改的宪法学思考》，《河南省政法管理干部学院学报》2006 年第 4 期。

何文璐、张文亮：《"健康公民"的美国社区体育设施》，《环球体育市场》2009 年第 4 期。

胡小明：《分享运动：体育事业可持续发展的路径》，《体育科学》2010 年第 11 期。

胡玉鸿：《试论法律位阶划分的标准——兼及行政法规与地方性法规之间的位阶问题》，《中国法学》2004 年第 3 期。

胡玉鸿、吴萍：《试论法律位阶制度的适用对象》，《华东政法学院学报》2003 年第 1 期。

郇昌店、肖林鹏：《公共体育服务均等化初探》，《体育文化导刊》2008 年第 2 期。

黄文仁、赵克：《城市居民小区体育设施配套建设滞后与政府角色缺位及责任缺失》，《沈阳体育学院学报》2012 年第 1 期。

黄勇、朱蓉：《基于可持续发展的城市土地经营策略研究》，《法制与社会》2009 年第 3 期。

黄宇骁：《行政行为概念的立体程序化改造》，《清华法学》2023 年第 2 期。

纪志敏、贾文彤、郝军龙、石磊：《体育法伦理基本问题研究》，《山东体育学院学报》2011 年第 3 期。

江小涓：《推进职能转变 全面正确履行政府职能》，《求是》2008 年第 9 期。

姜峰：《民事权利与宪法权利：规范层面的解析——兼议人格权立法的相关问题》，《浙江社会科学》2020 年第 2 期。

姜晓萍：《增进民生福祉是发展的根本目的》，《学习时报》2017 年 11 月

15 日第 6 版。

金红磊、王守宽:《公共物品提供主体的多元化:兼谈政府职能的让渡与拓展》,《浙江工商大学学报》2005 年第 6 期。

金汕:《体育盛会申办潮应该减弱》,《体育学刊》2012 年第 1 期。

兰薇:《新〈体育法〉公民体育权利的立法价值、表达逻辑与实现路径》,《北京体育大学学报》2023 年第 46 卷第 5 期。

兰薇:《〈中华人民共和国体育法〉"社会体育"章修改的历史渊源与现实进路》,《体育科学》2021 年第 10 期。

李百齐、王勇:《从"掌舵"到"共享领导":当代西方政府角色的嬗变》,《经济社会体制比较》2010 年第 6 期。

李宝元:《转型发展中政府的角色定位及转换》,《财经问题研究》2001 年第 1 期。

李本松:《"包容性增长"的经济学解读》,《商业时代》2011 年第 6 期。

李栋:《行政程序法对依法行政的现实意义》,《群言》2010 年第 7 期。

李屏南、朱国伟:《转型社会和谐利益场的构建:制度功能与政府角色——量、向、质的分析范式》,《湖南师范大学社会科学学报》2009 年第 6 期。

梁怿韬:《广州"见缝插针"增辟体育用地》,《羊城晚报》2020 年 10 月 27 日第 8 版。

林剑:《推动构建更高水平的全民健身公共服务体系——两大关键问题有了答案》,《中国体育报》2022 年 4 月 13 日第 A1 版。

刘兵:《2023 年全国体育场地统计调查数据出炉》,《工人日报》2024 年 3 月 20 日第 8 版。

刘卫东:《乌鲁木齐市城市社区居民体育服务需求分析》,《绵阳师范学院学报》2008 年第 11 期。

刘伟、赵克:《城市社区体育场地设施供给的底线公平》,《体育文化导刊》2015 年第 3 期。

刘玉:《发达国家体育公共服务均等化政策及启示》,《上海体育学院学报》2010 年第 3 期。

刘玉:《发达国家体育公共服务社会化改革实践及启示》,《成都体育学院学报》2011 年第 3 期。

刘云华：《行政程序法的价值与功能》，《求实》2011年第12期。

刘中显：《北京体育设施结构失衡中的机会》，《中国投资》2006年第8期。

卢元镇：《中国体育不能泡在运动会里》，《体育学刊》2012年第1期。

吕恒立：《试论公共产品的私人供给》，《天津师范大学学报》（社会科学版）2002年第3期。

吕炜、靳继东：《从财政视角看中国式现代化道路》，《中国社会科学》2022年第11期。

罗华艳、杨旺彬、吴晓颖：《土地需求预测信息系统的设计研究》，《钦州学院学报》2010年第6期。

罗军：《行政程序法的价值分析》，《法治与社会》2007年第10期。

罗敏、张佳林、陈辉：《政府职能转变与政府建设的三维路向》，《社会科学家》2021年第5期。

骆映、邓婧、谢洪伟等：《城市居住小区"划拨"体育用地专项立法研究》，《体育学刊》2018年第1期。

马宏俊：《试论我国体育法律体系的建立与完善——以〈中华人民共和国体育法〉修改为视角》，《体育科学》2021年第41卷第1期。

秦毅、周爱光：《〈中华人民共和国体育法〉价值的探讨与反思》，《体育科学》2008年第12期。

饶传坤：《城市社区体育设施现状及发展对策研究——以杭州市城西居住区为例》，《中国体育科技》2007年第1期。

尚虎平：《保障与孵化公民基本生存与发展权利——我国基本公共服务均等化的历程、逻辑与未来》，《政治学研究》2021年第4期。

沈建华：《上海市体育公共服务的需求》，《体育科研》2008年第2期。

史新硕：《我国行政听证制度的完善》，《法制博览》2022年第36期。

舒盛芳：《大国体育崛起及其启示——兼论中国体育"优先崛起"的战略价值》，《体育科学》2008年第1期。

宋涛、龚金金：《政府的市场角色：基于制度与空间的视角》，《社会科学战线》2021年第9期。

孙长学：《"十二五"社会事业领域政府公共服务能力提升重点及目标》，《宏观经济管理》2010年第6期。

汤际澜、徐坚：《公共体育服务的公共性研究》，《天津体育学院学报》2010年第6期。

汪进元：《论宪法的平等保护原则》，《武汉大学学报》（哲学社会科学版）2004年第6期。

王克强等：《论体育用地资产化运营与管理》，《中国土地科学》2010年第24卷第2期。

王立新：《试论我国社会分层中人民利益表达制度的建构》，《社会科学》2003年第10期。

王思斌：《社会转型中的弱势群体》，《中国党政干部论坛》2002年第3期。

王松：《从社会分层的角度分析城市居民公共体育资源占有的不平等现象》，《体育科技文献通报》2011年第2期。

王婷、丰景春：《EPC模式下设计—采购—施工任务并行执行的多目标联合优化模型——基于z标记的多参量灰色GERT网络》，《系统管理学报》2023年第4期。

王小平、马宏俊：《论体育法律关系主体资格特征及其确立》，《北京体育大学学报》2005年第28卷第9期。

谢洪伟、赵克、张红艳等：《城市居住社区体育场地、设施有效供给的经济学分析》，《体育科学》2011年第11期。

谢鹏昆：《论当代中国的法律权威——对新中国法治进程的反思和探索》，《中国法学》1995年第6期。

熊坤新：《现代城市规划的价值重估与伦理反思——读秦红岭〈城市规划〉——一种伦理学批判》，《伦理学研究》2011年第3期。

徐凌：《生态型责任政府的行政契约理论及其特殊性》，《福建论坛》（人文社会科学版）2021年第7期。

徐月宾、张秀兰：《中国政府在社会福利中的角色重建》，《中国社会科学》2005年第5期。

杨维成等：《只要动脑筋，政府是可以控制住房价的——黄奇帆访谈录》，《经济参考报》2010年4月20日。

姚志远：《试论我国第三部门对政府权力的监督》，《经营管理者》2010年第16期。

叶祝颐：《公共资源岂能成为牟利工具》，《人民日报》2014年6月18日第18版。

佚名：《第五次全国体育场地普查数据公报各项指标大幅增长》，《中国体育报》2005年2月3日第5版。

殷一鸣、胡宏：《居住分异视角下居民活动空间健康资源差异研究——以南京市为例》，《现代城市研究》2021年第10期。

于浩：《行政立法：把权力关进制度的笼子里》，《中国人大》2018年第23期。

于善旭：《论我国〈体育法〉对人权的保护》，《天津体育学院学报》1996年第3期。

于善旭：《再论公民的体育权利》，《体育文史》1998年第1期。

于永慧：《社会分层视野下的中国足球》，《体育与科学》2012年第1期。

於忠祥等：《基于土地经济学理论的土地出让金研究》，《技术经济》2007年第10期。

郁俊、周君来：《小康社会保障农民享有基本体育服务权利及相关立法研究》，《西安体育学院学报》2006年第5期。

允春喜、陈兴旺：《公共服务均等化：现代政府不可推卸的道德责任》，《东北大学学报》（社会科学版）2010年第4期。

曾琳、吴承照：《上海城市社区体育设施现状调查与思考》，《规划师》2007年第1期。

张奥、宋凡：《论公民体育权实现的国家义务——基于"权利思维"研究的反思》，《武汉体育学院学报》2022年第56卷第10期。

张丽珍：《基于伦理视角的政策终结价值探析》，《甘肃理论学刊》2011年第2期。

张亮、王玲：《俄罗斯基本公共服务均等化实践路径及其对中国的启示》，《经济研究导刊》2012年第12期。

张文静：《北京市海淀区北太平庄街道社区体育场地设施状况及对策研究》，硕士学位论文，首都体育学院，2019年。

张裕等：《一种新K-means聚类算法的多元线性回归台区线损率预测模型》，《电力科学与技术学报》2021年第5期。

赵克：《城建居民小区体育设施配套建设立法研究》，《体育科学》2001

年第 4 期。

赵克等:《规制失灵:城市居住社区体育用地法规正当性缺失与补救》,《体育科学》2012 年第 3 期。

赵克:《"建老百姓身边场地"问题的政府法律责任》,《体育科学研究》2010 年第 3 期。

赵克等:《我国大、中城市居民住宅区体育设施配套建设的可行性研究》,《体育科学》2004 年第 12 期。

郑皓怀、钱锋:《国外社区体育设施的发展建设初探》,《建筑学报》2008 年第 1 期。

郑志强、陶长琪、冷毅:《大型体育设施供给 PPP 模式合作博弈分析》,《体育科学》2011 年第 5 期。

中国经济增长与宏观稳定课题组、张平、刘霞辉等:《增长失衡与政府责任:基于社会性支出角度的分析》,《经济研究》2006 年第 10 期。

周功满:《论行政程序的权力化及其权力制约功能的缺失》,《理论探讨》2010 年第 4 期。

周建康:《论城市房屋拆迁制度的正当性缺失及补救》,《广西政法管理干部学院学报》2005 年第 1 期。

邹海贵:《社会救助制度政府责任的正当性及其限度——基于伦理学视域的分析》,《吉首大学学报》(社会科学版)2011 年第 1 期。

二 外文文献

Dennis Epple & Richard E. Romano, "Public Provision of Private Goods", *The Journal of Political Economy*, Vol. 104, No. 1, 1996.

E. A. Marmolo, "A Constitutional Theory of Public Goods", *Journal of Economic Behavior & Organization*, Vol. 38, No. 3, 1999.

Ely and Morehouse, *Elements of Land Economics*, Ginn and Company, 1924.

H. Demsetz, "The Private Production of Public Goods", *Journal of Law and Economics*, No. 13, 1970.

R. A., Musgrave, *The Theory of Public Finance*, McGraw-Hill, 1959.

R. A., Musgrave, "Provision for Social Goods", *Public Economics*, McMillen,

Vol. 87, No. 4, 1969.

P. A. Samuelson, "The Pure of Theory of Public Expenditure", *The Review of Economics and Statistics*, Vol. 36, No. 4, 1954.

W. Vereecke, "Public Goods: An Ideal Concept", *Journal of Social-Economics*, Vol. 28, No. 2, 1999.

附 录

相关的政策法规文本

《城市公共设施规划规范》（GB50442-2008），原中华人民共和国建设部，2008年7月。

《城市居住区规划设计规范》（GB50180-93），原中华人民共和国建设部，2002年7月。

《城市居住区规划设计规范》（GB50180-2018），中华人民共和国住房和城乡建设部，2018年7月。

《城市社区体育设施建设用地指标》，国家体育总局、建设部、国土资源部，2005年。

《城市用地分类与规划建设用地标准》（GB137-90），原城乡建设环境保护部、建设部，1991年3月1日。

《城市用地分类与规划建设用地标准》（GB50137-2011），中华人民共和国住房和城乡建设部，2010年12月24日。

《公共文化体育设施条例》国务院令（第382号），2003年6月26日。

《国家基本公共服务标准（2023年版）》，国家发展改革委等，2023年7月30日。

《关于构建更高水平的全民健身公共服务体系》，中共中央办公厅、国务院办公厅，2022年3月23日。《关于加强全民健身场地设施建设发展群众体育的意见》，国务院办公厅，2020年9月30日。

《划拨用地目录》，原国土资源部，2001年10月18日。

《全民健身计划（2021—2025年）》，国务院，2021年7月18日。

《体育强国建设纲要》，国务院办公厅，2019年8月10日。

《体育运动国际宪章》，联合国教科文组织，1978年。

《中共中央国务院关于进一步加强和改进新时期体育工作的意见》，中共中央2002年8号文件，2002年7月22日。

《中华人民共和国城乡规划法》，全国人大常委会，2007年。

《中华人民共和国城市房地产管理法》，全国人大常委会，2007年修正。

《中华人民共和国体育法》，全国人大常委会，1995年颁布，2022年修订。

后　记

非名山不留仙住，是真佛只说家常！

近三两年，不！确切地说是这十来年，为了这本书折腾来、折腾去，其实只想干一件事——就是在咱老百姓自己的家门口争块地，建一个老头、老太太出门就能伸伸胳膊、撩撩腿儿，能带着小崽子蹦跶蹦跶的地；给小青年睡醒了觉，或吃饱了撑的时候下楼就能打个球、撒个欢的地——城市居住社区体育场地设施建设用地。

为说明白这点事，给这本书起了个文绉绉的名字，曰：《城市社区配建体育场地设施的法律规制》。

本书是以法律规制为核心议题，围绕着"建老百姓身边场地"展开了研究缘起、依法治体、底线公平、公共服务、程序正义、规制失灵、市场失灵、利益均衡等八个相对独立成章、又环环相扣的有机整体，体现了多学科交叉、多领域综合，以系统方法论为基础的应用性研究。通篇说的就是一件事——"划拨土地"建大众健身活动场所，实现公共服务均等化和社会公平正义。

过程回顾　我们想把这件事做好、做成，力图给政府提出可资借鉴的、可操作实施的方案，为老百姓做件实事。如果，我们只是满足于一般学理性的讨论，仅仅围绕着课题题目展开"法律规制"分析论证，也许其过程相对会简单些。但是，为了力求论证逻辑严谨，克服单纯学院式研究的局限性，突出课题研究的针对性和解决问题的可操作性，我们不仅需要对宪法、体育法、土地法、规划法、物权法、行政法、城乡规划法等法理、法律及其法律实施程序进行了阐释，还展开了公共行政学、经济学、土地经济学以及体育用地供给量的方法学的讨论；其中涉及的应用领域、基础理论、相关知识之广泛都是我们始料未及的。

令人感慨：小事不小！我们在"小题大做""小题精做"。

自2009年承接的国家社科基金项目"我国城市居住社区体育场地设施配套建设的法律规制研究"到2020年立项的国家社科基金项目"我国城市老旧社区体育空间更新研究"，我们团队在撰写本书的几年时间里，为克服研究过程中学科的局限，我们虚心求教了数十位不同领域的专家学者，也接触过政府、人大、城市规划设计各领域的公务员、技术人员以及社会工作者、普通老百姓等各类人物，通过不断突破学科上的界限、开拓知识领域，步履蹒跚地走过来了；也正是这个过程，一步一步地推动课题由理论探索向可操作性的应用研究方向深入。

政府官员的思考务实且问话最直白，说，"不必讲那么多，你就直接告诉我要给多少地、怎么给？"政府要权衡利弊和土地划拨的可行性、可操作性。

事实也是如此。在上海调研时，当地的朋友直言不讳，"你们搞的这个课题对上海没有意义，我们一平方土地也拿不出来……"

所以，体育用地供给不得不考虑城市间的社会、经济、文化、地域、民俗、人口等一系列的差异。同时还要充分估计到实现的难度。不用说上海做不到，就是我们厦门也实现不了有关规定。既然是实现不了的承诺，话说得再好听，也不过是水中月、画中饼，直接损害的岂不是政府公信力？记得有一次参加《福建省全民健身实施计划（2021—2025）》征求意见会上，笔者提出了这个主张并强调：增加居民小区体育用地供给并实现划拨必须上"两会"（政协、人大）。坦率地说，目前能意识到这个问题的难度并给予应有重视的领导并不多。

阶段成果　确切地说，研究的每一步、每一个环节都是对问题深入思考和逐步完善的过程。

涉及土地使用权的讨论其实质就是利益分配，其各方的博弈无论如何是回避不了的。也许我们书生意气，在几个章节的论述中都直击地方政府的"土地财政"，主张政府应该也必须退出房地产市场。在城市规划建设中，为规避"一任市长一张图纸"，"开发商是设计师、政府是绘图员"的诟病，说到底，实现体育用地有效供给必须解决两个问题：一是地方立法，必须用立法加以规制；二是制定出符合城市实际情况的、切实可行的体育用地划拨标准。

1. 本书第七章整理成文章"城市居住小区体育场地设施有效供给的经济学分析",《体育科学》于 2011 年（第 31 卷）11 期全文发表；并且，中国人民大学报刊复印资料 G8 全文转载。

评审专家认为："该文作者仅从增量角度讨论社区体育场馆的供给问题，且只提出了'应该'如何，在为何'应该如何'的问题上并未论及存量的问题（现有体育场馆的利用问题）。任何资源均可通过存量结构调整和增量资源的配置实现功能结构的变化，以满足相应的需要。该文缺乏认识上的完整性。"

这是关于"存量"与"增量"辩证关系的讨论。的确，长期计划经济体制下，为竞技体育提供支撑的一大批体育场馆是我国体育事业的宝贵财富，如何盘活现有体育场地设施，实现其效用增值，目前面临着功能改造的问题，即"任何资源均可通过存量结构调整和增量资源的配置实现功能结构的变化"；而我们关注的是政府正在加快推进建设的保障性住房和新建、改建、扩建居住社区是否考虑到除居住基本民生需求之外的那一部分的权利，包括体育权利。

现有的"存量"如何发挥效率问题，这是管理和操作层面的问题；我们讲的是"有效供给"，即该不该给、给多少，讨论的是学理和法理问题。"供给"是经济学的核心概念之一，其含义是指生产者在某一特定时期内，在每一价格水平上愿意并且能够提供的一定数量的商品或劳务；基于经济学论域相关理论展开讨论，围绕"供给"的经济学内涵一一作出阐释。因此，我们力图说明这样一个观点：政府应当也必须作为一项基本职责——公共服务，实现土地划拨的有效供给，配套建设体育场地设施。诚如重庆市市长黄奇帆所说，不要把保障性住房建成了"现代贫民窟"。专家评审意见给我们的启发是，即不仅保证土地的有效供给，更重要的是盘活现有的体育场地设施，提高使用率；希望能有继续滚动研究的机会，深入思考土地资源资产化管理和应用问题。

2. 本书第六章"规制失灵：城市居住社区体育用地法规正当性缺失与补救"被第九届全国体育科学大会采用为专题报告（2012 年 12 月 4—8 日，上海体育学院）；《体育科学》2012 年第 3 期（32 卷）刊用。"该文涉及了我国全民健身活动的一个重要问题，居民住区的体育场地设施问题一直没有得到实质性的解决，即在法律上给予明确的说明和地位，该文以翔实的法律文本说明了这个问题，因此对有关部门有实际的参考价值。"（审稿评语）

这篇文章，虽然是围绕着城市居住社区体育用地"划拨"这样一个很具体的问题展开讨论，但其论域和内容已超出体育范畴，是集社会学、法学、管理学、建筑规划设计领域概念和法规于一体的综合性阐述。所以，文章体式和涉及问题看似零乱。其实，我们力图说清楚的主要论点是：城市居住社区体育用地法规"正当性缺失"主要缘于三部法规的三个节点，并有针对性地展开分析和论证：首先，将"居住小区及以下"体育用地排除在"公益性""非营利性""全民健身运动设施"之外，使之"划拨"缺乏法源法理的正当性（《划拨用地目录》）；其次，混淆了"居住社区"和"居住区"的概念，使体育相关法规在规划设计领域失去合理和有效性（《公共文化体育设施条例》）；最后，把居住小区"配套公建"中的"文化体育"混同为一个指标，使二者在规划设计时可以互换和替代（《城市居住区规划设计规范》）。

对内容和主线的把握，特别是涉及体育的相关法规与建筑规划领域的标准进行比较和分析时，的确感到了较大的难度，因为，我们所想要找到并说清楚的是"规则失灵"并有针对性地提出补救建议。因此，在修改中总有认为不完善、不满足、不尽如人意的细微之处，重点是客观地反映我国城市居民住宅区体育场地设施建设的实际情况及居民的意见和建议，建立科学、合理、易于参照实施并具有强制性和约束力的技术标准（GB，JB）与法规制度。

3. 如果说前述两个阶段性成果主要侧重于"增量"的话，国家社科基金项目"我国城市老旧社区体育空间更新研究"则是侧重城市"存量"社区体育场地设施的配建问题。

城市社区体育作为落实全民健身国家战略和健康中国国家战略的重要场域，是推进国家体育治理的基础环节，关乎顶层设计的有效落实。由于历史原因，许多城市老旧社区体育空间不足、居民多样化体育需求难以满足、公共体育服务落实不到位、多元主体参与积极性受到限制，影响着人们的获得感、幸福感和满意度。十九届四中全会指出，要加强社区治理体系建设，推动社会治理和服务重心向基层下移。2019年的政府工作报告及中央经济工作会议均突出强调"做好城镇老旧小区改造"。城镇老旧小区改造内容可分为基础类、完善类、提升类3类；其中文化休闲设施、体育健身设施归属于完善类。《国务院办公厅关于全面推进城镇老旧小区改造工作的指导意见》提出，养老、托育、体育等涉及城镇老旧小区的各类设施增设或改造计划，应该主动与城镇老旧小区改造规划和计划有效对接，同步推进实施。2019年至2022年，全国范围内累计新开工改造城镇老旧小区16.7万个，覆盖2900多万户，惠及逾亿人。

响应党和政府对城市老旧小区改造提升提出的要求，本书所关注的城市老旧社区体育空间更新，就是根据新时代出现的新问题，对不适应人们体育健身新需求的空间做必要的、有计划的增建、改建与保护活动。城市老旧社区体育空间更新虽然是具体、局部、低层级的"小"问题，但是关系到居住环境的改善、居民的身体健康、多元主体的积极参与，故事情"大"；它是从小处着眼，自下而上的社会治理的微观表达，恰如攻坚扶贫精准到户，水泥路通到村，打通"最后一公里"。因此，本书设计力图将其落在实处，实现城市老旧社区体育空间更新，提升空间品质，满足城市居民日益增长的健身需要。

我们关注的是，有关法规确立之后立基于此的制度设计和措施的可操作性；亦即，法条设置的规定和相应措施是否具有参照执行的可能。为此，首先明确两个节点，居住小区体育场地设施建设服务群体确认和土地使用性质认定；二者存在着必然的内在联系。即，谁使用、谁出地、建什么、谁监督、谁管理，进而对该项条款厘清细节，使之可参照执行。

除以上3个重点内容外，本书第八章以"利益抉择：土地经济学论域下居住社区体育用地划拨的策略分析"为题第一次投稿《体育科学》时，审稿专家一针见血地指出，"该文立题的核心不准确，不是讨论公共用途的土地划拨的合理性问题，此命题是一个通则；重要的是如何更有效地划拨土地，并使其社会效益最大化的问题"。

之后，我们用了数月的时间，在原有土地经济学论述基础上，讨论居住社区体育用地"划拨"与"出让"土地的经济利益及社会效益比较，着重研究了多元线性回归模型、生产函数模型和灰色模型，目的是为某一城市乃至城市中某一具体的居民小区建立体育用地供给数学模型，以此突出可操作性，相关实证还需进一步探索验证。

基本主张 我们没有更多的奢望，主观意图是想尽可能地扩大影响，让更多的人关注这件事情，促使政府"割块肉、出点血"，在城市居民住宅小区的规划建设中"划拨"体育用地，构建"第五级大众健身场地设施"。当前，在土地财政利益纠葛中实现这一目标，对其中的立法难度和实际困难要有充分的思想准备；本书的全过程、无论是哪一个章节都在做说服政府的工作，这是构成贯穿本书全文的主要思路和基本主张。基于此，本书由法理阐释和建立规制两部分内容组成，这是专项立法前期必须完成的工作。

法理方面的阐释（第二章），突出体育权力是我国公民的基本人权、是社会主义性质所决定的；引用公共服务和公共服务均等化的概念说明政府的法律责任和主体地位（第三章）；力争把城市居住社区公共体育设施建设用地实现划拨的法理阐释清楚，并对现行法律法规存在的问题做了梳理（第六章）。

为什么有法不依、执法不严，我们讨论了"程序正义"的问题（第五章），这也是法律的一个重要方面。需要注意的是执行层面的各个环节和步骤；适逢《行政程序法（草案）》在法律界讨论中，有望颁布实施，又给我们对程序问题以法律上的有力支持。可以认为，从规划环节的制度性缺失是导致城市居住社区体育设施配套建设不足的开始；为此，本书在对法理法规研究的基础上，提出了原则性意见和建议，力图做相应的补救。诚然，法律设定还只是静态警戒，侵权行为被追究侵权责任才是影响造成居住社区体育用地"流失"行为总体成本的一个重要的变量。从各城市发展现状分析，涉及土地问题势必牵扯到各方面复杂的利益关系，所以，实施有效的监督必须要通过地方立法、"第三方"监督，实现立项、施工及验收的全过程的"程序正义"，将"老百姓"的应然权利，通过完善法律权利落实为实然权利。

技术层面的难点在于提出适用于全国范围的城市居民小区文化体育设施配套建设的技术标准并纳入城市公共设施规划之中；囿于现阶段我国经济发展水平和国家财力，社会保障尚无力顾及更大的范围，因此，提出"底线公平"的实现目标（第五章），进一步解释建设"第五级大众健身体育设施"（第六章）的设想，再提出解决体育用地供给的数学模型（第八章），初步完善了理论与实践相结合的整体构思。

法律规制是指有规定的管理，或有法律法规的制约，其依据主要是政策法规。从完整的意义来讲，应当由假定处理和制裁构成，而对于无法律责任、无法律制裁措施的法律规制，是一个有严重缺陷的系统，无法发挥法律规制的强制作用。保护弱者、维护广大人民群众体育权利是体育法制精神的初衷；缓解大众健身场地设施不足的矛盾，争取体育用地划拨的本质是公民正当的利益诉求，是权利与权力的博弈；能否实现划拨体育用地是制约城市居民住宅小区体育设施建设的关键。在这个涉及土地分配的复杂利益关系中，"政府"应是法律责任主体，利用立法手段对"市场失灵"、"规制失灵"或"制度缺失"加以改进与完善，制约政府本身和开发商"忽略"体育场地设施配套建设，通过立法对有损或无视"公民"即"业主"体育权利的无序状态进行规制。

大众健身体育设施建设，单纯依靠市场自身的调节往往是不够的。政府责任就是当发生市场失灵的情况时，必须研究政府是否应当对市场进行干预以及干预的方式、程度和作用等问题；就是力图解释"忽略"体育场地设施建设所发生的"市场失灵"和发生因规制不当而产生的"规制失灵"（政府失灵），使市场资源配置无法达到最为公正有效的市场环境发生的原因、规制的得益者和受损者、规制的形式以及评价规制的效果，尤其是规制对资源配置的影响，体现保护"弱者"的法律基本原则。如果认定居住社区体育设施用地的公益性质，落实"划拨用地"就是政府的责任，不管以什么理由搪塞、推诿、回避，都应接受公众舆论的监督，并由地方人大行使权力，均以"行政不作为"问责、督促、检查、责令改进。

确定目标 行文至此，终于看到了历经辛苦所取得的成果；可是我们并没有丝毫如释重负的感觉，倒多了几分忐忑和不安。往往学术研究成果一般会因不具可行性和可操作性被束之高阁，而承担国家级课题研究，费时、费力、费公帑，其目的不是欣赏玩味，也不能仅仅满足于自圆其说，更重要的是要经得起理论推敲、经得起实践检验，力求在理论研究的基础上解决实际问题。对此，我们虽尽浑身解数，也不敢有更多奢求，因为我们的确太不"专业"了。如果有人读了这本书，能了解了我们的主张、理解了我们的用心，并引起思考、轻轻地点点头并在心里默默地说一声：有道理！我们就满足了。

在本书的研究过程中笔者深深感到：由于我们学科建设相对落后、综合型人才少、研究起点低，影响了对问题的认识深度；承担这种综合性研究，多学科的交叉渗透、多单位的协调合作是十分必要的。城市居民住宅区体育用地划拨和设施配套建设虽然是全民健身事业中的局部问题，但关系到"底线公平"和公共服务均等化能否落在实处，关系到党和政府的公信力，其意义却十分重大。

为此，我们愿意继续进行该问题的深入探索。目前，理论层面似乎没有分歧并已经达成广泛社会共识——公益性体育用地划拨"是个通则"；操作层面的难点和亟待讨论的是建立相关法律规制并提出城市体育用地划拨标准，即解决"怎么给、给多少"的问题。通过前期研究和思考，我们充分估计到立法工作程序的复杂程度和制定体育用地划拨标准的技术难度，解决这个问题必须具备两个条件：地方人大认可和技术支持。有鉴于城市间存在的差距，下一步准备以厦门市为研究对象，调查城市居民体育个性化、多样化的需求并在此基础上制定厦门市体育用地划拨标准。这不仅是因为我们身处厦门，更主要的是厦门城市规模适中、且有地方授权立法权，制订符合本地区经济社会发展实际情况的相关法规，可以起到立法"试验田"的作用。

为此，同时也希望引起有关方面的重视，通过多种渠道加强合作研究，加强学科建设和后备人才的培养，为完善城市社区体育设施建设提供理论、智力和人力的支持；实现城市居住社区体育用地划拨，贯彻宪法、体育法的法制精神，还有一系列亟待解决的理论与实践问题摆在我们面前，有待为之继续努力。

本书得以顺利完成，得到了很多人的关心和帮助，没有他们是不可能有本书的顺利出版。在撰写本书的过程中，赵克教授和谢洪伟博士统筹全书内容和章节安排，黄文仁教授、刘伟博士、魏太森博士、葛锐老师等给予了许多支持，一并感谢。

最后，感谢中国社会科学出版社对本书出版的支持。

作者

2024 年 8 月 12 日